天津市艺术科学规划项目《天津近代文化名流刻书家金钺研究》最终成果(编号:B14015),天津市宣传文化“五个一批”人才工程项目,天津市问津书院问津学术奖励基金资助出版项目

問津文庫

梓里寻珠第四种

主编 王振良

屏廬鉛槧

藏书家刻书家金钺研究

胡艳杰 编著

天津社会科学院出版社

图书在版编目(CIP)数据

屏庐铅椠:藏书家刻书家金钺研究 / 胡艳杰编著
. -- 天津:天津社会科学院出版社, 2019.11(2021.5重印)
ISBN 978-7-5563-0590-2

Ⅰ.①屏… Ⅱ.①胡… Ⅲ.①金钺-人物研究 Ⅳ.
①K825.41

中国版本图书馆 CIP 数据核字(2019)第 259041 号

屏庐铅椠:藏书家刻书家金钺研究

PINGLU QIANQIAN:CANGSHUJIA KESHUJIA JINYUE YANJIU

出版发行:天津社会科学院出版社
出 版 人:张博
地　　址:天津市南开区迎水道7号
邮　　编:300191
电话/传真:(022)23360165(总编室)
(022)23075303(发行科)
网　　址:www.tass-tj.org.cn
印　　刷:永清县晔盛亚胶印有限公司

开　　本:880×1230 毫米 1/32
印　　张:14
字　　数:261 千字
版　　次:2019 年 11 月第 1 版　2021 年 5 月第 2 次印刷
定　　价:68.00 元

戊午十月之金鉞

《戊午吟草》卷前金钺小像

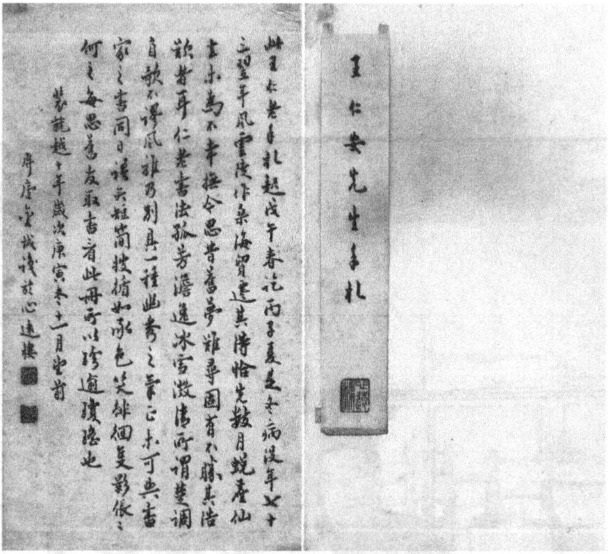

金钺藏《王仁安先生手札》

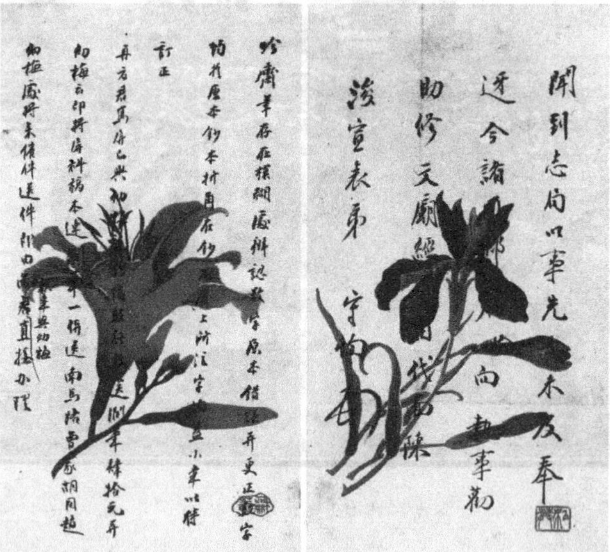

王仁安致金钺信札

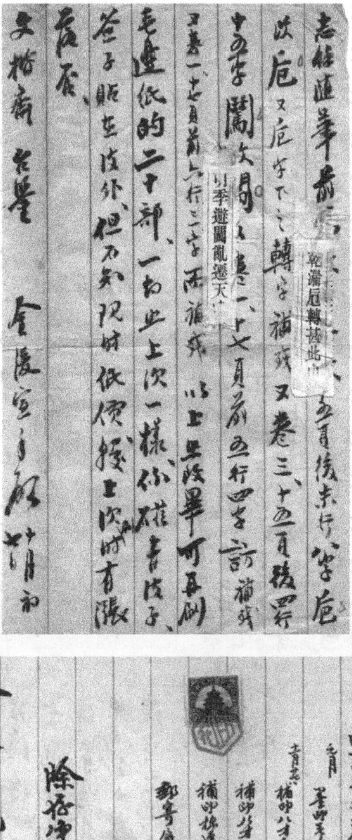

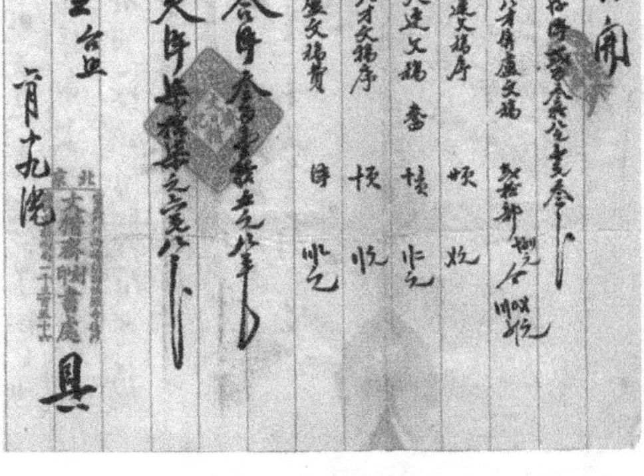

金钺与文楷斋往来信札

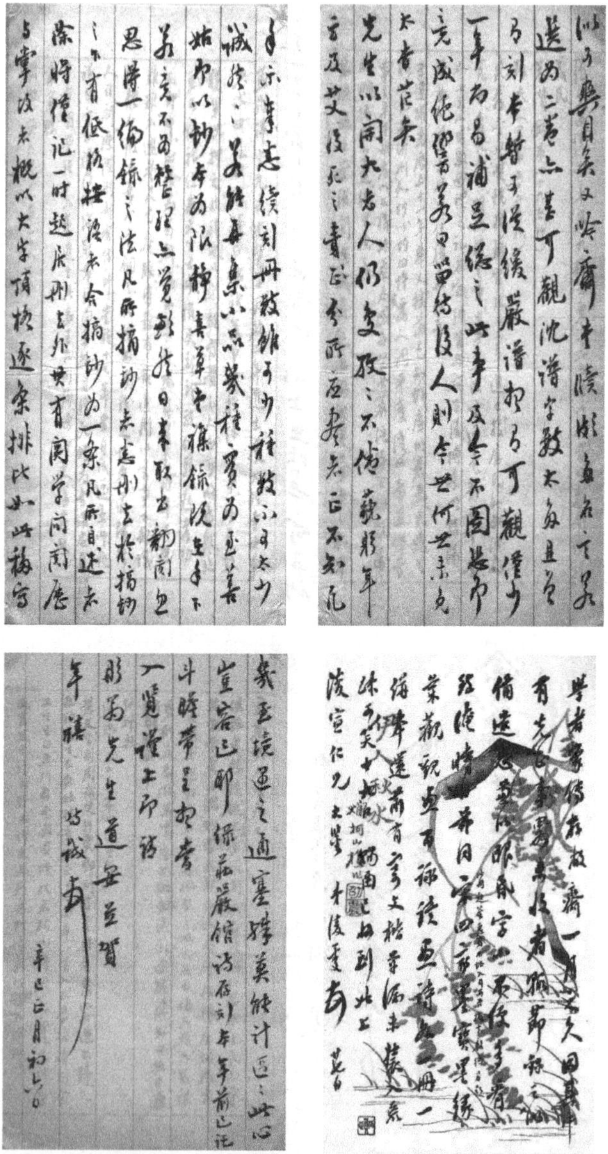

金钺与高凌雯往来信札

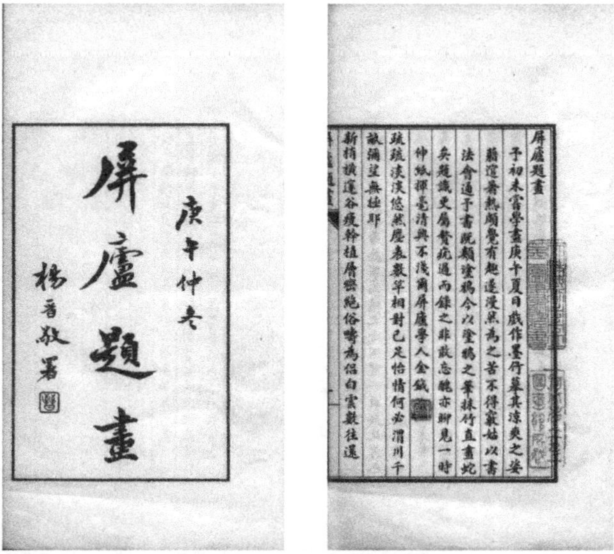

屏廬題畫

庚午仲冬

楊香敘署

屏廬題畫

予初未嘗學畫庚午夏日戲作墨竹摹其涼爽之姿藉遣暑熱頗覺有趣遂漫然為之苦不得竅姑以書法會通予書既頹塗鴉今以塗鴉之筆抹竹直畫蛇矣題識更屬贅疣適兩錄之非敢忘醜亦聊見一時伸紙揮毫清興不淺爾屏廬學人金鉞

疏疏淡淡悠然歷落數竿相對已足怡情何必渭川千畝彌望無際耶

新梢擬蓮谷瘦幹植屏巒絕俗時為侶白雲數往還

金钺《屏庐题画》内封及首页

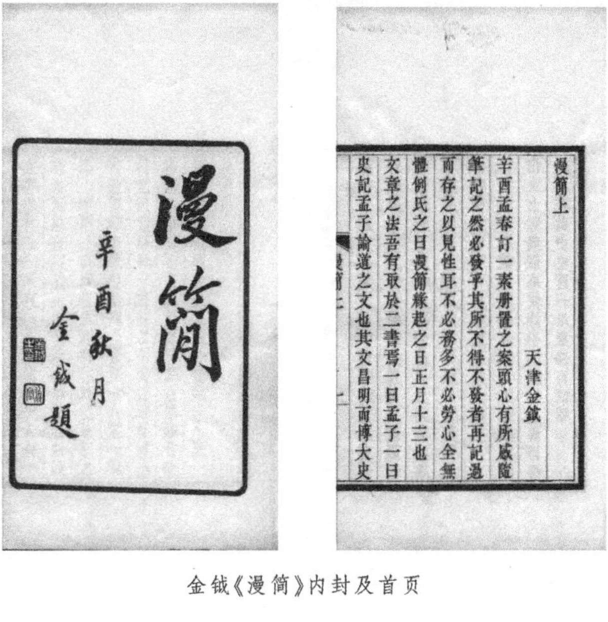

漫簡

辛酉秋月

金鉞題

漫簡上　　天津金鉞

辛酉孟春訂一素册置之案頭心有所感隨筆記之然必發乎其所不得不發者再記過而存之以見性耳不必務多不必勞心全無體例氏之曰漫簡緣起之日正月十三也

文章之法吾有取於二書焉一曰孟子一曰史記孟子論道之文也其文昌明而博大史

金钺《漫简》内封及首页

宝卷·雕版·劫余录

今年初突发的新冠病毒灾疫，持续在全世界大范围流行，至今尚无结束迹象。其流行范围极广，几无一块净土。感染者高达八百余万，致死者多达百余万，成为人类历史的一次空前劫难。受此次疫情的影响，胡艳杰博士原计划上半年赴美作访问学者的计划被搁置。事物是有两面性的，腾出来的时间，正好把这部《屏庐铅椠：藏书家刻书家金钺研究》书稿写作的收尾工作完成了。近日，艳杰持书索序，我疾阅一过，认为此书乃文献学方面的专题著述，其为天津地方史及我国近代文化史的研究提供了十分难得的珍贵文献，因此欣然接受。聊以《宝卷·雕版·劫余录》为题，充为书序。

一、宝卷

2007 年 7 月 23 日，李世瑜先生像往常一样来到天津图书馆看书。他从书包里取出一本书递给我，说："这是我新出版的论文集，请国庆批评。"这部《社会历史学文集》，既是李先生的论文集,又是一部社会历史学专著。多年以来,这部书一直端置案头,经常翻阅,颇有教益。其中,《我在天津北辰区发现明清刊本宝卷的经过》一文,详细记述了李先生在天津北辰区发现明清刊本宝卷的经过,以及这批明清刊本宝卷后来入藏天津图书馆的情况。

1956年秋,李世瑜先生在天津北郊区(今北辰区)调查民间宗教红阳教和天地门,在宜兴埠发现一座建于明代万历年间十分古老的红阳教佛堂,名叫普荫堂。里面秘藏明清时期刊印的32部宝卷。从此开始,李先生便经常到这里看宝卷,后来他们竟然允许李先生将宝卷借出带回传抄。在长达三四年中一共抄了十部。这部分书收入了李先生自己编著的《宝卷综录》中,凡标"穿月斋藏本"或"据明刊本迻录"字样者,多是来自普荫堂的藏书。"文革"时普荫堂藏全部宝卷被抄走,后来几经辗转,在李先生参与并提议下,这批宝卷经由市宗教事务处拨交给了人民图书馆(今天津图书馆)。李先生为天津图书馆的藏书建设做出了自己的贡献。

当时,人民图书馆由刘尚恒馆员负责接收,文化局还给李世瑜先生办了一个特殊借阅证,不受借阅时间的限制,但实际情况并非如此。为此,李先生曾先后找到时任黄钰生馆长和后来的继任者董长旭馆长。经过多次争取,李先生这才成为名副其实的人民图书馆持特殊借阅证的、具有特殊身份的读者,成为人民图书馆的常客读者。

在李世瑜先生争取下获得的这批明清宝卷,成为人民图书馆收藏宝卷的开始。后来,通过民间渠道,我馆采购了几批明清宝卷。随着品种和数量的不断增加,明清宝卷成为人民图书馆的特色藏书之一。一些海内外学者及在读研究生、博士生纷纷慕名来馆看书。

受李世瑜先生严谨治学精神的影响，为了更专业地揭示馆藏，更好地为读者服务，时任古籍部主任的谢忠岳先生，倾心研究馆藏明清宝卷，在《世界宗教研究》1990 年 3 期上发表了颇有学术水平的《天津图书馆藏善本宝卷叙录》等论文，成为研究宝卷方面的专家。经董长旭馆长同意，谢主任遴选馆藏明清宝卷中的精品，编成了《中华宝卷三十种》专题丛书，交付中华书局出版，并撰写了《中华宝卷三十种叙录》一文，在《古籍整理出版情况简报》上发表。该文发表后，来馆看宝卷的读者人数明显增加。出乎意料的是，中华书局的申报出版项目竟然没有获批，这部颇有含金量的专题丛书，胎死腹中，留下了些许遗憾！

二、雕版

这里说的雕版，指天津图书馆目前收藏的用于印书的木刻印版。2007 年开始，在全国范围内开展了馆藏古籍普查登记工作。天津图书馆在对馆藏古籍进行普查登记的同时，对馆藏十一种雕版也作了普查和登记。编制了《天津图书馆收藏古籍木版统计目录》。通过此次普查，摸清了这些雕版的存藏情况。

这些雕版，共计十一种，我们按照刊刻年代早晚，开列目录如下：

1.津门诗抄三十卷　清道光四年(1824)思诚书屋藏板

2.补注瘟疫论四卷　清咸丰四年(1854)晚翠堂刻版

3.黄山谷诗集二十卷外集十七卷别集二卷　清光绪二十一年(1895)刻版

4.许学四种五卷　民国八年(己未,1919)秋八月天津金氏刊版

5.戊午吟草一卷　民国九年(庚申,1920)秋月刻于京師

6.金氏家集二种四卷附家训一卷　民国九年(庚申,1920)冬天津金氏刊版

7.天津文抄七卷　民国九年(庚申,1920)金氏刊版

8.王仁安集四十一卷　民国十年(辛酉,1921)二月金氏刊版;王仁安续集十二卷　民国十六年(丁卯,1927)八月金氏刊版

9.广瘟疫论四卷末一卷　民国十一年(壬戌,1922)金氏刻版

10.妙莲花室诗抄一卷词抄一卷　民国十一年(壬戌,1922)天津金氏刻版

11.屏庐丛刻十五种二十四卷　民国十三年(甲子,1924)天津金氏刻版

在馆藏十一种雕版中,是否全部为金钺所刻,金钺捐赠,一时未能定论。今日,通过劫余资料中"天津金氏屏庐刊印各种书籍价目"(简称"价目单"),与艳杰《屏庐铅椠:藏书家刻书家金钺研究》一书中,第三章"金钺刻书研究"(简称"胡文")对金钺刻书具体情况的整理与研究,可对馆藏十一种雕版的情况加以增补和印证。

1.津门诗抄三十卷,清道光四年(1824)思诚书屋藏板。

"价目单"和"胡文"均未载录。

2.补注瘟疫论四卷,清咸丰四年(1854)晚翠堂刻版。

价目单:洪吉人补注瘟疫,四册,粉连纸印,每部定价八元。

胡文:《补注瘟疫论》四卷,(清)吴有性著,(清)洪天锡补注,

民国十五年(1926)金钺印本。是书板为金钺所购,初次以原版印刷,卷末无金钺跋文,版心下镌“晚翠堂”。后金钺补版,卷末有跋文一篇,叙述了书板源流及其修板印行的过程。

3.黄山谷集诗集二十卷外集十七卷别集二卷,清光绪二十一年(1895)刻本。

“价目单”和“胡文”均未载录。

4.许学四种五卷,牌记:己未秋八月天津金氏刊。

“价目单”:许学四种,四册一套,宣纸精墨,双番印,每部定价二十八元。

又,四册一套,宣纸精墨,每部定价二十元。

又,四册一套,毛边纸,每部定价十元。

又,十二册二套,棉连纸精印,每部定价三十五元。

又,十二册一套,粉连纸印,每部定价二十五元。

胡文:《许学四种》,金钺辑,民国九年(1920)刻本

5.戊午吟草一卷,牌记:庚申秋月刻于京师。

价目单:未载。

胡文:《戊午吟草》一卷,金钺撰,民国九年(1920)刻本。

6.金氏家集二种四卷附家训一卷,牌记:庚申冬天津金氏刊。

价目单:金氏家集四种,六册一套,棉连纸精印,每部定价十五元。

胡文:《金氏家集》二种,金钺编校,民国九年(1920)刻本。即《致远堂集》三卷,金平撰;《善吾庐诗存》一卷,金铨撰。

《金氏家集》四种,金钺辑,民国二十一年(1932)刻本。《致远堂集》三卷,金平撰;《善吾庐诗存》一卷,金铨撰;《黄竹山房诗

抄》六卷补一卷附《田盘纪游》一卷，金玉冈撰；《芸书阁剩稿》一卷，金至元撰，共四种凡十四卷，皆天津金氏族人著作。

《家训》一卷，刊于民国九年(1920)，多附录于二种、四种本后，共同流传。

7. 天津文抄七卷，牌记：庚申金氏刊行。

价目单：四册一套，宣纸精墨印，每部定价十五元。

又，四册一套，粉连纸印，每部定价十元。

又，四册，毛边纸印，每部定价六元。

胡文：《天津文抄》七卷附刻《孟继坤天津三列妇征诗启》，华光鼐辑，王守恂编，金钺校，民国九年(1920)金钺刻本，民国二十四年(1935)补刻本。

8. 王仁安集四十一卷，牌记：辛酉金氏刊。王仁安续集十二卷，牌记：丁卯八月金氏刊版。

价目单：王仁安初集，十二册二套，宣纸精墨印，每部定价三十六元。

王仁安初续集，十六册二套，粉连纸印，每部定价三十四元。

胡文：《王仁安集》四十一卷，王守恂撰，金钺辑，民国九年(1920)金钺刻本。《王仁安续集》十二卷，王守恂撰，金钺辑，民国十五年(1926)金钺刻本。

9. 广瘟疫论四卷末一卷，牌记：壬戌金氏刻。

价目单：广瘟疫论，二册，粉连纸印，每部定价四元。

胡文：《广瘟疫论》四卷附末一卷，(清)戴天章撰，(清)陆九芝校订，金钺再校，民国十一年(1922)刻本。

10. 妙莲花室诗抄一卷词抄一卷，牌记：壬戌七月金钺署检。

价目单：未载。

胡文:《妙莲花室诗词抄》二卷,王增年撰,民国十一年(1922)刻本。

11.屏庐丛刻十五种二十四卷,牌记:甲子天津金氏刊。

价目单:屏庐丛刻,十二册二套,宣纸精墨印,每部定价四十五元

又,十二册二套,绵连纸精印,每部定价三十五元

又,十二册一套,粉连纸印,每部定价二十五元

胡文:《屏庐丛刻》十五种,金钺辑,民国十三至十六年(1924—1927)刻本。

通过以上记录,我们可以得出如下结论:

其一,《津门诗抄》三十卷,清道光四年(1824)思诚书屋刻本。

"价目单"和"胡文"均未载录,非金钺刻版印本。此版属于天图旧藏。

其二,《补注瘟疫论》四卷,清咸丰四年(1854)晚翠堂刻版。

据"胡文"可知,此为金钺用他人刻版补刻刷印之书,版片为金钺旧藏,金钺捐赠。

其三,《黄山谷集诗集》二十卷外集十七卷别集二卷,清光绪二十一年(1895)刻本。

"价目单"和"胡文"均未载录,非金钺藏版,亦非金钺刻版。此版属于天图旧藏。

除以上三种外,其余八种雕版,计:《许学四种》五卷、《戊午吟草》一卷、《金氏家集》二种附《家训》一卷、《天津文抄》七卷、《王仁安集》四十一卷续集十二卷、《广瘟疫论》四卷末一卷、《妙莲花室诗抄》一卷《词抄》一卷、《屏庐丛刻》十五种二十四卷,都

是旧时金钺出资镌刻之书版。

由此可知，天图藏雕版2种为天图原藏，9种为金钺收藏、刻书版。此9种即1951年10月金钺捐赠给天津市立第二图书馆的四十八箱木板。

三、劫余录

“文革”时，金钺的藏书被红卫兵小将抄走。1975年政府落实政策，准备将抄走的金钺藏书发还给书主。金家请李世瑜先生帮忙前去招领。领到的书，李先生与金家主人经商量决定就地处理，卖给当时负责收购的人。李世瑜先生向收购人提出一项要求，就是金钺个人的书稿、信札之类，以及不能上架出卖的东西，能不能发还？李世瑜说那可以。李先生就把这类东西收拾了起来，敛了两大书包，这就是所谓的“劫余”。李先生据此写了《劫余录》，就是这篇《金浚宣先生劫余资料叙录》。

因我馆收藏了与李世瑜先生有直接关联的一批明清宝卷，以及部分金钺旧刻雕版，多年来，自己有幸经常向李先生请教问题。在自己言及馆里发展特色藏书，拟从民间收集天津地方文献和明清宝卷时，李先生谈到了这份《劫余录》并慷慨提出捐献天津图书馆。

2007年9月11日，受馆领导指派，我与艳杰一同到李世瑜先生家，取回李先生捐献的这批“劫余资料”。当时，艳杰负责清点工作。在一切资料核对完成之后，李先生语重心长的对我们说：“这些资料足够一个博士生研究使用了！”所谓说者无意，听者有心。李先生的这句话，一直记在了艳杰的心里。

这批“劫余资料”进馆入藏后，艳杰负责清点和整理工作。渐渐地，她对天津这位文化名家金钺产生了研究兴趣。2014年

12月，她以“天津近代文化名流刻书家金钺研究”为题，成功申报了“2014年天津市艺术科学规划项目”（编号：B14015）。2016年12月，艳杰又参加了问津书院举办的第四届问津学术会议——金钺先生学术讨论会。她逐渐走上了研究金钺问题的学术道路。

经过几年的探索，今年6月，艳杰完成了这部《屏庐铅椠：藏书家刻书家金钺研究》，收入王振良主编的《问津书库》丛书。

2006年6月28日，艳杰在北京师范大学古典文献学专业硕士研究生毕业后，直接到天津图书馆历史文献部参加馆藏古籍保管、整理与研究工作。因受过古典文献专业系统教育，到岗后很快上手，如鱼得水。多年来天图承接的由国家委派的大型古籍整理出版项目，艳杰以骨干馆员身份全程参与。十几年如一日，别无旁骛，刻苦专研，业精于勤，练就了一身文献学真本领。

这部《屏庐铅椠：藏书家刻书家金钺研究》的出版，标志着艳杰是继李世瑜先生之后，第二位系统研究这份劫余资料的学者。此书是研究藏书家、刻书家金钺先生的第一部学术专著，填补了天津近代文化建设史上的一项空白。

这宗劫余文献的存在，为我们深入挖掘、整理与研究金钺问题，提供了文献支持。尤其是在近代中国文化史及天津地方史等领域方面的研究，其利用价值更大。例不悉举，这里仅选二通“金钺与文楷斋往来信札”，与同道分享。

文楷斋致金钺信札一通：

浚翁先生钧鉴：敬启者，来谕敬悉。今交邮局奉上《王仁安四集》，二十六本。《天津志》红样，四本。今将《天津志沿革

表》估价例后，分订四本，中等粉连，六寸，每部合洋一元六角，好毛边纸，每部合洋一元三角五分，均不带套，倘若用套，每部加套洋三角八分。见草请酌印若干部，并印何纸，示知。专此奉复。即颂大安。文楷斋顿首，廿七日。

金钺致文楷斋信札一通：

《志余随笔》前嘱改，改之卷一，十五页后末行八字，“卮”改“卮”，又“卮”字下之“转”字补残……以上照改毕，可再刷毛边纸的二十部、一切照上次一样，系磁青皮子、签字贴在皮外、但不知现时纸价较上次刷时有涨落否？文楷斋台鉴，金浚宣手启，十月初七日。

我们知道，文楷斋，是近代北京一个规模很大的刻书坊，创立于民国八年(1919)，主人刘春生。最盛时期有三四百名雕版刻工，其中写手就有三十多人。金钺刻印的书主要是该店经手，其与该店书信来往应该很多，但实际上却只保留下来了一小部分，共计15通。金钺旧时在文楷斋刻书事，记录在这些信札中，留下的这些资料十分稀见且珍贵，对了解金钺刻书情况，以及其与文楷斋合作刻书详情都是难得的第一手资料。

民国时期的刻书业曾盛极一时，刊印具精。刻出名匠之手，纸墨考究。出自文楷斋之书，或有超迈前人者，业界尝以“回光返照”喻之。这等现象的出现，与文楷斋以及诸位大藏书家的努力不无关系。放在全国范围来看，涉园陶氏、诵芬室董氏、藏园傅氏及自庄严堪周氏等大藏书家刻书，亦由文楷斋承雕，文楷斋在近代文化建设方面做出了自己的贡献。倘若艳杰更进一步，把文楷斋作为研究对象，将其所刻之书寻觅网罗，编制一部《文楷斋刻书目录》，无疑又是一部带有总结性的专题书目。其与艳杰近日出版的关于明代藏书家、刻书家毛晋的专题书目《毛晋父子校刻佛典书录》成为姊妹篇，这又将是藏书文化研究中的一部力作。吾将翘首俟之。是为序。

李国庆

庚子年五月初六日

于津门子牙河南岸听蛙鸣室

目录

第一章　金钺与友朋往来信札

第二章　金钺著述研究

第三章　金钺刻书藏书研究

第四章　金钺社会文化活动研究

第一章　金钺与友朋往来信札

第一节　金钺与高凌雯往来信札

高凌雯(1861—1945),字彤皆,天津人,清光绪十九年(1893)举人,城南诗社、崇化学会的主要成员之一。清光绪二十七年与林墨青、王小铁等人创立普通学堂,即后来的铃铛阁中学。此后致力于天津文史方志工作,二三十年来,博览志乘文献,广访遗迹,参校考证,对天津地方史事做了很多补阙匡谬、索隐阐微的工作。早年热心兴学,后着力于搜集津门掌故,著述颇丰。主要作品有《知府沈君墓表》一卷、《天津林先生兴学碑记》《严范孙先生自定年谱一卷年谱补一卷》(《年谱补》为高凌雯撰)《天津诗人小传辑存》二卷补遗一卷、《(民国)天津县新志》二十七卷首一卷、《(民国)天津县新志人物艺文》六卷、《志余随笔》六卷、《过江集》一卷、《癸巳同年嘤鸣集》《毡推记》《高凌雯诗稿》《刚训斋诗集》六卷、《天津诗人小集十二种》等。

与金钺因彼此不遗余力搜辑、征文、考献乡邦掌故,志同道合,结忘年之契。高凌雯给金钺信中尊称小自己三十一岁的金钺"仁兄",自谦"弟"。其来往书信中多涉及文字校勘、书籍刊刻,以及文史佚事,如高凌雯在修《天津县志》时,对存有异议的"安麓村一事",多次与金钺研讨,所见书信有五通是考证安麓村、安岐、安七、安图、安尚义之关系,对长期以来将父名为子名之误予以辩伪,对此,高凌雯称此案"足见考据之学,功用非浅"。这一学案，至今尚未定案，刘尚恒在《安麓村事迹考》一文中认为“安尚义是否为安图兄弟也未可知”。这一悬念的提出，有待进一步考证，而金钺及高凌雯的文字可以引为佐证。金钺先后刊刻高凌雯所作《天津县新志》《天津诗人小集十二种》《志余随笔》等书，并为其撰写跋文。

高凌雯致金钺信札，本书共收录十七通，内容大部分涉及他的《志余随笔》《天津县新志》《天津文抄》等书的批校、修改、刊刻等问题。

一、高凌雯致金钺信札

一

“也”与第二句“亦不戾要之”，此可不改。

西泠，想是原本之讹校者。未至其地，故不知也。

静月，原句盖谓瀑声无人听只可留与月听，若改“静夜闻”则是有人听矣。与上未贯。此“不以”两字稍凑为嫌。

青瀚，误，苑鄂君乘青翰之舟。韩翃诗“青翰舟中有鄂君”，“瀚”字实误。

琴为瑟之讹，簟为箪之误，�为别体。

以正失检。

刹刹无甚关系，可以不改。

按：韩翃，唐代诗人。《送客知鄂州》：“江口千家带楚云，江花乱点雪纷纷。春风落日谁相见，青翰舟中有鄂君。”此封与金钺致高凌雯书信之“二十九、三十”，为往还信札。此封不全。

二

补刻原跋不没前劳，意甚感也。所拟位置及更改处安洽之至。惟原文中“将就”二字殆即俗言“降就”之意，未免欠雅。再以日就月，将本义绳之，文觉难通。可否改，姑付雕镌，乞酌定。屡思造谒，以路远輙止，然终当成此行也。此希，顺候浚宣仁兄著祺。弟凌雯拜启，初六日。

按：此与金钺致高凌雯信札“三十四”为往还。

三

《黄竹诗集》《芸书稿》及《县志》均照收讫，谢谢。容代分赠同人，俟不足时再函请也。《田盘纪游》间有小误，已各签出《芸书阁跋》“以与后先辉映”句，盖谓“后与先”也，惟文法稍有不顺，可否续印时将“与”字酌易，请裁定。此复，即颂浚宣仁兄刻安。弟凌雯拜启，十七日。

按：此与金钺致高凌雯信札“三十五”为来往函。

四

浚宣仁兄左右：《黄竹诗补》校阅两周，签出小误数条，并有参以意见处,乞核定。前谈安麓村事,亟欲考订明确,如有错误及早改版。前钞旧志一纸,又邓氏《骨董琐记》一册,《志局杂钞》一册,并将可疑者二则,别纸详开耑后,一并送上,乞与《墨缘类观》及石刻书谱所有款识、印记彼此互证,冀得其真。敝斋藏书无多,末由考究,愿助我也。

大书屏幅已收到,谢谢。《人物艺文单行本》请再赐一部,转赠与齐震岩兄。即希付知城宅,由敝处顺便派人走取。西方瓯脱之地,雨后异常泥泞,幸勿遣送也。此希,顺颂著安(前诗又改校,顺呈阅)。弟高凌雯拜启。廿九日。

按:齐耀琳,字震岩,吉林伊通人,清光绪二十一年(1895)进士,曾任天津道员,直隶巡察使。

五

钱文端寿安麓村文谓其乐善好施,及修城事与旧志安尚义传同,故谓安尚义,即麓村。此当日志书定稿之据。

邓书谓:明珠败后麓村业盐天津,而莽疏以商人之名冠诸安尚义之上,故谓尚义即麓村,尚属近似。然尚义自愿修城,何必及其子。或者其子出资而归美于父,又附己名,以邀异日之奖。则安麓村之于尚义,如查莲坡之于天行,亦未可知,此可疑者一。

岐与七音相近,取以为名,亦似有因。然仆者贱役也,七者粗名也,人方避之不暇,又何能以之自襮。邓书又谓:安七一作安图,则是其名尚有未确,或者安七未必即安歧。因安尚义有子名安岐，而误谓与安七为一人；抑或安尚义是安七，而误以父为子。但此皆臆度，彼邓氏以近人而记二百年前事，不敢必其无本，此又可疑者一。

（一）

展重阳日诵洛慈约约集水西庄禊饮分韵得渔字

绣野簃荒客馆虚，蔗塘风雅去无余。
百年白社谁为主，九日黄花尚迟余。
堪羡群贤续觞咏，不归隙地集簪裾。
钓游我家烟波近，从此生涯托老渔。

（二）

展重阳日诵洛慈约约集水西庄禊饮分韵得渔字

绣野簃荒梅社散，旧时风雅已成虚。
年来紫芥知无主，节后黄花尚迟余。
忝与群贤续觞咏，不归隙地集簪裾。
钓游我家烟波近，从此生涯托老渔。

按：钱文端，字文敬，号香树，浙江嘉兴人，清康熙六十年进士，有《浣青诗芸》等。

六

浚宣仁兄著席：两接来书，一一诵悉。“舟”既为“周”，则为安岐之字，可以无疑。然“仪”与“义”亦未尝无关，以臆度之，安岐当是麓村，而尚义则为其父，但无明证，未敢遽定耳，请缓缓搜考。若至无可考时，则志书之改，亦甚容易，稍更数字，便可囫囵下去。不过未定以前，且勿印刷也。连日读《莲坡诗话》颇觉有味，惟书中笔画小误以外，尚有全字讹错者，容开单呈阅。《昭代名人小像》请暂留，暇当一拓眼界也。此布，顺颂近安，弟凌雯顿启。初一日。

七

来件收讫，一一敬悉。麓村既安七，现考有确证，容一二日具说以达。然于安岐仍无与也。杜诗“感时花溅泪”，溅似应读仄，改沾甚好。《莲坡诗话》中误字已列一单奉上。此复，即请浚宣仁兄刻安。弟雯拜启，初二日。

八

浚宣仁兄左右：昨得手示，诵悉一切。费神至此，已足考证矣。大约安岐即是麓村，可以无疑。不过麓村无传，志未敢遽定，盖慎之也。志书于尚义名下有“号麓村”三字，深悔卤莽，拟剜去，易“其先世”三字。好在叙其收藏一节，在偕子岐修城以后，既有岐名便可正胡。下去容开细单，尚有其他误字，一并转会文楷办理外，有《麓村非安七考》一纸，呈鉴。《学者象传》已读过一册，读毕再行奉还。舍弟往在武昌，曾借此稿照过一通，未及印行，遂逢辛亥。玻璃全失，未免可惜。故宫刊行真迹两种不须再寄，容造诣一观，藉可长谈。此颂箸安，弟凌雯拜启。初五日。

安麓村非安七考(驳邓氏《骨董琐记》)

案:明珠于清康熙二十七年被黜天津,修城在雍正三年。寿文谓:六阅寒暑工竣。钱文端去位在乾隆壬申,则此寿文之作当在雍正八年以后,乾隆十七年以前。姑假定为雍正八年,上距明珠之败已阅四十二载矣,而麓村年才五十,则未当服事权相可知。且文端亦必不为权相家人,进祝嘏之词文当字揄扬至如斯之钦仰也。又案《姜西溟传》中有明珠仆安三,势倾京外,云云。何安氏之多也?则邓书所载,又或有误。要之,无论为安七,为安三,决非麓村。麓村有父,且明珠黜后,未即死亡,尚有风雅公子。不敢谓安氏于纳兰绝无所关,然知必非其仆也。

九

接读《纪游》,掀篇便见一错字,另单请照改。《新志》换篇俟家斋送上宁河志书,就便一览,再作商量。昨午暴热,已出门,复折回。一日夜汗流被体,夏日可畏,自此始矣。顺候浚宣仁兄刻安。弟凌雯拜启,初六日。

前日之论,不特安七非麓村既已昭雪,即安图易名尚义。虽无供而有证,亦可定案。足见考据之学,功用匪浅。今人必欲废之,何耶?自初一日,忽患腰疼,连绵四五日,颇觉不支,今已大佥。明日有酒食酬应便,拟出门一行。豫料沈宅之事,不致有误也。《啸亭续录》及姚氏书各一册,奉还。

再赵松雪夫人管仲姬仿佛当日有一斋名,今欲用之而不能举其字耳。年老易忘,大率类此。公如知之,请见示为荷。此希顺候,浚宣仁兄台安。弟凌雯顿首,初八日。

十

梁王之说采出《宁河志》,须已释,然我书加“据《宁河志》云”五字,似可卸责矣。但信方志不信国史,倘志有误而不为之正,则仍我之误也。窃意既多罣碍,不如舍去,但将“书梁王”改为“作镇时”与下文亦能接气,一半日当面商也。坿送《新志》五本,《宁河志》一本。此布,顺颂浚宣仁兄台安。弟凌雯顿启,初九日。

十一

浚宣仁兄著席:前接大函并各书册,一一领悉。安岐即麓村既见。既《观画诗注》及各印记,即可据以改易志传。已另开一单,请寄文楷照改。此次订讹补阙并为前人辩诬,功效不少,为之一快。案:明珠罢相仍官禁廷,至清康熙四十七年,始以内大臣终。窃意安氏服事纳兰者当是安尚义。虽主人劣败,未必遽然辞去。文端寿文谓:安氏居津水三十年,则其徙家天津当在清康熙四十年后,其前殆仍与之相依。时公子客前颇尚风雅,麓村以其父故,亦出入其门,与公子为文字之友。《墨缘汇观》序文颇雅洁,盖与人商榷之作。书内雅俗杂陈,文法未优,以此知麓村之学由记问而来,非从读书作文入手也,与其身分似正相合。鄙见如此以,为然否?《丛余》添入此条,固佳,但原书一气无变,插入拙作《志余随笔》,类此者甚多。如力翻查莲坡之目不识丁,钱文端之绝婚,拟将此事详载《随笔》中,亦足以示后。可否?俟面商。所存各书册容将《象传》阅毕,一并奉还,迟迟。见谅为幸。天寒,何时遄返城宅，念之。顺候台安。弟凌雯顿启，十七日。

十二

前书读悉，为之一快。得二十八字以作奁，录呈教正，此上浚宣仁兄，弟凌雯顿启。

杜诗无字无来历，斯语昔闻，今信然。不是何逢开卷益，几疑写本误，乌焉。

十三

送人挽联原拟自书，又因笔墨不良，心手不合。恐不成字，或须更扰，以此仍乞大笔，应为安善。联文附后，拟廿五日走取。前谈正社主谏某君归来，适得其诗，略加评语，送呈台阅。此希，顺候浚宣仁兄近安，弟凌雯拜启，廿三日。

赵母李夫人灵右

夜绩晨炊，间道唐风家崇俭；
挽车举案，每观范史辄称贤。

侍生高凌雯拜挽

送赵尧生归蜀

归计真忘蜀道难，灯前强说醉乡宽。
畸人自古为时弃，谏草零星作史看。
天地故应穷位置，文章曾不救饥寒。

获花枫叶瞿塘路，后夜相思寸寸滩。

此某君二十年前之作，项联最佳，似宋诗之有唐旨者。腹联则粗质径露，殆扬梅宛陵之波也。此君尝云：《秋兴八首》祇“江湖满地一渔翁”一句是诗。昔袁简斋不满意于《秋兴》中“丛菊”“信宿”两联，然仅四句耳。此今君所不满意者，乃至六十三句之多，其学识又高出随园数十倍矣，是真有狂疾已耳，可发一笑。

《学者象传》存敝斋一月之久，因其中有《先正事略》未收者，辄节录之，以备遗忘。兼以眼昏字小，不便多看，致淹时日。兹同《宋四家墨宝》(此册题签恶劣不堪入目，可否撤去粘线，另题)《墨缘汇观》《观画百咏》《读画诗》各一册，一并奉还。前有寄文楷单，漏未装入，荒疏可笑。十九日赐函已收到。此上，浚宣仁兄大鉴，弟凌雯顿首，廿七日。

十四

昨日出门，早诗社，午泰康，晚桃山街，归来已子初矣。右文取回，但尚有一应改处，或仍送来细思。学生既有此举，同人不可无此点缀，不揣冒昧，亦作一篇，俟謄清就正。程九嘱字之件，容送去，当不误用。此复，顺候浚宣仁兄台安。愚弟凌雯拜启，十六日。

十五

送去风竹一幅，画品何如，乞评定。又册页一件，书者为奉天李向叔，与野田公有旧，其曰伊外舅，未知所谓伊者，指何人而言。尤不解者，向叔为查俭堂妻兄，查善和为俭堂胞姪，开首一段了无亲戚之意。案：俭堂尚有妻兄弟曰季史者，其子称之为二母舅。然则文中所谓二叔者，当即此公也。《新志》古迹门内又有小错，容面商改法。冯程九对联已送去，不日即可书就。此布，顺颂浚宣仁兄著安。弟凌雯拜启（二件阅毕，请暂留，俟送对联就便取回）。

十六

夹注内拟改之七字，请减去“县”字加“谓”字，即案《宁河志》谓：刘仁恭所筑城曰梁城。如此似可定稿矣。式之寿联，昨已对成，云：马郑于今能接踵，鸿光到老总齐眉。语尚浑融，但下联用本事出联凑成，未免不正。惬意何如，乞代酌定。此致。浚宣仁兄大鉴，弟高凌雯拜启，十二日早。

十七

浚宣仁兄著席：五月杪之。热几不能支，幸入伏稍戢其威，但动辄流汗，衣衫常湿，故自前与仁安在尊处聚谈后，至今仅出门一次耳。闲中为林墨青作一兴学记，力求简洁，惟疏散之致，超逸之诣，终不可到，殆功力浅也，录似卓鉴，如有应商处，务望示下。及今尚可改窜，倘一上石，贻笑后来矣。特区清旷小住为佳，书画之余，有何高兴。秋凉在即，容专谋一晤也。顺候台安，弟高凌雯顿启（文稿不须寄回，敝处尚有底稿也）。

林君兴学碑记

自国家遭庚子之难，人咸谓欲救危亡，莫急于学。而天津旧有之学，大率教成材备时需。欲为根本之图，则又莫急于小学。严公范孙主此议，林君墨青承其指而力行之，兼营并举，天津兴学之名于以著。小学必设于都市，故先以会文、问津两书院改为之，二者所费醵自士绅。于时别筹费而择地以建者，首城隍庙后，复益以营务处，于是城之四衢皆有学。其在城东者曰盐关厅，曰西方庵，曰过街阁；在城西者，曰慈惠寺，曰育德庵，曰放生院；城北占地广，故建置多，曰河北大寺，曰药王庙，曰直指庵，曰玉皇庙，曰堤头；惟城南稍后，以民户稀也。自癸卯以迄丙午春，竭经营奔走之劳。凡为民立小学二，官立小学十有几，复于其间置一简易师范四。宣讲所多半日学堂，而女学亦权舆于此。会君为学务参议未几，县劝学所立，仍为总董事。凡所设施，岁有增益。越二年，出游日本。既归国属办社会教育、兼管十一女校，遂以广智馆长终。君之办学也，其初固重小学矣，既而知不教于家，徒教于塾，无益也，于是更重女子之学。既而又知虽教于家，终夺于外。而一傅众咻之患不可以不除。于是凡风俗之窳，足以害人心者，必思有以矫其失而归于正。虽至猥屑身贬，抑而不辞。盖劳心瘁神，视兹事若性命者达三十年，至是而君已颓然老矣。当始莅事，其时人习故常，而忽有改弦易辙之举。闻者怀疑，当者腾谤。甚至僧寮、道观一见君，则惴惴以为大祸将至。及其后，出入相遇，多君所成就之人。拱而立者道相属也。

君讳兆翰，墨青其字，天津县学附生，以办学功，奖内阁中书衔，卒于癸酉。翌年，其友高凌雯为之记，将以勒诸石，俾乡人思之有所式焉。铭曰：事有创始，人或尼榛荆，遮道动輙孤踬壮，夫掉臂忘难易，欲观成效察其既，乡校甡甡桑梓谊。前有作者后莫愧，谓予不信征传记，诲人子弟诵孰嗣。

按：金钺甲戌七月初二日有致高凌雯信，谈论此文。此信写于民国三十二年。

以上十七通信函出自《劫余资料》第十。

二、金钺致高凌雯信札

一

前日奉十二月十六日手教敬悉一切。昨奉到尊著《过江集》，捧读数过。氏兴谅漸杂感，四十二年乃露真相，盖生亲非常老实，数望故国河山之感，辞句隆工心肝何在？尊诗之足重者，正以有真性情也。一开年，同足八十有一，煦是"少用心"三字为却。

二

手示奉悉。《日记》一种本拟先行付梓，《漫录》于《丛刻》已刊各种体例终属未合，暂置可耳。《日记》跋内"仲恺迄未还乡"数语系仲恺令子覆校时所改，岂事实未是，远年之事，其子亦不尽详欤。赐改，不言其还乡与否，甚善。或不将此层叙入于"卒于任"下，即接"吾宗立甫"云云，如何？《绿庄严馆诗存》一薄本，系旧刻，原想同两抄本面呈，临时竟忘带去，容再呈览。《石阡即景》二十首，即由此中录附《日记》者。《续刻》已刊成三册，再得《黔行水程记》付刊即足四册，暂作一段落亦无不可矣。谨此奉覆。即请彤翁先生道安。侍钺顿首，十二月二十三晚。

按：《默行水程纪》《石阡即景》《绿庄严馆诗》，皆为孟继埙之作。

三

手示奉悉。《续刻》册数虽不可少，种数不可太少，诚然，诚然。若能再集小品几种，实为至善。姑即以抄本为限。《静喜草堂杂录》既在手下，若竟不为整理，亦觉歉然。日来取出翻阅，忽思得一编录之法：凡所摘抄者悉删去，于摘抄之下有低格按语者，合摘抄为一条；凡所自述者，除将仅记一时起居删去外，其有关学问阅历与掌故者，概以大字顶格逐条排比，如此移写似可爽目矣。又《吟斋书牍》颇多名言，若选为二卷，亦甚可观。《沈谱》字数太多，且曾有刻本，暂可从缓。《严谱》想有可观，仅少一年尚易补足。总之，此事及今不图恐即竟成绝响，若曰留待后人，则今世何世未免太杳茫矣。先生以开九老人仍复孜孜不倦，藐躬年方及艾，后死之责分。所应尽者，正不知凡几，至境遇之通塞，殊莫能计。区区此心，岂容已耶！《绿庄严馆诗存》刻本，年前已托斗瞻带呈，想当入览，谨上，即请彤翁先生道安，并贺年禧。侍钺顿首。辛巳正月初六日。

按：辛巳，民国三十年金钺五十岁，高凌雯八十一岁，因此金钺信中有“开九老人”之言。本年，金钺致高凌雯信札共计二十七通，内容以校刻《志余随笔》为主。

四

《志余随笔》卷六，第二十六页，前六行十三字"是"字未知是否为"正"字之误。请示及。发还之四册及《严先生年谱》油印本早经收到。《严谱》已照抄，俟抄毕再奉缴。是谱系至五十九岁止，初以为仅短一年，今知短十一年之多，将来再为斟酌可耳。孟志翁嗣君仲恺，匪但还乡，且曾久居，咸作如是说，而其令子乃曰"迄未还乡"，殊莫解其用意。《静喜杂录》删去摘抄存已无几，将来或即存其自述数则而已。原本涂乙错综，移抄大费事矣。《吟斋尺牍》反复详读，若去其泛者，可存精品亦不多也。谨上彤老座下，即请道安。侍钺顿首。二月朔日。

按：孟志翁，当谓孟继埙，字志青。此信书于民国三十年。

五

先后奉到两函，敬悉。兹接文楷来函，《随笔》印价仍旧无增，已嘱开刷，并嘱其开一账单，每部连邮费若干，五十部共为若干，俟开来呈阅转办。此五十部将来印成，即由文楷径寄尊处，何如？又正孙前者交来二百八十二元，计为七十七人应用书七十七部。昨复交来四百六十七元四角添印一百二十三部，合为二百部。是款据谓系周四先生所赠，至可感谢。已函知文楷照刷，此二百部寄到后即尽数交与正孙办理可矣。想正孙已有报告。再奉闻，敬上彤老座下,即请道安。侍钺顿首。二月十四日。

按:此信书于民国三十年。

六

嘱刷之《志余随笔》五十部已经照办,俟刷成后曾嘱文楷径寄尊处,每部价单已寄到,兹附呈请阅,将来该款或即由尊处径寄北京宣外西砖胡同法源寺内文楷斋收,何如?银行汇京,系每百元汇费一角。敬上彤老座下,即请道安。侍钺顿首。二月二十五日。

按:此信书于民国三十年。

七

顷翻阅崇语铃圣教帖影印本,读其跋尾,忽忆及《随笔》内曾因牛次原节录一则出以校对,刻本误以"百里"为"千里"在卷四十七页后五行之末,应改正为是。按诸上文当非"千里",请酌定。即颂,彤老刻安。侍钺顿首。三月初五日。

按:崇语铃即崇恩,清宗室,爱新觉罗氏。此信书于民国三十年。

八

来示奉悉。日昨斗兄相遇,交到尊款二百元,一切遵照办理。

闻斗兄云尊处之五十部已接到，兹待文楷函亦报告及此，据谓此番系刷成六十部，先为寄来五十部备用，其余续寄。新改之“百”字，竢下次寄到之本当可改好。敬上彤老座下，即请道安。侍钺顿首，三月十二日。

按：斗兄，即王斗瞻。此信书于民国三十年。

九

手示奉悉。此次县署托为代印《县志》除自留五部，县方要十五部，书已寄到送去，款亦照付矣。所留现尚未动，容派人呈上一部，即以移赠缉老甚善，百字小条亦刷来，随函附上。《随笔》每卷之尾近又添刻卷几字样，与卷首同，俾与曩刻各种一律，彤老俯鉴。侍钺顿首。五月初七日。

按：此信书于民国三十年。

十

来示敬悉。当即函知文楷照改，前一制字尚未改回，正荪处尚欠五十部未与送去。手下书已齐备，只是新改误字，拟贴补后再为送去。《黔行水程记》已寄来少许，兹捡一册交邮寄，呈请惠览。谨复，即颂彤翁先生暑安。侍钺顿首，闰六月初六日。

按：此信书于民国三十年。

十一

再者前接刘翰怡来函，据谓将编《清遗民传》一书，附寄排印之启事多张，兹呈一纸查阅。吾乡如幼樵提学，殊无媿遗民之流，其外堪列此品者尹澄甫、沈声甫二公何如？陈石遗骧不甚得详，只知亦甘居寂寞者，尚乞就（总以有可出之机遇，而坚抢隐遇者，方见高尚，若本蛰居野处之辈，则泛泛然，何足道哉？）意中所及，搜罗一二，以阐幽潜，幸甚，幸甚。附刘君启事一纸。

按：刘翰怡即刘承干，尹澄甫即尹溎，沈声甫即沈士镕。幼樵，陈骧，字石遗。此信书于民国三十年。

十二

示悉。《水程记》承校字，谢谢。查俭堂之芯题上方二游记曾载《铜鼓书堂遗稿》中。《静喜杂记》每一展卷为之生畏，盖亦由一时心绪不宁，未能专一所致也。文楷改字今尚未到，念之颇欲将正荪处之五十部早为送去，即结束矣。即请彤老暑安。侍钺顿首。闰六月十一日。

按：查俭堂即查礼。此信书于民国三十年。

十三

示悉。《随笔》新改之“制”“膺”“蹭”三字合前之“百”字均已刷到小条，兹奉上，如不敷用，手下尚有甚多，与正孙处之五十部均将此数字贴补竣事，拟即送去。翰怡昨来函嘱访李嗣香学士昆仲行谊，窃思嗣香辛亥后隐居未仕，尚在遗逸之列，若子香则自昔家居不关鼎革否也。暑热不多述，即请彤老暑安，侍钺顿首。闰月十九日。

按：李嗣香即李士鉁。此信书于民国三十年。

十四

手示奉悉。《随笔》修板已齐，只封面及书签尚未刻来，前曾嘱其再刷一清本，至今亦未寄到。来函所云有误一处，未言系在何卷，兹将后修之四、五、六，三卷悉交邮寄，呈请批注发回，以便寄京照改。时值暑热，诸惟珍溯，谨复，即请彤公先生刻安。侍钺顿首，六月十一日。

十五

前函甫缄发即接到文楷寄来清本一部。封面、签子均刻齐，兹先留览，稍迟即奉阅。应改之处请速示，照修正，再上彤老座下。侍钺顿首，六月十一日，再函。

十六

示悉。嘱改之条，当照修正。新印之清本，兹甫读毕一週，除别纸记出残笔字五十，又于卷三十九页后“鲁庵回籍葬母，起墓园曰思源庄”云云一条内，梅小树之“梅”字误“树”，曾校数过，尚有此失，竢录清单发京后再将此新印本寄呈，将来拟印粉连二三十部外，再印有一种洋纸，白如粉连，厚如毛边者，其价尚较毛边为廉，颇可用也。《青县志记》似曾由敝处持去一部。前函忘却答之，见还迟早，殊无关也。现在刻价每百字至少须一元二角，《随笔》仍按旧价，每百字六角，但该号屡以不敷开销乞为稍加，兹已将后三卷，每百字加二角，按八角计算，然以后再刻亦不能不照时价矣。敬复彤老赐鉴。即请暑安。侍钺顿首。六月十四日。

按：张鲁庵即张霖。此信书于民国三十年。

十七

手示奉悉。朱蓝溪即朱玉邻，已有确据，快甚。从前亦颇疑若此，奈无佐证，不能武断。盖敝存《竹床图》册子有朱玉邻题诗，自署“涧庵朱玉邻”。小印二方：一曰“涧庵”，一曰“朱玉邻”。又《善吾庐诗存》内亦有其人一诗。其字亦为“涧庵”，或者“蓝溪”其字涧庵，其号欤？可否于拟增之“名玉邻”下，再将“又号涧庵”增入，何如？仍请酌定。清本一部可即留存案头备览，无须发还矣。竢此次修板毕事，便可开刷。违教经年，渴想一倾积愫，转瞬即入秋令，俟稍凉爽当走谒高斋，作竟日谈，兼候起居近状，幸甚，幸甚。敬上，即请彤老刻安。侍钺顿首。六月二十一日。

按：此信书于民国三十年。

十八

两函奉悉。已发工照改。昨得文楷函谓《随笔》如用粉连，六裁，墨印，每部工料价六元七角五分；如印朱色，每部再加四元四角，则为十一元一角五分，未免令人咋舌。即花瑜板纸（即前函谓白如粉连，厚如毛边之一种日本纸），每部亦须三元八角，似此情景，朱印已不可能。拟先印花瑜板纸少许，再寻稍廉纸料续印，盖因刻下无货，且皆下品，想不能永远如斯，待时缓图而已。彤老赐鉴，侍钺顿首。六月二十五日中刻。

按：此信书于民国三十年。

十九

《随笔》前后改字均已修正毕事，可即开刷，以观成矣。兹将两处添改，多字者二页，奉呈入览。余皆刷来小条，即不附上。谨上彤公先生座下，即请道安。侍钺顿首。七月二十一日。

按：此信书于民国三十年。

二十

昨由严台孙君转来朱燮翁赠公之明远堂诗、文集各一册，请查纳。又台孙函谓《过江集》图书馆内尚无，拟乞一册，藏之馆中，请便中迳达可也。谨上，即颂彤公先生箸安。侍钺顿首，十一日。

按：此信书于民国三十年。

二十一

昨谈拟将敝藏家黄竹老人画题诗移录附于《黄竹山房诗抄》之后，兹已编就，奉邀赐览，正谬为感。谨上。敬请彤公先生箸安。侍钺顿首。八月初五。

附呈《黄竹山房诗抄附》一册。

二十二

手示敬悉。诗抄承校过后之题词，题下增“一章”二字，当照录。翁笔记是赠留案头者，无须掷还。折扇乃前遗此者，附呈。谨复，即请彤公先生刻安。侍钺顿首。

二十三

顷捡《称谓录》刑部门内，“白云”见《汉书百官表注》，黄帝以“秋官”为“白云”。急照录，奉闻，当一快也。敬上彤公先生，侍钺顿首，初一日灯时。

二十四

《黄竹山房诗抄题词》仁翁成绝句二首，连同大著录为一页，呈阅。题名处尊意如何写法，请酌示照刊。彤公先生尊鉴，侍钺顿首。八月二十四日。

二十五

顷晤拜苏尊，欲乞其书联一事，已与之道及，承诺，请选定纸料，或交国华社，或钺转致，均可。敬上彤公先生大鉴。侍钺顿首，九月初二晚。

二十六

《县志》已装齐寄来，惟后背穿线式样，仍与初次寄来样本嫌稍宽者无异，工人之愚顽可恨，亦真可笑。兹捡四部奉上。又单行本一部，并请存，备分赠知交。谨上，敬请彤公先生箸安。侍钺顿首，十一月廿八日。

二十七

《丛余》内新改之"爵"字，碑刻内新改之"时"字，幸喜均经抽换，该页其余上次所错数处，此番已更正无误矣。四部内有套者二部。

文楷来信呈阅，有欲索书而付纸工费者，每部可即惠下八元五角，或八元亦可。如有欲集资定印者，请出示文楷。原函每部作价八元五角即可。其小零之数，敝处担任无妨。敬上彤公先生尊鉴。侍钺顿首，十二月初三日。

二十八

《黄竹山房诗抄》《芸书阁剩稿》二书已印出，朱本尚精雅，各捡一部奉请鉴存。竢印成墨本再多为呈上，请代分布。钺自上月巨枪响后即移居特一区，即承过谈之翌日也。此间夏令颇宜，故尚无归意，每日仍以书画自娱。有时到禾亚与诸老一聚。仁兄前曾在此小住，今已归去无？特此，敬请彤公先生道安。侍钺顿首，五月廿二日。

二十九

承示及《黄竹山房诗集》中误字，当即函知文楷修板，并停止分赠，昨已将此字单刷，寄来当径将存书粘改（尚余三纸附上，如欲粘亦好）。顷接到章式老来函，又承校出十余字，原校单呈阅。乞检核订定，仍候回示，再函文楷修板，顷已函知其暂为停刷矣。校单中"等个"谓疑"等过"或"几个"尚请酌定。如肃如巷（原刻本未在手下）犹记原本如是就校单较优，西泠本亦怀疑，但以不明地理，无可考定。瀚、翰似须一查出处方好。嶒原迹为此，但终属别体，仍改"嶒"为是。"剎"字《说文》下从求不从木，然字典实作剎，此不过好古之太过，尚非错误，可不改也。先前所刻各书如"殺"字亦作"术"与此同也。"剎"字前刻中亦有。专此敬上。

彤公先生尊鉴，侍钺顿首。闰月朔日。

原校单一纸附。

呈俟审定后，仍请寄还。申刻。

三十

昨函谅入览。顷将“青翰”二字捡出。《说苑》庄辛谓襄城君曰：鄂君乘青翰之舟汎新波之中，急录呈尊鉴，敬上彤公先生，侍钺顿首，闰月初二日，灯后偶归寄。

三十一

彤公先生手教拜悉。“箫肃”“水巷”均承检有出处，何快如之。余悉照尊定修正。黄竹老人诗不加梳掠，纯任自然，但可不动者总以不失真面为是也。谨此覆谢，敬请道安。侍钺顿首，闰五月初四日。

三十二

《芸书阁诗》内，顷又发现一误字。在二页前八行第八、九两字“溥溥”实为“溥溥”之讹。特此奉闻，以发一叹。彤公先生如晤，侍钺顿首。闰五月初八日灯下。

三十三

《黄竹山房诗抄》原跋所述梅树君先生一片至诚，似不容泯没，故又补刻，拟装入原题词之后，其字句间闲有未安者，不避僭妄，稍加修订。顷已刊成，奉请鉴定。拟收从《山舟草》及《金氏家集》中辑录百余首补刻一卷，此外再有则见于辗转传抄者，大抵讹脱不完，一时未易从事整理矣。君寿旧藏《田盘纪游》一卷，未知曩年曾随祝融化去否。设有当可补入。竢一询之。肃上。敬请彤公先生箸安。侍钺顿首。

原跋首行势须标题，而新跋之刻未标题，若并列，似不一律，冠之卷首，或亦不乏先例也。七月初四日。

按：张寿(1877—1947)，字君寿，号铁生，天津人。与陈荣甫创办《醒华画报》，民国初年，任天津普育女学讲席，后创办礼遗女学。与高凌雯、王守恂等致力于修纂家乡文献。能诗，富于收藏，书法尤精妙。著有《校本词源》二卷，《词源校记》二卷，《游沪甬杭日记》《闺情百咏》《津门百美图咏正续编不分卷》《国朝万首绝句》等。

三十四

手示敬悉。"将就"二字诚不雅驯，尊拟至善，欣感无以。急属工剜改矣。此文或不至再有大疵，较原本似改观多多。谨致，即请彤公先生箸安，侍钺顿首。初六灯下。

三十五

《县志》一部，《黄竹山房诗抄》三包，计十二部，《芸书阁剩稿》十五册，并请惠存分赠。《田盘纪游》写本仍求赐校一过，竢何时阅毕，即请用原信简填写缄封寄下为荷。谨此拜上，敬请彤公先生节安，侍钺顿首。中秋日。

三十六

便中如见斗瞻，乞将《黄竹山房》及《芸书阁》二书各赠广智馆一部，交斗瞻带去为荷。欲辑画传，孙君似可赠一部。顾寿人、杨拜苏、学会中似可存一份，亦交斗瞻。好，均已赠。

三十七

手示敬悉。校字均极精当。至感，至感。“邦均”他处所见无作“君”者，此或传写之误，仍改作“均”为是，其有句云，拟于其下添一“上”字，似即顺矣。又《芸书阁剩稿跋》内与字承教，当熟思改易，一时尚未能得也。谨此覆谢，敬请彤公先生刻安。侍钺顿首。十七日晚。

三十八

手示敬悉。其有句云句，其改中较添一“上”字，句法挺峭，当即致函照改，以与句尚未思得一“安”字，承示改“莫”字较当，竢再缓缓酌定之。彤公先生惠鉴。侍钺顿首。廿日。

三十九

未奉教益忽又经月,《黄竹山房诗抄补》写本已校三周,仍求赐阅纠正,底本二册附呈,卷尾识语益乞教定,竢何时阅毕,请饬纪电知特一区,或北门内敝居,以便派人走领为荷。归期或在下月,此间寂静直似山居,故颇恋恋也。谨此,敬请彤公先生道安。侍钺顿首。九月二十五日。

再者《黄竹山房诗抄》刻本近又校读一过,卷三十三页前九行内"鳞鳞"似应作"粼粼"或作"潾潾",又卷五第三页前三行内"翱翱"当是"翱翔"无疑,又卷六十三页前五行自挽诗夹注内上行"先生"二字,拟改作"按公"二字,既添入"按"字,而原刻之人亦系族裔,"公"字尤当。

四十

手示敬悉,各书一一收到。《黄竹山房诗补》承校出多条,至感,至感。《书谱》《石刻跋》及《墨缘汇观序》均有号无名,而《琐记》"仪周"作"仪舟"。《墨缘汇观》作《墨缘类观》以此推之,其以尚义为歧,亦未可知。然既为吾乡文献定当考明。兹忆及《莲坡诗话》中有言:安氏一则,似为安氏赠莲坡一姬人,而莲坡却之。其书体例皆载名,或须有之,若有则无疑矣。明日由城内取书详阅可也。尊斋亦有《屏庐丛刻》,请一检何如?此外叶德辉《观画百咏》,李文石《有益无益斋读画诗》,均可检,但恐皆称其号耳。谨此,覆请彤公先生箸安。侍钺顿首。廿九晚。

四十一

昨函想登览。顷将《莲坡诗话》翻阅一过，所忆乃横塘居士文钦明思一则，非安氏也。文之先为高丽人，《琐记》谓安之先亦高丽人，故误及之。此则在卷中第九页之末。麓村，字仪周，其字似又与名岐为相切，检玻璃板所印各种书画，凡安氏旧藏，其印章非“仪周”即“麓村”，而不见其名“仪周”，与查俭堂甚善，见《画梅题记》，可于《铜鼓书堂集》中考之。其收藏旧印章必名字为一石，或为封石，方足信。若名为一石，字为一石，而非一封者，仍不足信，恐为其父子先后所印也。只好多方翻阅详证耳。谨上彤公先生，侍史侍钺顿首，卅日申刻。

四十二

手示敬悉。《清代学者象传》其传已一一读毕，转呈浏览，承示之。《古董琐记》及抄本一册奉缴。《莲坡诗话》校出误处，请惠示为荷。彤公先生，侍史、侍钺顿首，初一晚。

四十三

于《古董琐记》中知《大义觉迷录》颁发后复收回，曾静终被杀戮，颇释一闷也。见卷三，十页后《大义觉迷录》一则，卷四，七页苏子美语一则，其语见子美本集及欧阳文忠试笔中（七字原言读如岐，若因“七”称而名为“岐”，必自出其主人之所命矣。印章皆用号而不用名，或即因此不欲以名传也）。

《莲坡诗话》卷中，十四页末一则所云之王揆，与《致远堂集》撰序之王揆在在相符，当即其人。兹于无意中得之，亦一快事，拟即注于该序之后。(《黄竹》前刻卷一第六页后《秋夜听雨》一首，第三句内"溅"字，若作平声读音笺。"溅溅"水疾流貌，于义未合，若改作"沾"字，何如？)

《铜鼓书堂集》翻阅无所得，《无益有益斋读画诗注》中非曰安麓村，即曰《墨缘汇观》，著录其名，殊不见也。初二日午夜，又及。

按:《觉迷录》即《大义觉迷录》，清雍正帝颁布。

四十四

还示承悉。顷至书店编检故宫刊行各种真迹，内有《眉山苏氏三世遗翰》一种，为安氏故物，而图章只有"安仪周家珍藏"一方，又有《宋四家墨宝》一种，亦安氏故物，此册内安氏图章甚多，一曰"安仪周家珍藏"，一曰"安仪周书画之章"，一曰"仪周鉴赏"，一曰"仪周珍藏"，一曰"朝鲜安麓村珍藏书画印"，一曰"朝鲜人"，一曰"安岐之印""朝鲜人安岐之印"。二方虽非一对，总是相连并用，且几至每开皆有。此二册已购归，容日呈阅。睹此则安麓村字仪周，名岐，其先高丽人，似无疑矣。急以奉闻，以备参考。专此敬上，即颂彤公先生箸安。侍钺顿首，初三夕。

又《墨缘汇观》重刻本有端方一序，内有所事纳兰太傅一语，其必有本，即非纳兰太傅之仆，亦其私人也。或麓村本行七，原俗好呼人行，故曰安七，亦未可知。又及。

四十五

手教承悉。尊考以年推定，当为确切不移，折服之至。近读叶氏《观画百咏》内（见卷四，二十一、二页）所论正同，即邓记所本亦明之矣。至其别署松尔之故，见《无益有益斋读画诗注》内（卷下，八页），兹将此二书及《墨缘汇观》一册，《宋四家墨宝》一册，一并呈阅，以资参证，当属一快也。若再课一说，为麓村湔耻，刊入《丛余》内，何如？敬上彤公先生。侍钺顿首。十月初七日。

四十六

读《墨缘汇观自序》“白髻年”以末数语，可知麓村从幼时即为富家子弟，业盐起家，似仍由其文尚义，始与明珠有关，或为尚义之事，年代即相符矣。又及。

《丛余》体例皆有引证之书，此事若载必检《匪石日记》方好代书，皆在修志断代之后也。或据香树斋文亦可。

设将志稿家有云：云易如岐，字仪周，号麓村，素八字似亦与上文相贯，可否仍请酌裁，未敢妄议也。《芸书阁稿》王时鸿序，其人见《莲坡诗话》中，字云冈，官编修。

按：匪，即钮匪石。

四十七

手示敬悉。麓村考证载入尊著《志余随笔》至为妥善。盖《志》

与《随笔》有公私之别，名人著述较可畅言，而多所论列也。顷又得《墨缘汇观撰人考》小品一种，近时人于麓村考之颇详。香棱寿文亦曾引及，容日奉阅，以备采择。总之麓村即安岐，而非身事纳兰者，断然无疑。其他尚难确定也。谨上彤公先生侍右，侍钺顿首。十九夕。

四十八

手示并件收悉。敬有孟者外舅沈太翁仙逝，择于下月初九日申刻请壁老点主，拟请襄点，谨代面陈，俟另由主人肃柬，届时乞拔冗光临，为感，肃覆，即请彤公先生道安。侍钺顿首。十月廿七日。（《墨缘汇观撰人考》《啸亭杂录》二册呈阅。）

四十九

研讨麓村一事，考《啸亭续杂录》安三一则所云，其子孙居津门世为盐商，家巨富，想当是麓村无疑。而《墨缘汇观撰人考》谓麓村即安图之子，然《天津县志》明载岐父名尚义而非名图，窃按志载尚义字易之，其字与名于义无取。若曰名图，则老子图虽于其易便极关合矣。尚义之名只因捐资修城事见于志中，彼既捐此巨款以急公，当局者不能不据以入奏，而安图之名，朝士尽知。夫以明相之私人，蓄财至如此之多，设明目张胆，上达天听，在安氏必多所顾忌，况其时纳兰之势已微，即太傅子孙亦不免有所敛也。于是姑易其名，即曰尚义，而当局者又不忍令其湮没无征，故附入偕子岐之文于公牍，以资两全。今人捐资襄助善举，尝有不欲露其本名而署以别名者,正同此类。由斯推论,一切庶可释然矣。叶氏德辉知麓村非身事纳兰太傅者,而不知即安图之子。姚氏大荣知为安图之子,且既知有捐资修城事,竟未一检《天津县志》,遂不知志载岐父名尚义,非名图,当时修志者年代较近,未必不知其详,殆有意为之讳言也。观钱文端麓村寿序,绝无一语及其先世,已可玩味,而捐资之举,挥手达数十万金之巨,气宇豪迈,非所谓安三者,谁耶?然安氏亦必自有其卓特之才,以见重于明相,而所以起家发业者,良非幸致,则麓村之慷慨广交,盖承遗风也。贯穿群说,突启新悟,忻忭之解,亟以奉质。是否有当,仍俟高明鉴察焉。钺再拜,谨上彤公先生,侍史。十月二十七日。

邓记作安七实误。《啸亭杂录》著者既系新贵,年代又与明珠未远,自属可据,与其他道路传闻者迥不同也。

按:邓记指邓之诚《古董琐记》。此信收入《屏庐文稿》卷四,《与高彤皆书》,落款时间为"癸酉十一月",省略"钺再拜,谨上彤公先生侍史"等书信往来之词。文字亦有增加。如"研讨麓村一事",《文稿》为"研讨麓村家世一事",多"家世"二字;"则老子图,虽于其易便极关合矣",《文稿》为"则老子难图,于其易便极关合矣",多一"难"字;"尝有不欲露其本名而署以别名者",《文稿》"尝"改为"曾";"殆有意为之讳言也",《文稿》"殆亦有意为之讳言也",多一"亦"字。《劫余资料》中金钺手稿,工笔小楷书写,亦题《与高彤皆书》,版心下有"屏庐"二字,是为《屏庐文稿》底本。

五十

志书改字单,修毕奉鉴。本早经寄回,因有小疵,往反重修,遂稽时日。仁老三集一部,请惠存。钺定于本月望前返城,居度岁余,教非遥矣。即请彤公先生道安,侍钺顿首。腊八日。

所有未出手之本,竢来春文楷工人到津,嘱其将该页抽换,以求完善。又及。

五十一

昨晚偶阅及《通鉴辑览》卷九十一第五页:皇子竑恶史弥远,尝指宫壁舆地图琼厓曰:吾他日得志置史弥远于此,又尝呼弥远为新恩,以他日非新县,则恩县也。据此,则黄竹老人诗"远过新恩悲只影"句之"新恩"二字,似可明得出处,与尊解适符,为之欢抃不已,亟节录奉闻,当属一快也。谨上彤公先生前,即请道安。侍钺顿首,十二月十六日。

五十二

《诗翰颀诵卜砚》拓影本奉缴。手札册,是日灯下论审,皆真迹无疑。闻已(集)售与徐端甫,其价在二百数十元。昨偶步街头,从"虞翰香"买得水笔一种,颇适用,似尤合尊腕,兹呈一支,请闲中一试,或能得其助也。承上,即请彤公先生道安。侍钺顿首,十二月二十二夕。

按:徐端甫即徐世章。

五十三

尊谓亲家之亲，俗读如庆，于古有澄，兹从梁章钜《称谓录》检得，节录呈阅，以备采辑。《辍耕录》凡男女论嫁者，两家相谓曰亲家，此二字见《唐书·萧嵩传》。案(此案语当属章钜)：《萧嵩传》子衡尚新昌公主，帝恒呼嵩为亲家，今世俗通呼，亲字为去声。卢纶作《王驸马花烛诗》云"人主人臣是亲家"，则亦前有所本矣。彤公先生惠鉴，侍钺顿首。十二月廿八日。

按：梁章钜(1775—1849)，字闳中，又字茝林，号茝邻，晚号退庵，生于福州。曾任江苏布政使、甘肃布政使、广西巡抚、江苏巡抚等职。工诗，精鉴赏，富收藏，喜欢研究金石文字，考订史料。晚年从事诗文著作，一生共著诗文近七十种。主要著作有《称谓录》《归田琐记》《退庵所藏金石书画题跋》《藤花吟馆诗抄》《退庵诗存》等。

五十四

冯五先生下月十五日六十正，庆其哲嗣，欲求名家书联一节。昨送来对料(八言格)，据云若得泽公赐书(寻常文即可)，至所欣愿，敢乞便中转代琐读，至感，至感。即请彤公先生道安。侍钺顿首，十四日。

再者，学会石君所作章先生寿文，如尚在手下，请示及一观，一半内即奉缴。又及。

五十五

寿对承惠下，谢谢。风竹题为丁丑，考纪元编兼历崇祯、康熙皆有丁丑，此帧既系绫本，当非康熙以后之物可断然也。李放高小册内"臣铨之印"一石，今尚存，虽钤入《善吾庐印谱》，殊不知为李定所作。（李定亦名定业，其自用印章即有曰"李定"，有曰"李定业"者。）虽"臣铨私印"一石，今已无其送式老寿屏。顷物色得咸丰二年装橘红色笺纸甚精，当送交壁老处备写。《黄竹诗抄补》朱印本已寄到，兹呈二册，请转贻泽公一册，为幸。敬覆，即请彤公先生道安。侍钺顿首。初四日。

按："臣铨"即金铨。

五十六

"三河县"作"山河县"抄本即误，乃屡校，竟未看出。山矾是弟，梅是兄。山谷咏水仙诗已检得，刘仁恭事检《旧五代史》与《新五代史》大致相同，其僭称王，正史既无明文可证，只得检出其初根据之本，方可释疑也。即请彤公先生道安。侍钺顿首。初六日。

五十七

夹注减一字增一字，文笔较顺多多，已函照修改。寿联上句已极工稳，以无可再疑矣。谨上，即请彤公先生道安。侍钺顿首。

五月十三日。

五十八

微恙想已就愈。《县志》改字已寄回呈览。壁老寿屏书法虚灵精到，得鲁公作《真如草》之妙，非此极滑之纸，不能过此境也。闻壁老自以为不惬意，盖与其寻常用笔之法不尽合，乃适为合作也。兼以大文之增重，必传无疑矣。今晚即移寓特一区十六号路二号作消夏之计，谨上，即请彤公先生暑安。侍钺顿首。五月二十日。

尊联亦词翰俱精，实可珍也。

五十九

违教月余，正切怀思，忽奉手书并示及近作《林君兴学碑记》，欣诵三复。前半总叙事迹，简括精严，后幅描写形神，则声色俱出，墨翁得此可不朽矣。然非目睹向往一切情形者，秉笔而书之，亦虽酷肖如是，“僧寮道观”数语乃三十年前之幻景，今尚有几人能道之哉。末节自署姓名于文内，体格尤雅。铭词前四句赞已往，后四句勉方来，意澹旨远，而稿纸二页，法书清腴，绝不类稀龄已逾者之笔墨，固当装褾珍之矣。近日读赵湘帆《序异斋集》(新刻四册)、吴辟疆《北江集》(旧有刻本，新又续刻，共为八册)。于吴门弟子之学籍窥一二，而北江才气豪迈与学力之深厚尤可惊佩，客有谓独惜其胸度稍觉褊狭，彼之所以屡屡极口称道而张大之者，是犹不免囿于一隅，而适取其小也。其然，岂其然乎？此间清静远尘,终日惟闻鸣蝉在树耳。每至夕阳西下,以散步河干为乐,恍若有林泉之趣也。拉杂率复,敬候起居康胜,不尽珍缕。侍钺拜上,彤公先生座下。甲戌七月初二日。

按:赵衡(1873—1925),名曾楂,字湘帆,号湘南,冀州人。清光绪二十九年进士,授翰林院编修,任吏部主事,吏部侍郎。晚年辞官回乡,在天津与徐世昌、林琴南、严范孙、华世奎等名士组成"晚清簃诗社",著有《叙异斋文集》八卷,民国二十一年徐世昌刻本。吴辟疆(1879—1950),名闿生,又名启孙,号北江,今会官乡老桥村人,后移居北京。诸生。民国初,任总统府秘书,教育部代部长。辟疆有家学渊源,继承其父汝伦之学,幼时师事桐城派姚永概、通州范当世、武强贺涛等人。著有《孟子大义》《尚书大全》《诗文会通》《左传文法读本》《孟子文法读本》《文史征微》《古文教范》《古今诗范》《今体诗选》《汉碑文范》《吴门弟子集》《北江文集》《北江诗集》等。此信书于民国三十二年。

六十

手示颀诵。志外又得康熙进士一人,自应设法补入,无待犹疑也。陈重威君其书法颇似李文忠记,曾闻为文史代笔,与尊考正符。

所示七律一首,忠厚之指,悱恻之音,字字可沁心脾,捧读回环,不觉几喟百端也。又"届"字见《说文集韵》侧入切,前后相蹑也。津俗谓相挤曰査,或即可用此字,未知有当否?谨覆,承请彤公先生道安。侍钺顿首。八月初三日。

六十一

昨校《古泉丛考》卷一末则内许天启既系崇祯时臣工，断不能用熹宗年号二字为名，此必有误，不然即“崇祯”二字有误。原注出《猗觉寮杂记》，君寿注为误作，盖以为崇祯时事不应出宋人著作中，而未虑及天启二字是熹宗年号，亦不应崇祯时人用此为名也。窃按宋徽宗有崇宁年号，但未知《猗觉寮杂记》是北宋人著，是南宋人著？须检阅原书，原注出处或不误也。拟示尊藏武英殿丛书内该种一为核定，乞便中检出示及为荷。敬上彤公先生座下。侍钺顿首，十一月廿八日。

六十二

拜奉还示。益承惠示《猗觉寮杂记》，读洪迈序知其书为南宋人著，检至卷下十九页，此条果在“崇祯”，确系“崇宁”之误，为之大快。当即致函君寿，并持原书为证。拟将君寿注语删去，仍改作出《猗觉寮杂记》，此书暂留案头，拟即逐读一过，以广见闻，《青县志》容借来奉上，特此奉闻，书为增快，即请彤公先生道安。侍钺顿首。十一月二十八日灯下。

按：君寿指张寿。

六十三

彤公先生俯鉴：兹拟挽亦老一联，请赐教正。侍钺拜上，十二月一日。

从来高逸好逃空，知别有伤心，遗命饰黄冠，似亦踵先民故辙；
自昔殷勤承雅爱，辱许为同气，遽惊归紫府，能不教热泪沾襟。

六十四

少棠六十正庆，尚欲得诸名贵书额，因特备红笺一幅，敬乞代邀泽公赐书为感。昨仁老来谈与高梅诗，“荆花零落金如血”句似可不动，不过荆花如血恐无出处耳。即请彤公先生道安。侍钺顿首。十一日。

六十五

特一区匆匆一晤，是日天气甚凉，出门时又衣里稍薄，遂未能久停即归。《欲起竹间楼诗》校毕，凡笔划残者，旁及眉，标点笔划误者，注于眉，又加签二处，请酌定。再者《莲西赋钞》刻本，拟请闲时检出，惠借一校。《天津文抄》内所选之二篇《闾履》《芳赋》刻如在手下，并假下尤妙。如不好找，此种即无须也。谨上，即请彤公先生道安。侍钺顿首。二月二十四日。

六十六

尊存之《屏庐丛刻》一部送来，于《台荡纪游》中获一加签，至为欣幸，立即命工改板，此部系初印，错字尤多，除抽换七页，贴补约有一百四五十字，校书其未易也。原书奉缴，即请彤公先生道安。侍钺顿首。四月二十一日。

六十七

敬有邀者：族兄益庭病故京寓，年近六旬，昨寄来素纸，嘱代求名家赐题像赞，敬呈一页，乞惠书数语为感！其人静默好道，笃实君子也。肃此，敬请彤公先生道安。侍钺顿首。十四日。

六十八

手示敬悉。高阳孙公之谥，检《明史》云：福王时谥文忠，《通鉴辑览》云：本朝谥忠定，而其集书签题作《孙文正公集》。翻阅集中卷首及折页中间原作《高阳集》，弁首序文数篇，标题及文内，亦无“文正”字样，只嘉庆时知高阳县事，杨璧一跋题作《孙文正公全集序》，列于各序之次，然读其文内亦并无“文正”之称，且自谓跋其卷尾，云云。与立题曰序，微异。况集之编刊在顺治时，此跋及书签必后来所补，盖皆当时笔误，而世俗又最重“文正”之称，故遂以讹传讹，未之详考其实。在谥法，“忠”字较“正”字尚列前耳。然究其何以传讹，或因公之后人既不愿从清朝之谥，又不敢用明朝之谥，于是故意讹呼为文正公，相沿日久耳。习以驯，乡里不学之辈，固未尝加察，而淹博有识之士，得毋忘，心哀其志，不便为之申辩耶。总之书以《明史》及《通鉴辑览》为据，俾二谥并存。《通志》谓本朝谥“忠定”，既无“文正”之说，且此等加恩往代节臣之谥，似亦断不能再行改定，则“文正”为子虚可无疑矣。臆度如斯，拉杂率复。惟鉴裁，幸甚。敬上彤公先生座下，侍钺顿首，二十七日。

《画记》前云，“吟笙”以不知“竹屿”为何许人，见询。兹于无意中获有端倪，遂为检得。吴泰来，字企晋，号竹屿，长洲人，乾隆庚辰进士，官内阁中书。工诗博学，有《归砚堂》《凈名轩》等集。

六十九

未亲教益，正切怀思。捧诵惠诗，珍荷，珍荷。连日读《唐宋诗稿》，甫竞李、杜二家。昨偶于书肆购得隋澍郇《诊痴诗稿》一册，前有尊题五古一首。其诗颇多超逸，如“逊座诗”“思图长歌”之类极可喜也。又获得《范伯子诗集》一部，亦可作消夏之品。吾人之，今日自甘迂拙，仍攻其无用之业，可怜，复可哂矣。谨此奉覆，即请彤公先生道安。侍钺顿首。二十一日。

按：隋澍村(1862—1941)，名恩湛，字澍村，别号石壶，又号长芦渔隐。书画家。著有《诊痴诗稿》《梦余诗抄》《津门杂咏》等。

七十

手示并书收到。《履阁》《秦游》二集曾在案头，尚未校，前后共十种已校毕。修毕者六种，未校者四种，尚有刘、李二家者未交下，总序目二页已嘱文楷印样，来附上请阅。

《欲起竹间楼》一种，拟即先行开印，以便早偿心愿。前在端甫斋中所晤之生客，只马五爷者甚耳熟，然亦不详其字，余均茫然矣，容见拜苏可询明也。特此承上彤公先生坐下，侍钺顿首。八月廿七夕。

七十一

手示承悉。梅集单印，似示宜多，所见甚是。刻章似萧制一石最佳，余二石在伯仲间。张刻之“辛”字颇不易识，又当署之第三矣，不知以为何如？谨此即请彤公先生道安，侍钺顿首，八月廿九夕。

七十二

适呈教之挽联，对语第二句拟改作“每倾谈促膝”似较为自然。未知何如？请赐裁定。彤公先生座下，侍钺顿首。初一日灯下。

七十三

麓村与石谷友善，石谷曾为麓村作小像，见《旧学盦笔记》。以时计之，麓村当在少年，未知此迹今尚在人间否耶？《墨缘汇观》文字未精，是无可讳言。叶氏之论意存袒护也。

天津图书馆藏有《王守恂等致高彤阶函札》(S3777)四册，信纸粘于“河北省通志馆稿”等书册之上，收录王守恂、金钺等致高凌雯信札，其中金钺写给高凌雯者共七十三通。金钺称其为

“彤老”。

从《屏庐续文稿》之《高彤皆手札跋》一文可知，金钺当年应收集并装帧了高凌雯写给他的书信“一巨册”，但此批信稿暂时未见，仅见其数十通未装册之散件。

《高彤皆手札跋》云：

高彤老手札此一巨册外尚有数十通，以世变孔亟未能再付装池，近始荟萃，缀为一帙，俾免散失已耳……老成凋谢，孰共素心，回首三十年已同异世。披此册而循省之，能勿兴今昔之感，辄黯然神伤耶。庚寅三月。

《屏庐续文稿》收有《与高彤皆书》，就安麓村修城一事进行考证：

久未修候，惟杖履康吉为颂。曩因研讨安麓村之家世，窃谓麓村为安图之子，而捐资修城之安尚义即安图，曾考诸各记载，奉书乞教，承取斯旨，著之《志余随笔》中，然捐资修城之举，何缘偕子从事，究尚未得其实。前书之言仅悬揣耳。近读《朱批谕旨》一书，于《长芦盐政莽鹄立折》中见有“雍正三年九月二十八日请修天津城垣事”云：臣窃惟天津一城为东海之咽喉，神京之锁钥，臣见城垣四面雉堞倾圮，门楼颓坏，砖无全块，城壕填塞，修建之事，实难姑缓。今据长芦商人金义钱仁，本名安岐，禀称：修筑城池乃邦家要务，上有益于国，下有益于民，岐父安尚义闻此美举踊跃鼓舞，情愿竭力捐修勷成盛事，等情到臣。据此该臣看得天津城垣南北三百三十余丈，东西五百二十余丈，墙高三丈，既据安尚义父子担承修筑，可谓好义急公，惟是工程浩大，须经岁月。安岐现在行盐办课，其修浚之工难以兼顾相应，令伊父安尚义亲来办理，且安尚义人甚老练，自必尽心竭力。臣再会同镇臣等委地方官弁尽力督修，径于年内择吉兴工，理合奏明，伏乞皇上睿鉴，俞允施行。硃批云：城工既有其子安岐承修，何必又欲伊父安尚义前往。安尚义若自愿到工看视，一任其便，伊既急公捐修。尔同地方官亦宜相助为理。按此情节，何不径由安尚义具禀，既经其子安岐承修，而又何必奏请其父安尚义亲来办理。其中委曲周折，不知当日费几许踌躇，而终不敢以安图本名上闻者，其故可深长思矣。绎朱批之语，似亦颇涉疑窦。不过因事属急公，遂一任其便已耳。此由故纸堆中翻阅，偶得于其事迹原委具在，因亟录奉清鉴，当为之开颜一笑也。甲申七月初六日。

第二节　金钺与王守恂往来信札

王守恂(1864—1936),字仁安,别号阮南,晚署拙老人,天津人。清光绪二十四年进士,授刑部山西司主事。清宣统二年(1910)出任河南巡警道。民国九年任直隶烟酒事务局会办。晚年与严修等组织城南诗社和崇化学会。主要著作有《王仁安集》四十一卷、《王仁安续集》十二卷、《王仁安三集》六卷、《王仁安四集》四卷、《杭州所著书》三种附《乡人社会谈》《杭州杂著》四卷、《杭州杂诗》一卷、《杭州杂诗(续)》《阮南诗再存》一卷、《杭居杂忆》《仁安续笔记》二卷附《乙丑避暑小记》《天津政俗沿革记》十六卷、《天津崇祀乡贤祠诸先生事略》《庚子京师褒恤录》四卷、《城南诗社集》《传恨词》《天津文抄》七卷、《补读书斋笔谈》一卷等。

金钺对王氏学识极为赞赏推崇，亦热心为之作序刻书,广其流传，民国十至二十六年陆续刊刻《王仁安集》《王仁安续集》《王仁安三集》《王仁安四集》《天津政俗沿革记》。

金钺与王仁安为表亲，交谊笃厚。金钺比王守恂小二十余岁,但两人性情相近,视之为“楷模”。金钺在《王仁安集序》云“予少于仁安二十余年,赋性之冷,交游之寡,特与有同情。”金钺对王仁安的为人及才学十分赏识,在《王仁安续集序》中曾有这样的描述:“每共谈文艺,予深服其识,而千虑一得,亦时为所称赏,互摅衷怀，引为至快，第疏落性同，两人皆戢影蓬庐，罕出里巷，往往数月不相过从，有所商酌，则小简将意，奚僮往还而已，虽然世有终日聚首，而彼此各不得其心者，固未可以踪迹求之也。后之人诵其书，会其意，必有志同道合，许其自有不可磨灭者，在则又不啻昕夕，如对其人矣。予校录其近稿，踵前事为之续刻，就中心窃慕者，揭而出之。”王仁安七十以后与金钺交往更为密切，在《王仁安四集序》中，金钺这样描述他们的交往：“（王仁安）近年匿采韬光，益甘寂寞，而与予踪迹尤密，每过予谈移晷忘倦，往往日暮篝镫，家僮来促之归，方輾然曳杖而行，似尚以为倾吐未尽者，尝笑谓一到子处便觉兴致淋漓，宿疾若失，是以无旬日不见，见则如笙磬之答响，形影之相依也。”

王仁安所著书，每刊刻一种，金钺必为之作文一篇，如《王仁安集序》《杭州杂著跋》《王仁安续集序》《仁安文稿跋》《仁安续笔记跋》《王仁安三集序》《王仁安四集序》七篇，收入《屏庐文稿》；金钺就其所藏、所购与王仁安相关信札，作有《仁安存函跋》《王仁安行书卷跋》《王仁安手札跋》三篇，收入《屏庐文续稿》。

两人书信频繁，内中多叙文章的编纂刊刻情况，王仁安称金钺仁弟、表弟、浚弟。金钺十分珍惜这些信札，1950年冬，金钺将收集的王仁安先生手札二十六通（《劫余录》记录收藏二十九通，实际为二十六通，有几页纸实为一封信），起戊午（1918）讫丙子（1936），装裱成册页。信的内容除一通提到他最近编辑《庚子京城褒恤录》，一通涉及其他杂务之外，全部是关于金浚宣刻印他的《天津文抄》的事。王仁安致金钺信札，文字简短，一信一事，无多缀语。

一、王守恂致金钺信札

《王仁安先生手札》一册(见"劫余资料"第十),金钺题签,钤"心远楼"朱文方印。为金钺收藏并装订成册手札之一。卷端金钺题跋云:

此王仁老手札,起戊午春讫丙子夏。是冬病没,年七十三。翌年,风云陡作,桑海贸迁,其得恰先数月蜕虚仙去,未为不幸。抚今思昔,旧梦难寻,固有不胜其浩叹者耳。仁老书法孤芳澹逸,冰雪澄清。所谓楚调自歌,不谬风雅。乃别具一种幽秀之气,未可与书家之书同日语矣。短简搜循,如承色笑。徘徊只影,伥伥何之。每思旧友,取书看此册,所以珍逾琼瑶也。

装就越十年,岁次庚寅冬十一月望前。

屏庐金钺识于心远楼

文末钤印:"金钺"白文方印,"浚宣"朱文方印。

一

大著读一过。语有源本,不泥于古,颇通于今,均杰作也。说转注取东原,尤与鄙意相合,可即写定刊行。

执事嗜学好古,当此废坠,为后学津梁。吾党与有荣幸,不胜颀仰之至。浚老表弟,守恂顿首。

按:执事指金钺。

二

《文抄》原稿廿四本，新订叙目一本，补抄奏议一本，每类作一卷，各篇连写，题目顶格（均照曾选格式）。（每篇几行，每行若干字，祈酌，总以近雅为是。）浚宣仁弟，守恂顿首。

三

《文抄目录》遵尊意，业经达知。望印《丛抄》，深盼早日观成（序中篇目总数代为更改）。浚宣仁表弟，守恂顿首。

四

莲西官职俟考核，再覆，余俟面谈。浚宣表弟，守恂顿首。原件缴。

按：莲西即王维珍，字颖初，一字席卿，号莲西，一号莲溪，又号大井逸人，天津人。清咸丰十年(1860)进士，官通政司副司。著有《莲溪诗赋集》。

五

莲西仕至通政所副使，其他有疑可开示详查。浚宣表弟，守恂顿首。

六

《文抄传略》梅小树先生应补著有《闻妙香馆诗稿》(原稿记得失载,新正)。

尊札"阳刚阴柔之说",另复。浚宣表弟,守恂顿首。

按:梅小树即梅宝璐,著《闻妙香馆诗稿》二卷。

七

《文抄》想已写定,望将原稿赐缴,交彤皆归档。再索香翁《续诗抄》,从事编订。浚宣仁弟,守恂顿首。

八

《文抄》点读一过,应行修改之字另纸呈核。刻下刷印不多,正好改竣,再续印。浚弟如见,守恂。

九

《传略》经高彤阶看出错误可剔修(原签呈阅)。小树先生名璐,误作潞,已印出,此似宜贴补。祈酌。浚弟如晤,守恂顿首。

十

写书人便中催迫，稿本无副，吾弟想亦悬系不缕。浚宣十五弟，守恂顿首。

十一

奉上一纸，祈加函寄刻书人。浚弟如见，守恂顿首。初十日。

十二

写成两种，亲校一过，仍祈请同人复校。此后写出之件，均可先自校一过。此时费事，上板则省矣。浚弟如面，守恂顿首。

十三

《致远堂集》奉缴，凡加墨处均折角，用待复校。再拙作笔记各条中有空隔处，写真稿时照空一格，校时祈留意。浚宣表弟，守恂顿首。十月十九日。

十四

现辑《庚子京城褒恤录》，山东王文敏请恤系山东巡抚袁代奏所得案据，缺漏此件。王汉甫已故，其家人如有可谈此者，祈询问伊家。如有此件，望速抄来编入。浚宣表弟，守恂顿首。

十五

拙集自阅三周,目力已倦,请代校阅,发回。嘱刻字人加细补修,印第二次样本,看好,再刷墨装订。浚宣仁弟,守恂顿首。

十六

拙集错误单一纸,求鉴核于版片修改,并求在印就书贴补。此事深得大力精心,中怀感激,莫可言状。浚宣仁弟,守恂顿首。

诗说容续送,又及。

十七

拙集想已交工修补。今晤范荪,云乞《天津文抄》两部,分送直隶、山西图书馆,请由尊处迳送范荪处(多一二部亦好)。浚宣仁弟,守恂顿首。初四日。

十八

《文稿四》"论诗篇"应改之字及"说诗"应避写之字,尊说均是,照改。浚宣仁弟,守恂顿首。

十九

续刻书自加跋语,前后便成一气,请即发写。浚宣仁弟,守恂

顿首。(跋附呈)

二十

新得一学古文门生,其所作文字颇已成章,求赐《文抄》一部,以备移赠。浚宣仁弟,守恂顿首。

二十一

序文清简,跋语尤有关系。刊传活人书,足征怀抱,所寄迥异时贤。守恂拜读。

按:钤"王守恂印"白文方印。

二十二

印书款一百廿二元,旧历二十八日奉上。(于酒局是日发薪)如需急兑,请暂挪借,费神,晤叩。浚宣仁表弟,守恂顿首(或函知文楷斋,廿八日兑款,请酌)。

二十三

允在尊厩暂停车马,深感高谊。马夫有不循教之处,呵斥驱逐与尊处人役一体看待,方显待我厚也。号头、门政每月小有微意,请嘱其勿客气。浚宣仁弟,守恂顿首。

二十四

《觉迷录》奉谕收回，故颁发之书罕有存者。寻常翻阅，时有新知，读书所以有趣味也。觚庵诗颇不俗，待终草，可以不再加入矣。浚宣表弟，守恂顿首。

二十五

舍弟稺卿便面求书画两面，匆匆不及备述。稍凉，当造谒。浚宣表弟，守恂顿首。

二十六

《吟斋笔存》在模糊处辨认数字原本错误，并更正数字，均于原本、钞本折角，在钞本眉上所注字，均盖小章，以待订正。

再方君写屏已与幼梅说订幅数、行数，送润笔肆拾元，并幼梅云，即将屏料稿本连润笔一并送南马路曹家胡同赵幼梅处。将来催件、送件即由执事与幼梅直接办理。

闻到志局，以事先走未及奉迓，今诸同乡嘱恂向执事劝助修文庙经费用，代面陈。

浚宣表弟，守恂顿首。

按：《吟斋笔存》，梅成栋辑。此信钤"私庵"。

二、金钺致王守恂信札

此次整理未见金钺写与王仁安信札，仅《屏庐文稿》卷四有《复王仁安书》。兹录如下：

来书所言极是，具见雅意温厚，不没人长，至敬至佩。某君毕一生精力攻苦为文，平心而论虽未必即跻于古作者之堂，而彩藻规模灿然备矣，不可谓非特出之杰。今其人既已作古，其生平文字洵有卓卓可传者，珍惜而推崇之，正后死之责。况其近年抑郁困厄情形，殊堪凄恻。倘九原有知，闻一言之称许，亦必衔感无极矣。抑窃有感者，夫文以载道，原非献谀之品，果有厥美，固不妨从而称扬，以资观感。不然溢乎事实之外，无益于人，徒损于己，纵使受者一时悦目，彼岂竟安于心耶？久之人不我重，并轻我文，将至欲以易米，亦不可得。怀才不遇，诚足令人浩叹，而世之学者尤宜早知，所以自励也。拉杂布肊，以当清话，其必默契于心欤，辛未五月。

《屏庐续文稿》有《仁安存函跋》，王守恂生前曾将友朋信札收集成三十五册，后金钺从书商手中购得，作跋文保存并整理。跋云：

此仁安存函，为其手自题耑而黏贴者共三十五册，外附原函未黏者计四十余通，自其通籍以前，迄于宦游二十载复归乡里后，凡一生之戚友及诸师长悉见于斯，即下走亦忝厕其间，首尾完具，历年无缺。若选其精者，将来饰以装潢，而宝藏之，洵巨观也。惟黏存至壬戌三月而止，其时仁安五十九岁，越十四年丙子，寿七十三方归道山。虽其晚年杜门谢客，交游殊稀，而故旧问讯情所难免，函札积存当尚不少，惜未照前续登于册，今已星散无从究诘矣。忆昔仁安尝自谓身后景象不堪设想，讵意于其故后甫阅数月世局即遭奇变，民生日困，渐至米薪昂于珠桂，比已人皆将有山穷水尽之虞。此册之竟致流落市廛，似亦无足深怪也。日前书估某携来求售，予触物感怀，不胜悽恻，既经遇合，又乌可失之交臂耶？且竭数日，夕力审读之后，尤幸其为全璧依然，遂即酬以厚值，聊代保存而已。并将所附未黏册中之函，补缀于后，用书梗概，以志翰墨良缘。或亦吾亡友灵爽式凭，俾展转归诸予斋，庶免再罹漂泊之厄，而有以为之爱护欤。乙酉二月。

第三节 金钺与王赓纶往来信札

王赓纶(1902—1962),字叔扬,天津人,城南诗社后期社员,公安局科员。民国二十年天津市政传习所第一届毕业学员①。民国二十八年《城南诗社齿录》作三十八岁,以之推其生年。卒年据李琴盦致金钺信札七,云:“叔扬兄于八月初六日丑刻归道山”。他是王仁安、高凌雯的学生,与王襄同学,追随金浚宣四十年(比金钺小十岁),工诗,书法极俊秀。其父王雨田,济善好施,先后与李筑香、李筱楼诸公共事。主要著述有《王仁安先生谈艺录》(后改名《师门谈艺纪闻》),《通鉴粹语》一卷,《珠光室诗话》六卷。

一、王赓纶致金钺信札

金钺收藏王赓纶的来信,多是谈论诗文及其请金钺为己或他人题词、题签事。王赓纶与当时名流如章一山、赵幼梅、王斗瞻、王香吟、高镜波、卢慎之等都有往来,与金钺交往较多,金钺“服其博洽,且言行谨饬,信为端士”。赓纶赞赏金钺所赐诗序文字古雅,“书法尤为遒劲,每一展读,觉锦笺宝,翰光气常新……”,

①《大公报》,1931年2月20日,《市政传习所第一届学员毕业》。

并自述追随金钺四十年，教益甚多，受之终身。凡所辑均请金钺鉴定“核证斧削”“方始心安”。王赓纶有友张洪涛，中学教员，其向金钺介绍此人“好学”“喜学诗”，且“精于篆刻”“拟将印选成册”，说王襄已为其题字，亦请金钺为之题字，金钺慨然允之，王赓纶乃回信称誉金钺“奖掖后进不惜劳累”。

所见金钺友朋往来书札，他给金钺的最多，共四十七通，另有一个集子是悼念他太太的，共有诗四十八首。他三十多岁丧妻，留有一男二女，均为教员。他丧妻后未再娶，晚年身体羸弱，转而向佛，曾在信中劝金也念佛经，如《楞严》《圆觉》《金刚》等，在一封信中还附有一张《念佛偈》。他给金的信多数都有他新作的诗，信的内容也都是关于诗的。

一

浚宣仁丈尊鉴：昨奉教言谈及“散原领元老”之句。依晚领会，“散原”盖谓被领于元老耳，但究竟似觉费解。所以“文衰每有张茂先”我所不解之语也。昨得小诗呈正，专此，即颂刻安。愚晚王赓纶谨肃，五月廿二日。

乙亥四月第四医院花圃月季盛开欣然有作

等闲桃李随春去，又见名花次第开。

亦似英雄乘运起，一番时代一番才。

按：“已亥”为 1935 年，此信写于是年。

二

浚宣仁丈道鉴：日昨贵司事李君来舍面谈修房经过，并交到手示，敬悉。一是当即向工务局友人询问此事，应如何格外通融，免于重拆。据云此事在未经批示以前尚易于从中转环，现既陈明局长，正式由局发批，未易完全收回成命。按此事不合之处有二：一未经批示发给执照即行完工，二凡临街拆盖旧房，均应退让路线，早经公布等语。经与商酌通融办法可具呈，请求缓期。先叙明门墙倾斜危险已极，经区所催拆，呈请工务局后经区严催，是以未候批示即照旧址勉为修葺以防危险。早拟将房完全拆修，因雨水连绵及购料维艰等困难，俟稍缓时日，计画完全，即行按照应退路线完全修筑。现为拆修门墙退让路线必须牵动全部，请格外体恤准予缓时拆盖，云云。可按以上大意，具呈后再托局内人从中疏通，或能批准。如能批缓，即可敷衍下去。如此办法，不知以为如何。专肃，敬颂颐安。愚晚王赓纶谨上，八月廿一日。

《沿革记》一部已收到，谢谢。

按：使用“天津特别市公署警察局用笺”。此信写于1938年。

三

浚老仁丈尊鉴：久未趋教为念。前者孙媪来，道及我丈，深相忆念，甚感。赓纶近以腰痛行路维艰，稍远之道即懒于行动。是以屡虽晋谒，迄未果行。时得小诗一首，录呈斧正。又近读近人冯至著《杜甫传》(新华书店版)颇好,以新思想表章旧诗人,尚请我丈一寓目,愿暖时尚望常赐教讨盼。天暖有暇,当面聆雅教也。专肃,即颂近祺,愚晚王赓纶谨上,三月十四日。

敬悼斯大林同志

薄海关怀日,遥天落大星。
和平开世界,革命仰仪型。
卅载力相助,千秋心勒铭。
中苏盟更固,前进学遗经。

按:1953年3月5日,斯大林去世。此信当写于1953年3月14日。

四

浚宣仁丈尊鉴:久疏通候为念。因患腰疾,屡想趋谒,未果。真如范伯子诗云"渐觉形骸畏车辙"矣。顷得小诗二首,录呈斧正。益祈赐和为祷。专肃,敬颂颐安。愚晚王赓纶谨启,十月三日。

甲午秋日述怀

疏庸自愧病余身,技悔雕虫历苦辛。
岁月无情难讳老,国家有道不忧贫。
和平阵垒层层展,建设山河日日新。
世运大同期可待,且欣已作富强民。

读李莼客先生庚午书事感赋

乡民孤愤举非轻，故旧相传总不平。
末俗但惊开外衅，衰朝只解媚夷兵。
老成抵法惭清议，义士衔冤博勇名。
里乘何人编信史，长教后世得真情。

按《庚午书事诗》即咏烧河楼事，杨香吟、高彤皆诸老辈均有诗，聊作继声。不计文字之工拙也。

按：范伯子(1854—1905)，即范当世，字无错，号肯堂，因排行居一，号伯子。原名铸，字铜士，江苏通州人(今南通市)，清末文学家、诗文名家、桐城派后期作家。清光绪时入李鸿章幕府，常相与谈论政事，自负甚高，而终身坎坷。诗多沉郁苍凉之作，著有《范伯子诗文集》。(见《清代三十三种人物传记资料》)

五

浚老仁丈道鉴：顷奉书并慎老题词及大作二首。慎老题词圆转自然，极为高妙，请转函代为道谢，晚亦不另通函致谢矣。大作极佳，高节清风之外，诗中大有人在也(暇当奉和)。近来大作诗句均佳，骨雅气清，迥异凡响。诗格当在渔洋、秋谷之间也。尚望多作为妙。专此奉复，敬颂春祺。愚晚王赓纶谨肃，正月十三日。

按：此信写于1958年。

六

浚老仁丈赐鉴:久未通候,甚念,维起居安适为祝。赓纶身体依然动作维艰,惟自上月小儿金鉴由江南来津,精神稍形快慰。每日仍勉强上班,随波逐流,听其自然而已。孙媪来辙道及我丈垂询关怀之至意,甚为感激。屡欲肃函问候,奈天热事烦,竟未得法。近作小诗数首,兹转录请斧正,并希常赐教言为盼。专此,敬请暑安。愚晚王赓纶谨肃,夏历六月十一日。

喜鉴儿自江南来津

九年艰苦从军日,塞上风沙已绝谙。
一旦樊笼开倦鸟,莺飞草长乐江南。
侵寻老病难行路,寂寞余生总是愁。
游子天涯归慰我,名山风景听从头(近曾游海内名胜)。

示金鉴

(一)

髫龄危苦守荒城,消铄韶华日性情。
恣赏名山应快意,从今心事要峥嵘。

(二)

少年凝静寡营营,好读诗书气当清。
植品要高行要浑,不群仍恐太分明。(用句)

(三)

我惭学未造精微,杂读诗书乏指归。
垂老无成惟望汝,一门深入发光辉。

赋呈翰臣家兄并似书法研究会诸公

（一）

壮游湖海老犹豪，爱写幽兰读楚骚。
白发优游娱晚境，偷闲仍自喜挥毫。

（二）

倡兴书法费辛勤，欲为吾津张一军。
早日大师传妙诀，教成学子各超群。

按：此信写于1958年。（一）（二）（三）序号为整理者所加。

七

浚老仁丈道鉴：日昨斗瞻来谈，曾见卢慎老，知丈代索慎老诗集一部，想不日寄下，特先道谢。近又作诗二首，附录于后。祈斧正。专肃，敬颂秋祺。愚晚王赓纶谨上，九月十日。

和石松亭五十追和仁安师诗即用其韵为祝

早遇宋璞人（谓仁安师），美玉含辉光。
不为凡桃李，松柏长青苍。
读书有特识，出群翰墨场。
走也忝同学，老病缠风霜。
羡子知命岁，高文富篇章。
愿葆岁寒姿，师门传其芳。

和松亭读仁安师遗集感赋诗

回首师门教可循，学术为己性情真。
诗无唐宋新开境，文异方姚别有神。
直接尼山探宿海，不随众派入迷津。
岁寒愧作同盟友，共续千秋欲烬薪。

改正后，亦可转求卢慎老阅正。

按：石松亭(1909—1975)，即石永懋，又名石仲伦，山东茌平人。著有《论语正》一书。天津沦陷后，在华壁臣主持的崇化学会讲学。[①]此信写于1958年。

八

浚老仁丈大鉴：顷奉覆书，并慎老诗文集三册，均收到，谢谢，并祈转为道谢。慎园诗初读数首，通才硕学，挥洒自如，大抵走舒畅一路，不走精炼一路。集载我丈所评之语甚当，暇当细读，可医晚枯窘之弊。《文集》更当细读，不敢妄评也。我丈前次来函曾谈华屏老《读易随笔》未刊出，可为浩叹。壁老后人，是否仍保存之，似可设法一问。敝箧中有屏老所刻古本《周易》二册，后附《学庸述易》，虽无注解，但观其序言及《学庸述易》，亦可见其论易大旨，不知我丈曾见此书否？又忆先仁安师云：读易拟专取大象，欲专写一书，后见王船山有此，遂搁笔。忆我丈曾读《船山全

①《金梁致胡适的一封信》，李思清，《中国社会科学报》，2011年5月31日第018版。

集》,未知船山读大象系何读法,有无说明及注解。望祈检阅原书,将大意示知一二,以资参考。盖晚亦拟专研大象,以其切于人事也。顷又看慎老诗集将“湘乡”字改去,晚意可以不必(又有加签两处,所谓趋时之改,更可不必也)。原其立场虽另是问题,但学术一门自有定评,何时均难抹杀也。不知丈以为何如?专肃,敬颂颐安。愚晚王赓纶谨上,九月十四日。

按:《周易》一卷附《学庸述易》一卷,(清)华承彦撰,为华世奎父。此信写于1958年。

九

浚老仁丈大鉴:顷奉覆示,并大作及彤老诗。彤老诗论学、论文能见其大,和作阐发尤为精妙。竹石诗扫尽浮华,独标真谛,“不让空林黄叶”之句专美于前也。论诗一则兼通论文,语极扼要。王船山虽雅,不喜起承转收之法,究系偏激之论也。以上均当分别录入拙辑《诗话》中。赓纶近拟学易,因《易经》独未遭秦火,极为完整。且近人论其颇合于所谓辩证法者,是其理能贯彻古今,惟只读程传,亦难尽通。古来注家浩如烟海,欲求解释平易明白,当如何入手,应读何书,请我丈读书之暇,可以略示一二,何如?溽暑恼人,致稽作答。因行路维艰,难于晋谒畅谈,望祈常赐教言为幸。专此,奉复,敬请刻安。愚晚王赓纶谨上,戊戌立秋前夕。

按:金钺诗作未见。此信写于“戊戌”,即1958年。

十

浚老尊鉴：顷读来示，并录彤老诗二首极佳，颇合诗人兴观群怨之旨，已录入《诗话》矣。又高诗“远”字极是，第二首改稿亦胜原诗。镜波适来谈，已面告之矣。彤老诗文集稿无副本，甚可虑矣。顷闻斗瞻云，其子念饴曾索要其集，不知何用。斗瞻并嘱，此事对外人先不谈也。如何钞副本，现在成问题矣。赓纶因局迁居澳门路，上班太困难，已准备退职，不上班者两旬矣。前路落落，听其自然耳。孙媪谈丈身体甚健，私心甚慰。晚体日衰，行动更困难也。专复，敬颂颐安。愚晚王赓纶谨肃，十一月一日。

丈阅高集，如遇佳作及有关系者，均望录示，以实《诗话》为盼，为盼。

按：念饴，为高凌雯子。此信写于“戊戌”，1958年。

十一

浚老仁丈尊鉴：数月未通音候，甚为念念。近维起居安适为祝。晚入冬以来身体益见颓弱，每日除诵读佛经外，闷生无聊。近读《水竹邨人诗选》，喜其颇得闲适之趣。其心怀旷达不可及也。晚曾钞有《刚训斋日记摘抄》两册，系彤老晚年议论，谈诗文居多，极为纯正通达，不刊之论，昨系检出，俟有便人，奉上一阅。又近作小诗二首，呈正。拙诗日流浅率，尚请指正为幸。严冬风厉，诸维珍卫。肃此，敬请颐安。愚晚王赓纶谨上，已亥腊月七日。

按：《水竹邨人诗选》，徐世昌撰。“己亥”即1959年。

十二

浚老仁丈赐鉴：昨日斗瞻来谈，云我丈清恙大佥，无任快慰。尚期对于静坐持之以恒，其利益不可思议矣。顷得小诗一首，录呈斧正，并希赐和为祷。专此，敬请春安。愚晚王赓纶谨肃，己亥除夕。

岁寒述怀

年来老病总难除，精力衰残学更疏。
诗畏长言多绝句，字艰作楷惯行书。
霜侵老树心将槁，冷逼寒梅蕋未舒。
惟学渊明纵大化，妄怀天命任盈虚。

按：“己亥”即1959年。

十三

浚老仁丈钧鉴：昨奉覆书敬悉。所谈《沈庆东诗话》能否择其尤可存者，录示一二，以实拙著诗话否？又论及韩欧文，所见甚是。韩文之可贵，所谓文起八代之衰也。又为曾湘乡应读九部书之一也。又谈及昔日与高、王二翁终日倾襟之快。现可与论学者，不可多得，晚亦有同感。曾于王师辑有《仁安先生谈艺录》，于高诗抄有《刚训斋日记摘抄》二册（因高师晚年有日记，论诗文者居多，晚摘抄二册），时常披读，藉当面教。专此奉覆，敬颂道祺。晚王赓纶谨上，夏四月三日。

按：此信写于1959年。

十四

浚老仁丈道鉴：顷奉来教，敬悉。贵体血压高，静坐甚效，甚慰。前此即闻尊体微恙，屡欲烦孙媪探问，因伊亦多病。昨日伊往贵府，得见颜色，并承关注垂询，一切藉谂。近况稍佥，颇慰。晚自中年以后，即经常患血压高，据各方经验。在生活间务须睡眠足，少怒少虑，戒酒戒辣食（大便每日一次）。晚间洗足使下部充血，上部自清。至能静坐，生效更大。不外调息静虑，血液周流。《因是子静坐法续编》甚好，如喜念佛，先静坐念佛，念至心淨。如能入定，则更善矣。现在新学所谓气功疗法即静坐也，久之，定能袪病延年矣。又在理老先生都能静坐，故多健康长寿也。如再能兼学几手太极拳，动静交养，更善矣。以上所陈，藉借参考。可以少读书少用心思，一切珍术为幸。肃复，敬请痊安。愚晚王赓纶谨上，腊月十一日。

十五

浚老仁丈赐鉴：先后奉到手教及大作序文一篇，无任欣感之至。大文渊雅清超,神机高古,诚如先仁安师尝云:西汉文不立间架者也。且书法尤美,当什袭珍藏,增辉蓬荜矣,敬此申谢。惟文内不免称誉过量,期许甚深,惭弗敢承耳。论文一则,甚是正论。盖古文应词采与事理俱盛,末流一洗浓郁,取境愈狭,日趋枯淡矣。专复,敬颂著祺。愚晚王赓纶谨肃,三月十九日。

正封函时,又奉第三函,当已遵命将"年"字点去矣,又及。

庚子除夕次和蜕庵韵

苦历繁霜又一载,春风空见入残杯。(时已立春)
无情岁月垂垂老,久病襟怀渐渐灰。
变化天心真莫测,乘除人事不须哀。
眼前亦自饶生意,媚我盆兰取次开。

浚老斧正,赓纶呈稿。

长日

长日门庭寐,炎蒸亦暂藏。
倦蝉知午静,高枕看云忙。
住相心全妄,无烦意自流。
此中有真趣,欲说语难详。

浚老吟正,王赓纶呈稿。

按:前诗钤印为"赤扬/六十/后作"。后诗钤印为"叔扬/词翰"。

十六

浚老仁丈钧鉴：前蒙法书，尚未专函申谢，兹再补谢。前因张洪涛往谒卢慎老。晚顺便将拙诗抄录数首呈改，内有《秋草》诗，慎老以为甚佳，随后即赐和一首。晚尚未复和，间又赐和其四叠前韵，老将神勇，真不可及。昨谨奉答一首，兹将原作及和作录呈台阅。如有清兴，亦可和作。藉此题，亦可慨叹身世，不忍次韵也。专此，敬颂秋安。愚晚王赓纶谨上，庚子中秋节。

秋草（原作）

高原极目尚离离，摇落何须宋玉悲。
野火纵烧生意在，春晖待报寸心迟。
霜寒客里怜衰鬓，风疾天涯有劲姿。
眼底荣枯原一瞬，青青河畔又芳时。

慎老（和作）

故国三千怅别离，平原一望不胜悲。
青春蓬勃情何壮，末路荣枯悔已迟。
芳草犹思他日绿，苍松耐有岁寒姿。
明年此际知谁健，努力潜滋正及时。

二三四叠，俟再录。

赓纶次答

南浦萧疏赋怨离，訾凋秋士易伤悲。

愁根已种惊风疾，生意常留换岁迟。
梦冷悟来禁瘁理，岁寒葆得雪霜姿。
衰颜迟暮天怜惜，待吐芳馨又一时。

按：眥凋，初作“西风”。“庚子”即1960年。

十七

浚老仁丈赐鉴：敝友张君洪涛《印存》蒙赐题字，无任感荷。晚于其印存，亦先后题二小诗。又近作答友人诗及与石松亭谈艺，作二诗，并录请正。又顷交洪涛为先严家传题签，明日或能呈阅，其第二册之签，只有题词应无家传，或只题：王雨田先生家传题词，与第一册似稍有别，仍希我丈酌改为幸。专此，奉恳，敬颂秋祺。愚晚王赓纶谨肃，八月卅一日。

庚子秋初和倾白即事感怀诗原韵

偃塞蓬门一病翁，大将得先问鸡虫。
频年颇识闲多味，长日惟将睡作功。
已与浮鸥盟海上，漫思翔鹤在云中。
会看暑退凉风至，慰意秋死亦自红。

新秋小雨松亭枉顾谈艺甚得本源感而有作

最雅风雨故人来(用句)，越世高谈万豁开。
诗留先须敦士品，只涂藻采迥非才。
莫教聒耳杂蛙鸣，须识文章有正声。

学得本源元气合，自然下笔万人惊。

题洪涛临古印存

吾卿印学有宗工，金沈而还到雪翁[①]。
今子追踪师盛汉，不教姿媚染时风。

又题印存

印学由来宗派殊，碔砆莫使乱琼琚。
难分雅俗先师古，第一尤须多读书。

按：钤“叔扬/长寿”白文方印。此信书于1960年。

十八

浚老仁丈尊鉴：多日又未通候，维起居安吉为祝。前由张洪涛送上《胡峻门先生遗诗》，想已阅看。另册题词，亦盼加墨赐题。有何意见及原诗去取，更望见示，以便有所遵循。王吟笙先生逝世，吾津乙榜科名更无硕果矣。晚曾撰挽联，不知我丈有何挽词。近多日来，晚未作诗。昨偶得一诗，录后祈斧正。寒风多厉，颐答维艰，千万珍卫。专此，敬颂颐安。愚晚王赓纶谨肃，十二月十六日。

冬日偶成

孱躯何恃御冬天，瘦骨风欺冷透绵。
茗搅枯肠难熟睡，灯昏病目废陈编。

---

①此句后原注：谓金野田，沈青来至王雪民海公。

推排身外无穷事，珍重人间有限年。
愁极本凭诗遣兴(用句)，诗成又恐落言诠。

按：由信中所言“王吟笙先生逝世”可知此信写于1960年。

十九

浚老仁丈尊鉴：昨奉覆示，敬悉。近读《经海一滴》无任欣慰。阅其书系精华录性质，舍间当无其书。是以余虽读过，惟佛经仍须读某一经之全部，方能得其意义所在，此类选本亦资参考也。大致佛学不作禅净两大宗。禅宗必须自悟，所谓竖出三界；净宗则端赖持名之力，仰凭佛力超生净土(所谓横出三界)。近来客扬净宗者日多，以其为往中之捷径也。经则弥陀经为主以净宗侍祖师之著述参之，而各大乘经亦宜广为读诵，于学净土者亦有帮助。禅宗则近来问津者少，以其参悟之难，更不易得入也。天津李嗣香生先生早年曾刻有净土诸书，晚年著有《楞严经》《金刚经》《维摩诸经》(楞严不兴，后所解此)等，解义于僧家戒律，虽稍隔膜，惟以儒家聪利之笔解释佛经，博引大藏，亦足为初学阶梯。以上三种合阅，均有，我丈如欲读何经，可来函示知。以便由高孟扬兄(孟扬每星期四来会，烦请孟子)即为奉上。其余净土诸书舍间亦有多种，若欲浏览，亦可奉上。又《经海一滴》一书若读毕，亦拟借给一读，可交孟扬带下，即可。(阅毕即奉还)。肃此，即颂夏祺。愚晚王赓纶谨肃，辛丑五月十一日。

按：“辛丑”即1961年。

二十

浚老仁丈赐鉴：顷奉手示，知册签蒙已书就，无任感激。晚因一时疏忽心中尚有疑问之处，恃爱渎陈祈我丈示教。因先严家传仁老书时为书“王雨田先生暨配赵宜人家传”字样。后来池仁老，云：既云家，则宜人事自在内，不用“暨配赵宜人”数字。此意晚横亘胸中，请我丈书签时直书某人家传字样。因原册未在手下，欲捡看而懒于捡寻。合捡出原册为赵藏斋、高彤皆诸老题词均书有“赵宜人”字样，而我丈题词则照书《王雨田先生家传书后》。兹稍悔，实系疏忽。首先可将原衔写全，说明原委。请我丈再加审定后，究以如何书写为宜。今已书就，再有疑问已成明日黄花。但因此事关系永久，故仍拉杂写出，请我丈再为审定。可否只书《雨田先生家传》，合于古义，或仍须书全为合（表面看签字简与册内不相一致）。拟请丈不惮繁琐，为我明白指示（参考古文义法），以免晚终身有所疑问。以未书全衔，请示为恨也。疏庸可安，统希谅照，赐教为幸。专此，敬颂秋安，愚晚王赓纶肃上，九月十四日。（指示不必来函，俟张洪涛来时交伊带下可也。）

秋老

废退成吾嬾，蹉跎过二年。
淡消闲岁月，细改旧诗篇。
得失情都忘，穷愁志当坚。
时逢秋色老，犹盼晚花妍。

浚老斧正，赓纶呈稿。

三叠秋草韵

竟与东风怅别离，繁华过眼景成悲。
忽惊衰发同秋瘦，空有贞心恨日迟。
逃火自堪称幸运①，凌霜犹自挺寒姿。
蟠胸生意无穷望，三月莺花又绿时。

浚老斧正，赓纶呈稿。

按：前诗钤“叔扬/长寿”朱文长方印。后诗钤“叔扬”朱文长方印。此信当写于1961年，此后1962年正月金钺致王赓纶书信中论及《秋老》。

二十一

浚老仁丈钧右：顷奉手教，敬悉。大著序言原有“固”字。写时落去，校对疏忽。又序尾署名写法已遵照改正。或再另为交换一页。其余有不安处，尚祈详为指示，以免贻笑，无任感荷之至。屡渎清神，万分感激。专此奉覆，敬颂春祺。愚晚王赓纶谨上，壬寅正月初十日。

按：此信写于“壬寅”，即1962年。

①《论衡》：火所不燔谓之幸草。

二十二

浚老仁丈尊鉴：顷奉手教，敬悉。拙诗稿蒙费清神，详为斧正，无任感激之至。谨按所指出，此间为一知半解，一一手覆。仍请酌正指示，以期安当，而免贻笑。“秋老”二字似属稍生，但古人亦有用过，此为《韵府》“秋老”条下所引古人诗句。又忆城南诗社时曾传诵李琴湘诗，为“人与秋同老，飘然黄叶飞，一生牛马走，回海凤凰饥”之句。晚早年亦有“我不同秋老”之句，但“秋老”如易为“寂寞”“萧瑟”等字，似比较更为安当。又“天老”二字古人更多有用，此教习见。此为杜少陵诗，不老书题目。李长吉诗“天若有情天亦老”。至《韵府》“天老”条下所引子史等甚多。乾隆朱谕是否一时失检也。又春老、夏老古人亦有用。此请参考《韵府》“老”字各条。与湛山绝句“晦”字应作“诲”字。三月卅日一首“连”字应作“速”字。“有”字应作“为”字。因校对者疏忽之过、应即改正，足征我丈校阅之精细也。又章机叶所出图，王仁老曾用过，晚当时亦曾示于仁老，知为李后主时事。按仁老原诗在《三集》中《海天集》三首，亦系晕倒。作诗即用章机叶对猝死人。晚因事实相类，即整个用仁老原句三字相对，以图省事，免得另找典，实硬袭前人，可笑也。现读《辞源》中有“章机叶”一条云：去“点记”。徐铉见李煜主云，后云章机叶服之前却数十回，头足相就，为章机状也。《赠黄棨甫》诗承改正极为典重。按原作诗之意即因黄秘书好谈诗，伊办公在楼上。晚每就之谈诗，当日因摔腿，不良于行。怕上楼，希望其就我来谈，因主要只是怕登楼，因登楼而用王粲以切己姓。上句又用《梅村》不好诣人贪客过，但题而赠人，后二句，侧重自己，究不甚安。承改正极安旨。缘无健笔，赋登楼亦似有怕登楼之意。但因临时伤病怕上楼之意似仍不显豁(小按嬾字易畏字极妥),可否请我丈再为推敲之处。恃教直陈不情之至。统希荃照指示为祷。至“秋色老”三字,说已见前所引,兹不再赘。至跋语中“侵寻”字样,似与仕路不联,所改极当。俟再与靖远一商。又见《辞源》所引或作浸寻、寖寻。“人”旁“水”旁似可通用也。拉杂奉读,诸维照仍盼详示为祷。肃此,敬请春安。晚王赓纶谨上,二月廿七日。

按:此信写于1962年,后有金钺信。

二十三

浚老仁丈钧右:昨由高孟扬送上拙著二种,谅邀鉴及。关于《诗话》所辑以摘录高彤老论诗之语最多。缘以彤老晚年曾有《日记》之作,内中大半皆是论诗文之小品,议论平正通达,不卑不抗。晚当即与彤皆商妥由晚摘录(除琐事不录)并继续从事,亦均经过彤皆阅订,共两册,可谓之彤老晚年定论,极为可存、可传之作。但因不能刊刻,故拙著《诗话》中大约将其论诗之语几全部摘入,若按《诗话》作法似属有乖体例,但因外间无传,藉以珍存宝贵资料,亦只有多录以公同好。请我丈阅时详为核正,有何意见请详为指示,俾便有所遵循。至所钞彤老日记,经彤老定名为《刚训斋日记摘抄》,俟一并送请核阅。若认为可存,可请赐给题词,或简单序言,以期永存不朽。又关于王仁老之《谈艺录》及拙作《诗话》,愿我丈于斧正外,亦随意赐给题词或评语等,以增光宠,无任感祷之至。想我丈乐即裁成后进,必不以屡次琐渎而厌之也。晚因现在印书一切困难，如将来稍得机缘，暂将仁老、彤老诗艺之作印出，或合印一册，不知有此体例否？晚因此二老诗艺之语各有可传，并均可作后进之津梁。如二老谈艺之作印出，则拙作《诗话》更无足轻重。盖《诗话》中以二老论诗之语为主干，编辑不精，当有可删削之处，共六卷。前呈五卷，尚有一卷未呈送，现亦懒于再辑矣。内中少个人发挥之意见，是其所短也。拉杂而谈，统希鉴察为幸。专此，即颂春安。晚王赓纶谨肃，三月五日。

按：此信写于1962年。

二十四

浚老仁丈道鉴：顷奉手教，敬悉。所改字句极惬下怀，因原文字句稍弱。系经友人所易，此总以为称扬逾量，心中不安。但自己再改，亦未安洽，尽承改正，极为安当。且合鄙意，无任欣慰，感谢之至。至《诗话》之作，可商可删之处尚多，请费神详为审正。又前六卷已钞清，俟机奉览。上元夜得小诗一首，并请吟正。余再述。肃此，敬颂颐安。愚晚王赓纶谨上，三月十一日。

上元夜

我似修然退院僧，年来除懒百无能。
上元节物尽孤负，依旧长吟对一镫。

按：此信写于1962年。

二十五

浚老仁丈钧右：昨为介绍表章乡先辈张翔生先生，曾上一函，请邀鉴及搜张君事迹，高彤老于《志余随笔》略有叙述（见《志余随笔》卷五第四页）后为甘肃全县知县，在甘肃事则不易详矣。不知我丈处尚有其他资料否？闻康南海于津人书法极赞称张公也。其诗稿副本，晚已读一过。诗格不高，且无甚警句，其七古尚能趁笔行气，流走自如，若刊行，是否须要稍事选择，方祈详为审定也。又拙辑《通鉴粹语》一本，《续编》一本，已交高君，祈我公鉴定，或赐评语，无任企祷。《续编》因无续通鉴只照《通鉴辑览》选录，更为简陋。正编则系看《通鉴》时喜之嘉言懿行随手所录，只草本五册。因嫌其稍多又细乃别择，取其精纯之语，录为四卷，用备自己翻阅，免遗忘，本无所谓著述也。晚今年已六十有一矣，身体衰弱，旦夕就墓之人，一生只有诗稿二百首，有杂文数篇，《诗话》六卷及此零星小品数种，实有愧师友教掖之殷，可怜亦复可笑也。追随我丈几四十年，获得教益甚多，不失为我终身之良师也。故凡所辑均乐为吾丈鉴定，方始心安也。感激之情，非言语所能形容也。拉杂书此，诸希荃照，专肃，敬颂刻安。愚晚王赓纶谨正，四月廿三日。

按：据信中“晚今年已六十有一矣”，确定此信书于1963年。

二十六

浚老仁丈大鉴：顷奉手教，承改正三字，甚佳。晚亦正拟自改，拟为“报家国”三字，但不如尊改远甚。因原稿新字太新，不安也。又原稿尚有笔误字，兹一并改好，录呈一阅。此复，敬颂刻安。愚晚王赓纶肃上，三月十二日灯下。

支杂病骨同诗瘦，料峭寒风似敌侵。
未有涓埃资利济，不因衰朽废呕吟。
春时花鸟添诗梦，人事沧桑验道心。
经卷药炉成日课，浑忘岁月去骎骎。

尚有一二处自改，此不知较胜原稿否？请再正之。

按：以下书信时间待考，按照《劫余资料》存藏顺序整理。

二十七

浚老仁丈尊鉴：前承赐作诗序，文字既属古雅，书法尤为遒劲，每一展读，觉锦笺宝翰，光气常新。惟自惭疏庸，半世依旧，尘珠未吐光也。近来身体因关节炎病日趋发展，不但行路维艰，即一切动作亦颇困难，腰背时痛。近惟日诵金经消除宿业。按金刚经破人尘执，启人智慧，义蕴无穷。注解书以江味农讲义为最也。专此倘肊，盖此奉候，敬请颐安。愚晚王赓纶谨肃，四月廿九日。

按：江味农(1872—1938)，名忠业，一名杜，号定翁，法名妙熙、胜观。江苏江宁人。幼读儒书，曾中乡举。民国七年开始信仰佛教，听谛闲讲经。曾赴日本学东密，归国后随白普仁喇嘛在沪、杭、湘、鄂等地弘扬藏密。民国二十年任上海心莲社社长，常在社中讲经，一生教宗般若，行在净土，著有《金刚经讲义》。

二十八

浚老仁丈赐鉴：顷奉手教，敬悉。为拙诗颇费清神，一再斧正，无任感荷之至，当即遂照修正之，兹又邀者。晚早年辑有《王仁安先生谈艺录》(现改为《师门谈艺纪闻》)，近年辑有《诗话》六卷，一并求正于我丈，请详为核正斧削，以免贻笑于大雅。屡次渎神，不安之至，衷心感激。非言语所能致谢已也。统惟爱照不尽欢言。肃此，敬颂春祺，晚王赓纶谨上，三月三日。

二十九

浚老仁丈钧右：昨由高孟阳又送呈钞本四册：计《刚训斋日记摘抄》二册，《珠光室诗话》卷六一册。方望溪改文稿，再请正台览。前呈之《师门谈艺纪闻》及《诗话》五卷想已校阅。如有斧正之处，请即赐教，以便改正。何时阅毕，希将原册赐下，以便修正，因无他清稿也。彤老日记请阅毕，如何处理，请再赐教。将来量多，需要择要再抄清本，及如何保存之处，统请指示，以便遵循。余再述，专此，敬颂刻安。愚晚赓纶谨上，三月卅一日。

三十

浚老仁丈钧鉴：昨接手教，敬悉。究竟《诗话》被何处封闭，可否再要求放出，请示及为感。兹有邀此乡老辈张翔生(讳体信)曾任遵化训导，天津会文书院总董，曾加入杨香吟先生消寒诗社。尤孤长隶书，有遗诗一卷及墨迹数副，今由其哲嗣(第一医院大夫)谦六兄拟为刊行。兹转邀请我丈予以鉴定，或锡作少传，以传其人。想我丈提倡乡邦文献，定不惮烦屑也。专肃，即颂颐安。愚晚王赓纶谨肃，四月廿日。

三十一

浚老钧鉴：拙辑《通鉴粹语》，又承赐予题语，无任感蒙。先兄诗草现在简率印出，送呈台览。惟已议定卢序第一、王序第二，写时仍误作王前卢后，俟有机再为更正。晚前多日患小便闭塞，苦不堪言，现已痊可，饮食仍不进。未老先衰，百病丛集一身，罪孽大矣。前念日在，更不思及读书作字矣。余再述。肃此，敬颂近安，愚晚王赓纶谨上，五月卅日。

三十二

浚老仁丈道鉴：久未通候。维福履绥和为颂。前呈和松亭诗，谅蒙鉴及，顷接徐镜波兄来信，附《元旦述怀》及和我丈三绝句，不知系追和旧诗，抑系新作耶。惟未得我丈原诗深以为憾。望祈录及拜读，以便奉和也。昨作《和谢觉哉解放天津十年》五律二首，无甚意义，只应景而已。近来有大作否？请示一二。专肃，敬颂春禧。愚晚王赓纶谨上，正月十七日。

三十三

浚老仁丈道鉴：久未通候，维起居安适为视。昨承赐书封面三纸，谢谢。晚近来益觉此世之虚幻，人命之无常，惟有佛法尚可作依归。日惟诵经念佛，栖心净土。世间文字不复措意，昨得自警诗数首。只求达意，不可以诗论也。又题《千郑楼图》一首，应酬世故而已。深愿我丈亦可稍参佛学，作为晚年安身立命之方。能得一心清净，前缘放下，其收益不可思议矣。或先看《楞严》《圆觉》《金刚》等经，或专修净土，日诵弥陀经及持名均可，不知以为如何？如有意研究，晚稍识门径，亦可供献参考小资料也。余再续谈。专此，敬请颐安。愚晚王赓纶谨肃，五月十二日。

偶成自警诗

（一）

世事撄心浪涌波，无多岁月似飞梭。

从今尽省闲言语（包括文字），珍时光，念佛陀。

（二）

幻躯存世太无常，来去谁能自主张。

唯有一心修净业，期安养，寿无央。

（三）

人身一失万难回，白发无情日夜催。

拼就此生成净业，度人百愿再重来。

（四）

字如羲献诗韩杜，依旧艰超生死轮。

若得报终归净土，仰凭佛力永离虚。

题张靖远千郑楼图

海藏诗名高，尤得其野秘。
余事精八法，骨健气雄肆。
堂上吾张子，郑书有独嗜。
所写能逼真，抉微有物识。
遗墨搜千楮，一楼贮精粹。
世受几沧桑，人事有颠踬。
惟此嗜书癖，终古志不易。
更愿兼诣诗，衣钵两无坠。

附抄赠李嗣香先生《念佛偈》，其阐扬净土，甚精研也。

念佛偈其一

世间无可依，惟佛为所归。佛与我同体，佛悟我在迷。不仗佛威力，苦海难脱离。我以诚恳力，皈命天人师。

西方有净土，极乐名最著。佛号阿弥陀，发愿愿普渡。九品妙莲花，彼土人生处。十念即往生，永仗佛慈护。

此土娑婆界，彼土极乐国。娑婆无量告，彼土无量苦。奈何应此土，不早求解脱。念佛愿往生，顿超生死劫。

我念佛一声，彼土一华生。念佛功德满，身生莲华中。花开见弥陀，快乐永远无穷。虽生最下品，犹胜生天宫。

七宝罗网张，鸟鸣花更香。衣食应念至，随意游他方。人人皆善友，处处见道场。寿命无穷尽，直至成法王。释迦苦口说，念念弥陀佛。罕劝生他方，劝生极乐国。

古今往生者，彰在心简策。急速念弥陀，不得生疑惑。弥陀如导师，步步相追随。弥陀如慈母，咳咳莫暌违。念兹复在兹，朝斯而夕斯。我等归根处，专念永不移。

念佛偈其二

十方一切佛，首称弥陀佛。我念弥陀佛，即是一切佛。佛性与我性，本原无分别。我念弥陀佛，即是自性佛。

我称弥陀名，我想弥陀国。佛名是无量，佛国号极乐。佛有无量光，破我诸述惑。佛有无量德，灭我诸罪恶。佛有无量寿，使我常依托。佛有无量力，使我离苦厄。佛以大慈悲，出我娑婆界。佛以大誓愿，销我生死劫。十方无有量，通现弥陀佛。众生无有量，摄入弥陀国。赞弥陀功德，穷劫难尽说。称极乐境界，凡情不能测。但以至诚心，念念不暂辍。一念念弥陀，六根成解脱。我以心念佛，我心即是佛。我以口念佛，佛闻来引接。念佛生佛国，九品莲花座。见佛闻说法，心开成正觉。

我愿有情众，同念弥陀佛。尽此一报身，共生极乐国。

李士鉁著，释欣西印。

按：张靖远(1909—？)，名谦，字国威，斋号“千郑楼”。1981年任天津市文史研究馆馆员、中国书法家协会会员。郑孝胥弟子，家藏郑氏书法作品逾千幅，研究郑氏书论而成《海藏书法抉微》。

三十四

浚老仁丈尊鉴：前接来示，承改定拙诗末句，极为浑成洒脱，敬谢。并抄示慎老诗，胸怀旷达，觉澈古今，诚可学步。晚近日因受感冒致稽奉答。昨粘存我丈历年来函，见有言及《丛刻》又续刊二种，当时亦未问明二种为何，现在尊斋于续刊二种当有存书否？晚亟欲一读。如无存书，祈将书名赐知，以便向他搜罗也。（若无，只一本，可否暂借一读。邮寄，更盼。读闭即奉上，以便与前刻得全璧。）琐续，敬颂春祺。愚晚王赓纶谨肃，二月三日。

三十五

浚老仁丈尊鉴：昨午高君孟阳来谈，知悉为彤老令姪，且云系我丈介绍。另有函。高君人极安雅通达，且善鉴书画，所谈甚洽。当嘱其常来。甫走后即接到我丈介绍函矣。兹更有邀者有张君洪涛（中学教员），人极好学，曾草百诗经言注等，且精于篆刻，并喜学诗，常来谈问，其集有印选成册，已请由王吟老、纶老题字。久仰我丈大名，意请为之介绍。当时因悉我丈清恙未佥，故迟，未敢请。顷闻孟阳兄，谈我丈清恙已痊。兹转介绍晋谒崇阶，请赐训诲并予题字，无任感荷之至。肃此，敬请颐安。愚晚王赓纶谨上，八月十二日。

按：高孟阳为高凌雯侄子。据前“十七”信札内容，此信书于1960年。

三十六

浚老仁文尊鉴：顷奉手示，称及拙诗，无任惭汗。尊拟题签，字式甚好，盖书墨迹字样，易别于印本也。恳即书就，数日后烦洪涛晋谒，如书就即持来，但亦不必太忙，请何时乘兴书之可也。费神，永感不尽。昨斗瞻嘱作《缪润生遗诗题词》，又作二小诗，并录呈，斧正。专复，敬颂颐安。愚晚王赓纶谨肃，九月十二日。

缪润生遗诗题词

啸傲风尘五十秋，饥驱满纸写穷然。
名贤标榜平生耻，诗画清才迥俗流。
生不逢辰休问天，满腔孤愤发奇篇。
河清人寿终难俟，诗酒神仙梦枉然。

得见杨君所藏俞曲园反正体诗册感赋二绝

（一）

妙比回文字字圆，大师余技创新篇。
当年春色今犹在，劫历沧桑一纸传。

（二）

天台一老承师泽，珍藏征题遍士林。
文物飘零今得所，后昆世守胜遗金。

浚丈吟正，赓纶初稿。

按:前诗钤“静林/居士”朱文方印。后二诗钤“叔扬”朱文长方印。信笺上印有“求是斋诗笺”。此信中提及“洪涛晋谒”事,推之此信书于1960年。

三十七

浚老仁丈道鉴:顷奉覆书,并大诗四首。如“白云舒卷天机洒然”三绝句,尤有遁世无闷,高蹈出尘之致。当已录入《诗话》中,暇再奉和。近来家居多暇,颇难补读,或细读古籍,如《离骚》《左传》《庄子》等,以补从前疏陋于万一。又将拙作诗稿尽力删汰,少作均不存,存自见仁安师始,又复删汰,均存二百余首。自知井底蛙鸣,难登大雅,惟半生心血,仅此戋戋,只可敝帚自珍,留备子孙纪念。现已钞完,颜曰《珠光阁诗稿》,私心拟求我丈高文一叙,藉作箴观。惟屡欲请求,未敢启齿,而近来耆宿凋零,中心诚服者,惟有我丈(且丈知我最深,近三十年矣),故仍冒昧请求,如承允诺,则感深没齿矣。又“珠光阁”之名,为彤皆师所命者。因彤老曾索阅拙诗全稿,阅毕见示,谓诗之里面功夫等颇钩,惟诗之表面尚少光彩,应再磨出光来,故代命名曰“珠光阁”。如承作叙,可否将此意叙入,惟请酌之。拙诗近作多已呈正,兹再捡旧作数首呈正,阅毕仍希赐还。因有幼梅先生改笔也(无赵五爷改者不必还)。又思我丈读破万卷,文笔渊雅,仍可稍事著作,为后学留作津梁,不可只作以其自悦也。关于《离骚》(戴东原有《屈原赋注》单行本)如何读法,以何本为善,亦请指示,藉作南针。专此,奉邀。敬请颐安。愚晚王赓纶谨上,三月廿四日。

纶学诗三十载,除常读杜集外,喜学放翁、简斋、遗山,于遗山尤好之稍笃。喜其凝练苍劲一路，虽用心颇苦，但以才力学力甚差，终难学步万一也。旧作有时请赵五爷评，有神似遗山者，又及。

录旧作数首，呈正。

彤皆仁丈见示岁著志慨诗步韵敬和并以为寿

久甘薇蕨俗难牵，文字精深著史篇（谓修志）。
五字论诗严格律（丈论诗每以五事为戒），一虚历劫总安全。
贤愚类以计沈定，松柏宁同桃李妍。
华鬓霜髯皿樽酒，灵光焜耀羡高年。

挽仁安先生

弥留相对泪千行，千载难窥夫子墙。
师弟情怀同骨肉，文章授受析毫芒。
折衷儒术融今古，余事诗篇混宋唐。
嗣起风骚望吾党①，谁将坠绪拾茫茫。

秋　草

高原极目尚离离，摇落何须宋玉悲。
野火纵烧生意在，春晖待报寸心迟。
霜寒客里怜衰鬓，风疾天涯有动姿。
眼底荣枯原一瞬，青青河畔又芳时。

①此句后原注：师兄原诗有"勗哉吾党二三子，能作风骚嗣题人"之句，见《三集》。

寿彤皆师八十

事受沧桑袖手看，风霜历尽一庐安。
过江意为看山去，修史功同考据难。
体气常随诗笔健，心怀世泣酒杯宽。
修龄老鹤精神健，长然松柏斗岁寒(用句)。

次和章一山先生留别诗

(一)

白发丹心誓补天，节论独秉自年年。
名高日下难逃世，春到江南好种田。
海外美人歌妙句，亭中野史著新篇。
八方烽火犹惊眼，未定风波莫取船。

(二)

何须蒿自海生桑，梦入天台道路长。
世乱漫云寻乐土，心安到处即吾乡。
裁成后学资先哲，留得南车指朔方。
宁海海宁俱客籍，水西韵事许同量。

按：钤"叔扬/所作"朱文长方印。据金钺致王赓纶信"八"提及诗作"秋草"推之，此信书于1961年。

三十八

浚老仁丈钧赐鉴：久未通候，甚念。昨日孙媪来信，述我丈关怀之至，询问近况綦详，颇为感愧。纶自前年患腰椎关节炎及腿疼，终日勉强工作，自去冬工作劳累，旧年前时感头胀且痛，前经医院检查，血压高 230 度，又有糖尿病及肾脏炎。近已请假旬月，血压稍低(禁食盐、碱、糖)，仍感头疼，不能用脑，书籍已不敢看。本想趋谒畅谈，又以行动维艰，坐三轮车、汽车均颠疼(腰部)，是以聊写近况以当面谈。近来共作三小诗，录呈大雅哂改，尚望常赐教言。因老友无多，真所谓“不好诣人贪客过，惯迟作答爱书来”耳。松亭、霭春、斗瞻近期均晤谈，甚快。最不得见者惟有我丈耳，自叹年未老而体衰，诸病相缠。闻我丈颇能起早操作，能终日读书。忆我丈长我十年，体格想强我数倍，无任羡慕。终日闷坐无聊，拉杂写此，尚祈教我，可幸。专此，即请近安。愚晚王赓纶谨上，二月廿八日。

小诗录后。

偶成

难追时代得新知，旧诗都忘鬓已然。
一事老来差可慰，青年子女作人师。①

三十九

先严家传及题词共装成两册，第一册有我丈大文，第二册装成大横本。但因两册均未题签，恐以后更无人可题，特奉上两纸，敬请费神赐题。小者为第一册，大者为第二册。可题“王雨田先生家传及题词第一册 / 第二册”。或书题词，附请酌正。费神之处，没齿难忘矣。此上浚老仁丈雅鉴，益请颐安。愚晚王赓纶，谨肃。

---

①此句后原注：一子二女均为中学教员。

四十

浚老仁丈尊鉴:顷者张洪涛来,云及我丈允诺为书先严家传之签,无任感荷。惟因大小不同及词句稍异,恐未说清,兹再细为说明。其稍小之签为第一册所用,第一册有家传。稍大而宽者,为第二册所用。因第二册裱本甚横大也(故裁亦大)。第二册只题词,无家传也。第一册则首为家传,附题词也。琐渎清神,心感不尽也。肃此,敬颂秋祺。愚晚王赓纶谨肃,九月九日。

日昨又作小诗一首,录呈斧正。

偶成

三年因病得长闲,性本拘迂老更顽。
午睡日斜无客到,门庭寂静似深山。

近作不喜琢炼,稍得闲静之趣。实老境颓唐,于古人亦颇喜放翁晚年之诗及瓯北老去之作也。统希教正为幸。

按:信末钤有“小耐/吟窝”朱文方印。据信中“顷者张洪涛来”等语,知此信书于1960年。

四十一

浚老仁丈尊鉴:顷奉手教敬悉。应谂起居康适为慰,承示陶楼文知传状答题,不题元继配等字,益征前者尊示之确,更无可疑者矣。晚自入冬，天寒极为怕冷，腰腿日痛，行动更为困难，惟精神尚好，但亦懒于看书也。近识有王君润孙，喜收藏清中叶以后名贤书札，闻有二百余本，且好收罗津贤遗墨（有陶哲生先生手札等，南斗送来京目，伊更于仁安先生手稿等极为重视）。余再谈，专肃，敬颂颐安。愚晚王赓纶谨肃，十二月六日。

按：王润孙，事迹不详，由信中内容可知，其喜收藏清中叶以后信札。此信作于1961年，见金钺致其信札。

四十二

浚老仁丈赐鉴：连日霭春、斗瞻来谈，道及尊恙大佥，精神甚佳，无任快慰。前承和诗，一气舒卷，能见其大，殊可敬佩。近来石松亭诗亦颇进步，录呈吟正。又有旧友胡倾白和诗亦佳，因复次韵一首，亦祈斧正。肃此，即颂春祺。愚晚王赓纶谨上，正月十九日。

和叔扬述怀原韵（松亭）

百年强半日其除，相倚平生群不疏。
诗味澹开新蔗境，灯花艳照故人书。
未妨床座寻摩诘，却悔天人极仲舒。
后世谁知吾辈者，道华尘累等浮虚。

庚子春正，松亭过访，出示《己亥除夕和叔扬岁暮述怀》之作，因触前尘赓和一律，并希二公垂教。胡君素倾白。

白驹连辔岁华除，文字灵通性未疏。
旧雨触牵陈事迹，成春审理活人书。
和诗可许追裴迪，襆被无惭尽魏舒。
大患有生原是累，若愚容法不妨虚。[①]

再叠岁寒感怀韵答倾白并似松亭诸公

羡君豪气未消除，十载沧桑形迹疏。
郊岛情怀应共味，离虫得失不胜书。
心同止水空澄澈，身似浮云任卷舒。
参透华严超法界，内忧外累一空虚。

浚老斧正，赓纶呈稿。

松亭以追和范先生七律十首见示，志远词雄，言之有物，勉答一首，当和。

范俞各有千秋业，都呈湘江一脉传。
赖有真才支宇宙，挽回坠绪接风烟。
关心文在仕昌运，深惧诗亡欲问天。
愧我曾随君共勉，守先待后莫辞肩。

右诗录呈浚老斧正，王赓纶呈稿。

按："羡君"诗钤"叔扬"朱文椭圆印。"范俞"诗钤"王朩子"朱

①此乃抄录胡君素诗。

文方印,所用信笺纸版心下印有“求是斋诗笺”。据信中、诗中“庚子”云云,此信写于1960年。

四十三

浚老仁丈尊鉴:久未奉候,惟起居康适为祝。兹有恳者先兄翰臣,一生颇好吟诗,汰存诗稿万数十首(早年之诗,经王仁安先生阅正),其生前友好多催促为之印出,前经卢慎老阅看,极为心赏,并自动作序表章,几度催问,早日印出。兹后经稍加选定,决定油印数十本。惟早有王吟笙先生一叙,又有慎老一叙,兹拟恳求我丈赐予题词,或评语,以增光遗稿,无任感蒙之至。特检呈原稿一册,请阅。如有应改正,或应删去者,亦祈不吝斧正,以期完美,尤所感激。专此,敬请颐安。愚晚王赓纶谨肃,一月九日。

按:据金钺撰《求是斋诗草跋》,此信写于1962年。

四十四

浚丈尊鉴:今读来示并大作五律,想见旷怀幽抱,谨次韵一首,即以奉赠,当祈吟正为幸。即颂刻祺。愚晚王赓纶谨上,三月十六日。

耆宿伤寥落,惟君炳一星。
篇章追上古,文献表先型。
遯世心无闷,谦怀座右铭。
风波千万变,独自抱遗经。

四十五

浚老仁丈钧右:顷由高君孟扬交来《诗话》等件,经我丈赐题评语奖饰有加,惭感交并。盖见我公奖掖后进不惜劳累,无任感谢之至。所指出各条均极正确,均已遵循删正矣。至所谈杨子勤《雪樵诗话》。晚尚未读过,不知尊斋尚有其书否?拟请借予一读。请函便,交孟扬带下,一读为盼。顷又交孟扬有《彤老楹联录存》一册,请披阅。又拙辑当有《通鉴粹语》一种,已钞清,不日亦送请阅正也。专此,覆谢。敬颂颐安。愚晚王赓纶谨肃,四月十四日。

按:此信作于1962年,见金钺致王赓纶信札"六"。

四十六

浚老仁丈尊鉴:兹有邀者,晚早岁读《资治通鉴》曾摘录其嘉言懿行。近来闲居多暇,又将旧录精简,以言为主,不过存数十页,拟以复写纸钞出三份,存备披阅,以免遗忘。兹备素纸三张,请我丈暇时书写封面三纸,以便装订成册,题曰"通鉴粹语"四字。何时书就,再烦人去取。有费清神,无任感谢。岁寒诸惟珍卫,专肃,敬颂冬安。愚晚王赓纶谨肃,十二月廿九日。

四十七

浚老仁丈尊鉴:昨晤斗瞻兄,知我丈患头眩。无任悬系,正拟专函问候，适奉覆教，欣慰之极，知血压已正常，当系气候所感，转瞬秋凉，定可全愈。承改正小诗极佳，不但醒目且较原句为雅，无任感义。当照改句书册。关于静坐气功，仍不可间断，并随时寻其秘诀，得其要领，自必收效也。暑季望一切珍摄为盼。肃复，敬颂颐安。愚晚王赓纶谨上，七月卅日。

附诗作两首：

心传上继耐吟窝（先严斋名），卅载诗篇感慨多。
画仿矩亭独雄厚，书临北海妙融和。
天机洒脱胸无累，人事艰虞志不磨。
自愧颖滨才力弱，难成佳句寿东坡。

题郭霭春学兄泮池读书图

斯文将丧谁攻苦，郭子读书彻今古。
泮池已进夫子墙，定有心传继东鲁。
我愧疏庸赖指津，茫茫人海得儒珍。
愿君更阐灵兰术，救世医人寿大椿。

二、金钺致王赓纶信札

金钺致王赓纶书信共十二通，见于天津图书馆藏《书函珍存》（S3783），是册收录赵元礼、王守恂、金钺等人至王赓纶书信，其中金钺书信三通，甲午（1954）一通，丙申（1956）两通。另《书翰珍存》（S3776）一册，信札杂稿，收录金钺、徐振五等多人往来书信，其中金钺至王赓纶书信十通，辛丑（1961）一通，壬寅（1962）九通。

一

奉和甲午秋日述怀

桑海频经百炼身，书城困学未辞辛。
浮生若梦都成幻，先觉遗编足馈贫。
且放天怀百虑息，静观世事万般新。
但期腰脚年年健，扶杖逍遥作幸民。

奉和庚午天津烧河楼事感赋

逞愤何尝计其轻，衅端突起势难平。
四方甫定呈清景，熟虑应求邂用兵。
谋国已将全局审，扪心甘玷一身名。
不堪回首留陈迹，御侮今同惜日情。

拜奉手书，欣如晤对，承示大作，依韵奉和，即乞教正为幸。弟状如常，日惟一编望对而已。复上叔扬先生惠鉴，并候起居安善。

弟钺顿首。甲午九月十二日。

按：前诗钤“金”朱文圆印。后诗钤“心远楼”朱文方印。“甲午”即 1954 年。以下三通见于《书函珍存》(S3783)。

二

久未通候，时故驰思，忽奉手笺，欣如把晤，藉悉采薪。近况以须静养，看书、写字均非所宜，至可幸者，继起有人，既无后顾之忧，晚景自多旨趣也。弟眠食无恙，仍晨夕与陈编为对，聊以自遣而已，实则前路茫茫，何堪设想。渊明诗有云："纵浪大化中，不喜亦不惧。应尽便须尽，无复独多虑。"亦姑作如是观耳。大诗三复雒诵，兹出偶奉一首，原韵奉和，录之纸后，以博一叹，特此奉复，即颂叔扬先生痊安，诸惟珍涮不既。弟钺顿首。

乘除物理有难知，转徙都如不系丝。
堪羡盈阶兰桂盛，达观真可向禽师。

丙申正月十九日，午刻。

按：钤"心远楼"朱文长方印。

三

来书称许逾量，媿不敢承第一编，望对寄意而已，其实过目辄忘，未能储之腹笥也。去年浏览所及计《龙威祕书》十函，《先正事略》四函，《楚辞集注》一函，《金石丛书》中讲金石例者十余种，《翁覃溪集》《龚定盦集》《李二曲集》等，皆首尾读竟。又正续《碑传集》册数太多，择取读之。转年以来，读毕李元度《天岳山馆文集》十六册，日来仍不时翻阅。《碑传集》洵一代文献渊薮也。试思学海之书，浩无涯际，即终身俯案，亦不过鼷鼠饮河耳。第五十后所存文稿，近曾誊印一册，兹交邮寄，请惠存。即乞教正，特此奉覆，并颂叔扬先生刻安。诸惟珍至不既。弟钺顿首。丙申正月二十三日。

区区小册固不足观，而五十后之作风格渐实，亦以验擩染之趋向也。又及。

按：钤“金屏庐长寿”朱文圆印。李元度(1821—1887)，字次青，一字笏庭，自号天岳山樵，晚号超然老人，湖南平江人。清道光二十三年举人，授黔阳教谕。后入曾国藩幕。历任浙江温处道、安徽宁池太道，因兵败被劾。后起复，擢云南按察使、贵州布政使，卒于官。少以文鸣，好言兵。有《国朝先正事略》《天岳山馆文抄》《天岳山馆诗存》等。[①]“丙申”即1956年。以上三通出自《书函珍存》(S3783)。

四

久未通问，此想清燕多佳，定符肊颂，近何翻阅贡子寿先生《陶楼文抄》于书牍中，有一段语言与前意往日所蓄疑者，正如问答。兹特别纸节录，寄请入览，谅可开颜一快也。钺忻眠食均佳，只老态日增耳，余不一一。即颂。叔扬先生近祺，弟钺顿首。辛丑大雪。

汪钝翁议篆盖不加暨元继配某某字，此混统检一尊之说。其实墓下文不过欲后人有闻知，则不可不详。况通礼有合葬并书之文，是今制宜书也。唐碑合葬并书甚众，是古法，无不可书也。述状本系附见，与墓志不同，则签题似只可书府君一人，而不题元

①《清代诗文集汇编》：《清代诗文集汇编》编纂委员会编著，上海古籍出版社2010年版。

继配等字。以上即抄《陶楼文抄》卷十二与梁羲初书中语。

按：首钤“金”朱文椭圆印，末钤“心远楼”朱文方印。“辛丑”即1961年，四、五均书于是年。

五

前由孟扬交到《求是斋诗草》，并手示形悉，新著行将付印，甚属台举，兹已遵嘱审读毕，而授肊加签用备于重核，并拟就影识数语请教，统竣，仍交孟扬便中带往呈纳，余不一一。即颂。叔杨先生春祺，弟钺顿首。辛丑十二月廿六日。

按：钤“金屏庐长寿”朱文圆印。

六

王君翰臣负经济才，从事实业数十年，周历南北各省殆遍。性耽风雅，善画兰，工吟咏，著有《求是斋诗草》，卷中十之八九皆记游之作。君颀身岳立，卓尔不群，其恒不辞登涉之劳者，亦以兼有济胜之真也。晚年里居不再远行，但锐意设施，仍弗少懈，《咏怀》一首有句曰：“屡惊浩劫心尤壮”，《八十自述》又曰“已届耄年犹自励”，于此可见奋发有为之伟抱始终如一，其足以传示奕叶，而为后来观感者固自有在，然则读新集者，又岂仅资卧游之逸趣而已哉。壬寅孟春同里金钺拜识，时年七十有一。

按：钤“金钺”白文方印，“屏庐”朱文方印。“壬寅”即1962年，六至十三均书于是年。

七

日昨孟扬交到手示并大著《珠光室诗稿》新印一册，触目之下朴雅可喜，本既宽大，字体亦不局促，今日得此殊非易易，翻阅拙拟序言，“已本末兼赅”句，念来颇觉笔促，捡出应稿乃知“已”字上落“固”字，想当日缮呈时，或示函有遗字耶。又序尾缀名，凡书册悉应以接连不提行为妙，至若兼身注年龄者，亦以继续直下，较夹写双行大方。盖刊书之格式与挥毫之行款各有不同，不必一依原写之样稿录也。兹已印奉者，如何补救，留面告孟扬转陈，其他待印者请参管见，聊备一说，可否采取，幸再裁夺。“阁”改“室”益名副其实，以平素本非楼居也。所印全卷，容细读后再为续陈，诸惟即鉴。即颂，叔扬先生吟安，弟钺顿首。壬寅正月初九。

按：钤“金屏庐长寿”朱文圆印。

八

大集连日绎诵，兹就蠡管所及别原录请鉴核。悼亡、哭姐诸篇情真性笃至是动人，夹竹桃、白莲、残荷、露琼、秋草四叠等作极尽诗人之能事。及时刊印流播，洵艺林之韵事，今能慰情胜无，已属不易。一切订误涂改，美观与否，皆不足计也。特此即颂，叔扬先生吟安，弟钺顿首。壬寅正月二十日。

按：钤“金屏庐长寿”朱文圆印。

九

重九社集根覃韵：“秋老”二字颇生，不阅春夏秋有冬老少之说，若易寂寞、萧瑟一类字，何如？记乾隆时有一诗案，其刻集自跋中有“天老”字样，硃谕“问天何以老”，其人亦无以自解。

与湛山、定西两法师三绝，其中“悔”疑是“诲”。

三十三日晚一首，三句中连疑速六句中有疑是为章机叶，不知所出，检《韵府》亦无，请示及，以开茅塞。

《赠黄椝甫》三四两句皆侧重一面渲染似欠灵活，拟易三句，心惟负陈蕃空设榻，或连四句，易心莫怪从来疏报谒缘，无健业赋登楼自注“懒”字似可易畏，是否有当，请再推敲。

废近七句“秋色老”虽指草木凋谢，不同于“秋老”亦何苦将“老”字另换，或更为秋气肃手。

跋中“侵寻”之“侵”，习见，皆从人旁，此从“水”旁或别有所据，但与“仕路”二字恐不相属，拟易“风尘”。可应采用，或再另易他字，请与靖翁商酌，何如？

示悉。“老”字出处先未检寻《韵府》，故不了了，既有所本，自无过虑之可慎矣。赠黄君一首，就所揭示之本事，他绎何妨，即借用原句而为不好，诣人贪客过（成句），缘难捷足怕登楼（君居楼上时，予因跣受伤）。怕上过承二字另易，渴望如此，白描以求真，故未起于意。云：何浸渍有似侵凌，义可相通，非是解前日与吴子通商订文字,不厌精详,彼此真牵毫无牵就。今愿声应笔求,亦犹是也。谨此奉覆,即颂,叔扬先生颐安,弟钺顿首。壬寅正月二十五日。

按:钤"金屏庐长寿"朱文圆印。

十

初一日,孟扬交来手书并大著二册,昨复递到彩笺,具悉。一是《谈艺记闻》,兹已阅竟,卷首自识语中窃者云云,谓词未婉,若曰窃于何氏未足相拟先生则上下千古独具只眼,方诸渔洋堪与后先媲美,如此着笔庶于权衡之间,不至抑扬逾量,俾觉招人訾议,据肊直陈,用备参讨。《诗话》尚未披读,余不一一,特此奉复,即颂。叔扬先生吟安,弟钺顿首。壬寅二月初三日。

按:钤"金屏庐长寿"朱文圆印。

十一

手书具悉。《记闻》与《诗话》二种,留各书题识一纸附之,竢孟扬来时再托其带去。《刚训斋日记》精妙绝伦,摘抄成帙,笔帙既著,勤劳旦征,卓识不胜欣佩之至。时方阅过半本,容暂置案头细读终卷,再瓻还。所钞既工,编次亦无庸更动,归来即用以保存,倘遇良梓,能从事刊行,足为后学之津梁也。叔杨先生如晤,弟钺顿首。壬寅二月廿。

按：钤“心远楼”朱文方印。“刚训斋”为高凌雯斋号。

十二

杨子勤钟羲之《雪樵诗话》共为三集，每集均有十册，上下古今诗话无似其多者，其亦言存只有一集，今亦检寻不得。翰怡刘翁所刻书板，悉已入官，来函曾谓印存之本为不下三万册，一再商请，当时拟妥。（杨钟羲原名钟广，清光绪十五年己丑翰林典郡江宁，最后入值南书房，与盛伯羲为中表兄弟。昔与寒门选八旗文，汇为一编，以刊行之，约有十余册。其人淹雅而静穆。）种取十二部，讫未办到，闻至今犹封闭未动，临尘待霉烂而已。子勤本旗籍，故其中搜采八旗人士之作甚多，子勤故已有年，其诗集系曩年排印本，曾阅过。叔杨先生如面，弟钺顿首。壬寅三月十二日。

按：钤“心远楼”朱文方印。杨钟羲(1865—1940)，字子勤，又字圣遗、芷晴，号留垞、梓励，又号雪桥、雪樵等，谥文敬，清末藏书家。姓尼堪氏，原名钟庆，戊戌政变后改为钟羲，冠姓杨。著有《雪桥诗话》三集四十卷，《雪桥自订年谱》《圣遗诗集》《意园文略》等。

十三

前奉手书，知已占勿药，亟为欣慰。《求是斋诗草》印本尚未收到，于百物艰难之际，竟克钦成，挚情毅力，承佩曷极。翰老与吟生先生久交深契，序文又翰老昔日所自乞得，用以列前未为不洽。鄙见前议系就一端着想，兹再细思，未见面面俱到也。前介绍张翔生先生诗稿一事，曾由王君送来，兹已阅竟，并拟就题识数语，请代通知王君，得暇来取为盼。形状如常，吾辈衰朽，余年若无俱息，只要寸心太平，眠食无恙，是矣。即颂。叔扬先生痊安，弟钺顿首。壬寅四月二十九日。

按：钤“心远楼”朱文方印。以上见于《书翰珍存》(S3776)。

第四节　金钺与文楷斋往来信札

民国二十四年七月十三日至十五日《大公报》(第六版)刊登了《北平印刷业概况》一文,其中七月十四日“铸版电印机虽已采用,木刻印刷术依然存在”一节,记载了文楷斋刻书的具体情况。云:“六,文楷斋木版印刷局　北平市的印刷业虽尚未登峰造极,至完全现代化的程度;但若财政部制印局,故宫印刷所,京华印书局等,或已应用电力印机,或已采用科学管理;惟同时中古式的刻板刷印印刷术,却仍有存在。据谓此种印局在清末尚存有二十余家之多,及近今则仅有三数家矣。雕刻木板手工刷印工人称为平版印刷,现存各号中以文楷斋规模较大。其营业柜在琉璃厂火神庙对过,局子在宣武门外法源寺内。刻字,刷印及装订,共有工人六十余名,均系件工。字体分普通宋字,楷书,行草,仿古宋体,而以宋字及仿古宋字为最普通。印件多为佛经,诗集之类。刻工计分上手下手,宋体每刻百字工资各为二角(普通字),细工及加细工稍较多。据谓每人每日可刻三百字上下(因分上手工,下手工,故实刻一百五十字左右),写工及刷印工之工资,每日亦在五六角之谱。木料则为杜木,元料每百斤约四元,版料每百斤约七元。印色不用油墨,若黑色系用“细烟子”。印件颇为清晰醒目,普通列为珍贵版本。平板印刷业之盛衰与“旧书业”之畅滞关系甚密,当此“旧书业”在极度萧索情形之下,绝无人肯再置新版,致此相沿千数百年之印刷术，将濒绝于今日云。”

文楷斋是近代北京一家规模比较大的木板印刷店，为徐世章等近代刻书家刻书之地。金钺所刻印的书大多是该店经手，因此金钺与该店书信来往甚多，金所保留的只是一部分，共十四通，其中文楷斋致金钺八通，包括三节算账时的账单；金钺致文楷斋六通，主要是就刻印《志余随笔》《屏庐文稿》《天津县新志》《天津政俗沿革记》等书，刻字修改补残之事。最后附宗文堂刘明广致金钺信札一通，内容涉及《屏庐文稿》书版印刷事宜。

一、文楷斋致金钺信札

一

计开：

前存洋伍拾壹元玖毛柒分。

八月廿四，墨印《屏庐文稿》(自来纸)，叁拾部，每部二元二毛，六十六元；代买南粉连纸(八部所用衬纸)，六拾四张，每张二毛五分，拾陆元；寄此书邮费，三元二角。

十一月十九日，墨印《严范孙年谱》，拾本，每本贰元八角，贰拾捌元，寄该书邮费柒毛肆分。

共合洋壹百壹拾叁元八毛肆分。

除前存净欠洋六十一元八毛七分。

金先生台照，中华民国三十二年十一月十九日。具。

按：此信写于1943年，钤文楷斋三枚印记，“文楷斋”“文楷斋记”“北京/宣武门外西砖胡同法源寺后门/文楷斋刻印处/庙内电话南局一千三百五十六”。贴有中华民国印花税票3张,每张2分。

二

计开:

前结存洋贰百叁拾八元一毛叁分。补印八寸夹连文稿序,廿页,四元。又,又卷四,十一页,二元二毛;补印棉连文稿序,十页,二元;墨印八寸南毛边《屏庐文稿》,廿部,每部十五元二毛,三百零四元;寄文稿书邮费,三元六毛。

除前存结欠洋七十七元六毛七分。

金浚宣先生台照,中华民国三十三年元月廿日,具。

按:此在1944年。钤印同上。中华民国印花税票1张,6分。

三

浚翁先生台鉴:迳启者,近维谭笺,清吉为祝。兹因端阳节在适,正是商界清账对账之期,兹将尊账开列清单一纸,并信呈上,至希台阅,特此,并请文祺。文楷斋谨启。六月十九日。

计开:

由卅二年更来结存洋贰百叁拾八元壹角叁分。

元月:墨印毛边八寸《屏庐文稿》,贰拾部,拾伍元贰角,合三百零四新元。

十一月廿七、八:补印八寸夹连《文稿序》,廿页,四元;补印八寸夹连《文稿》,卷四,十一页,廿二元;补印棉连八寸《文稿序》,十页,贰元;邮寄《屏庐文稿》费,洋三元陆角。

合洋三百壹拾伍元八毛,除存净欠洋七拾七元六毛八分。

金浚宣先生台照,六月十九号。具。

按:文楷斋钤印及税票同前。据信中"由卅二年更来结存"等语推之,此信写于1944年。

四

浚翁先生惠鉴:顷接来函,聆悉一切。兹由本月十号收到汇洋柒拾柒元已收入,尊册清。再者,若照前印高毛连《文稿》,每部须洋叁拾玖元,因此纸每张须价壹元七八。是否可,速来信示知为盼。所问《说文提要校订序》之板等,留意检得,再行奉知。特此,敬请文祺。文楷斋,七月十一号。

按:据信内容推之,此信书于1944年。

五

浚翁先生:既知近年之商难,请多原谅为荷。随信寄上《黔行水程记》估单费纸。见后速将估单与人一阅,是启。速来回音,日后如有工料涨落,当时另议。特此奉覆,敬颂春安。

墨印粉连纸六开《屏庐文稿》每部十一元五毛,墨印毛边纸六开《屏庐文稿》每部十二元四毛,红兰色印每部外加洋一元。四月八号，文楷斋谨启。

六

浚翁先生钧鉴：敬启者，来谕敬悉。今交邮局奉上《王仁安四集》，二十六本。《天津志》红样，四本。今将《天津志沿革表》估价例后，分订四本，中等粉连，六寸，每部合洋一元六角，好毛边纸每部合洋一元三角五分，均不带套，倘若用套，每部加套洋三角八分。见草请酌印若干部，并印何纸，示知。专此奉复。即颂大安。文楷斋顿首，廿七日。

七

浚翁先生大鉴：合将改修之字，业已修妥，并书页之大小样合随信奉上。至希台阅，是否，速回音示知再行开印。特此奉达，即颂时祺。文楷斋谨启。六月廿四日。

八

浚翁先生大鉴：迳启者，来信所言旭和纸，因本市此纸来源不广，现时短货，迁安纸按卅八开计算每部十四元三毛。日前开明书局来人言将此板取回之说，但未知何故，甚为闷闷。合将改样及孙先生写样一并寄交王先生处。交上。特此达知。敬颂文祺。文楷斋谨启。四月廿七日。

附录:宗文堂刘明广致金钺信札一通

浚翁先生钧鉴:敬禀者,委取文稿书板,开明书局即日持信与文楷斋执事李某接洽,面云允许一二日查出该板来取可也。至期,开明杜掌柜亲身往取,文楷斋又云由他号直接寄运尊处,故此推托,未能附付给。见草请给文楷斋去信,将板务交开明书局,或俟其运津,再寄回鄙处,均可。否则将纸交开明转交文楷印刷,亦可。为何办理,祈请示知为荷。专此奉请,并颂大安。宗文堂刘明广叩。廿五日。

二、金钺致文楷斋信札

一

《志余随笔》修补残笔单:

卷一

十三页前九行四字,暇;又后四行十三字,所;十四页前四行二字,其;又八行十三字,载;又后九行十字,谓;十六页前六行十字,卷。

卷三

五页后一行十八字,谱;十六页前七行二字,雪。

卷四

二十六页后二行十五字,赏;二十七页后一行三字,平;三十页:前五行二字,曲。

卷五

五页后五行一字，某；又十八字，祖；十三页前二行十一字，坛；二十页前九行十三字，闲。

卷六

二页前七行三字，学；九页后四行十九字，阑；又六行十四字，但；十五页后三行三字，文；又九行十字，三；二十二页前八行三字，世；二十三页前四行二十字，童；又后四行十五字，吏；二十六页后二行十一字，一；二十六页前六行十三字，“是”改“正”。

右改一字，余皆修残。

《志余随笔》

卷一，十五页后末行第八字，卮；卷二，十五页后四行十五字，闯字不对，再查；又卷一，十七页前五行四字，访补残；又卷一，十七页前六行三字，而补残。现在毛边纸价仍如上次所刷者否？拟将此小误改正后，再刷毛边的少许。十月二十八日，金浚宣启。

按：此信中提到的需改文字，均经修补残笔后刷印签条，粘贴于信件之上。在毛边纸上修改的签条上，钤有“每百字六十元”朱字，当为文楷斋回复金钺信中询问“现在毛边纸价仍如上次所刷者否”。

二

《志余随笔》前嘱改，改之卷一，十五页后末行八字，“巵”改“卮”，又“卮”字下之“转”字补残；又卷三、十五页后四行，十五字。“闖”改闖；又卷一，十七页前五行四字“访”补残；卷一，十七页前六行三字“而”补残。以上照改毕，可再刷毛边纸的二十部，一切照上次一样，系磁青皮子、签字贴在皮外，但不知现时纸价较上次刷时有涨落否？文楷斋台鉴，金浚宣手启，十月初七日。

三

《志余随笔》卷五

四页前六行十七字“笺”改“牋”；三十六页前四行八字“戕”改“戕”，六十三页后七行十字，首；二页前二行二字、三字乾、閑；跋，一页后一行二字，“徵”中间山头两竖削短点。又卷首二行题后第五字“雯”，除第四卷外，其第一、二、三、五、六卷，该字中竖，与下文字之上点削短，勿连成一笔。原作“雯”，应剔作“雯”，照卷四六行内同即好。

《志余随笔》卷六

十二页后四行八字“员”，十三页后六行二十字“论”，二十五页前八行一字“者”。

以上补残。此书想已刷齐，甚望早日寄来。前者函嘱卷四，十七页后五行末字“千”改“百”，想早经照改好矣。文楷斋台鉴，金浚宣手启，三月二十四日。

按：此信贴满修改好的刻印签条。“雯”字原刻时候，雨字头中间“丨”与下面文字“丶”合成一“丨”，故要求文楷斋剔作“雯”。

四

寄去写本内《黔行水程记跋》之中段“兰”字下（新添者系在栏上

下小字)，"仕"字上添"嗜金石碑版"五字，又"遗族"二字改作"家属"。又《绿庄严馆漫录跋》内第一行，"幸值"二字改作"世幸"。以上望照办，盼早寄回为幸。文楷斋台鉴，金浚宣手启。十月十三日。

按：《黔行水程记跋》收入《屏庐文稿》卷二，由信中所言，《绿庄严馆漫录跋》亦应收入《文稿》，但未见，待考证。

五

……各部。又该书有包角。如须拆开另换(能不拆则更好矣)。务记合原色，方好与全部一律。至要之该板一块务代保存，勿损是荷。文楷斋台鉴，金浚宣启，十月十一日。

又《绿庄严馆漫录跋》(在新寄去之包内)第一行照原稿拟添数字，如左：为"贵州"石阡知府时万里边荒一官(孤踪)落寞，"幸值承平，事无鞅掌"乃于"公余"闲燕。以上照红字添改写之。

按："贵州""幸值承平，事无鞅掌"为新增之字；"一官"改为"孤踪"；"公余"删除。此信不全，缺首叶。

六

文楷斋台鉴，金浚宣手启，二月廿八日。

《天津政俗沿革记序》一页后七行十七字，"勘"补残小横。

《天津县新志》卷二十一之第一页前六行二字，"事"补残。

第五节　金钺与其他友朋往来信札

一、友朋致金钺信札

1.王斗瞻致金钺信札

王文光(1896—1967),字斗瞻。严修弟子,崇化学会董事之一,曾于崇化中学讲学。致力于乡土资料及地方文化研究,与当时严修、林墨青、王仁安、高凌雯多有交往,后著有《天津近贤见闻脞录》,包含了大量的天津人物史料。其喜好收藏,曾收藏当代名人字画、信札,后付之一炬,其与友朋信札今不得见。事见《王斗瞻事略》,刘炎臣撰,载于《天津文史资料选辑》1997 年第 4 辑。

王斗瞻致金钺书信,所见不多,但王斗瞻为高凌雯、王仁安学生,在三人往来事项中,多提到"斗瞻"。与金钺交往较为频繁、密切。斗瞻亦为王赓纶与金钺传递消息,办理一些事务。此次整理见其致金钺信札共二通, 一通为保护崇化学会藏书,一通谈郭蔼春给金钺的文章提意见及为严范孙写墓碑事。另有二通为张鸿成致王斗瞻信札,因事涉与金宅议婚事宜,故转到金浚宣处。

一

浚老先生赐鉴：接奉手示，在诵读之际，适霭春来，即以相视。霭春蕴藉为人，向不肯有所论列，此次于大稿竟有所说项，但属勿为与人道及。惟念我公虚怀谦抑，采及后生意见，故妄窃寄陈彼，如知之必怪光为多言。望我公笑而置之，则幸甚矣。

一、藏诸名山之意也，因持以来示 相楼处语气

一、坎离改方，黑白易色 显露时世

一、有不胜浩叹者矣，生平俭约 相楼处语气

一、驹先之为驶，俟何清其无日 似书牍

霭春最欣赏结尾语气，洋洋渠之所云，似较叔扬真切，但光之多言，殊失友道，罪甚，罪甚。

石雪先生于暑期中尝有函见示，为写范老墓碑事与严府商过，至今无结果，光亦未奉复，想必怪光置之不理，其实无言得以报命。拟在最近再向严仁泽一谈，当奉陈石老左右。一为解释久未通候原因，倘为尊座附代问候尤所企盼，惟不必谈严碑事也。今日为学会地址登记与民一颇有纠纷。光年来血压甚高，对此困难事头痛万分。舍间人等皆劝光不必为公家事如此着急，但念会事如此飘摇，地址再有说项，如何了局，实难以对老辈。奈何，奈何！草此布臆，敬请大安。后学文光再拜。十二月十八日。

二

浚老先生赐鉴：危难临头，不知所云，未审尊第若何景状，至

念，至念。会中已被占，幸书室未用，亦颇费周折，同仁与中学方面分组看守，一时无恙。惟应变乏款，各方奔走，杯水稍济燃眉，日期一久，恐难维持。会中有霭春、作家、子鹏及主恶，文中诸人住会应付，骆恩荣、王富有两夫，计有八人，中学职员亦有八人，此十六人昼夜不离，亦云苦矣。前谈尊撰《梦选楼记》无负胡公之语，即悚然心惊，但盼有所呵护也。今午金致淇由南京来示，益触无穷之感。知关廑注，草此。肃闻，即请大安。文光再拜，卅八年元旦炮火声中。

会中窘状早在洞悉，深盼我公赐予协助，以应变局。如蒙俯允，请示知时日，即往领也。叩省崇化中学电话五局二五七一。

彤老先生遗著暂存舍间（西门内会友轩胡同七号），尊斋如有安当之处，敬希示及，即刻奉上保藏。为何之处，请酌定，再叩。又及。

附录：张鸿成致王斗瞻信札二通

一

斗瞻仁兄台鉴：弟母患病致对于探询婚姻事，延迟至今，甚以为歉。今接到保宁之兄华平覆函，言其大略，乞转致浚宣先生，此后弟当详询，待有详情，谨当续报。肃颂著候。浚宣先生座前，敬乞代候。弟成顿首，八月一日。

二

斗瞻仁兄台鉴：昨函想收阅，须晤黄邦正弟（字华平）谈叙，与金宅议婚经过情形。华平昆仲三人，渠居长，现任保商银行作事；仲为张鸿卿先生侍婿，在津开医院；议婚本人居季（行四）体格颇健，中学毕业有志体育，惟本年尚未考学校。季年廿四岁，性情类小孩，未染现时坏学生习气，毫无女友恋爱行为。小苏州胡同系舅家之房，董姓匀与其母居住，故季即随母居此，华平另居他处。有时其母亦居华平处。此三人系胞兄弟，为慎之修撰之孙。以上据华平所言。弟想现代婚姻重视双方本人之意思，双方既已晤面，倘意志不相违，似可作进一步之研究。不过据华平言，家庭经济方面愢女方多矣。弟则力主张勿令季先学有用之青年，勿轻抛有用之光阴也。专肃奉希，敬乞转达浚公为荷。顺颂公祺。弟张鸿成顿首。八月五日。

浚公座前乞代致候。

附录：金钺藏黄邦正书札一通

少元夫子大人尊鉴：违教多年，实深孺慕，顷奉手示，承询愚弟邦宁婚事一节，月前曾有此议。邦宁实系生胞弟与生皆为先殿撰慎之公之嫡子孙。现与家母同寓东城，请即转告前途为感。日内生当走谒，再作细谈可也。此复，敬请教安。学生黄邦正拜复。

邦正字华平，即日。

硁硁子不食肉记

世有长斋之说，谓终年茹素不食生物也。然为之者率皆精信内典，似非吾侪所宜道。至若不食生物而毫不渐染于佛氏，则吾友硁硁子正其人也。硁硁子夙俭约，自奉甚薄，而近二年来更绝不食肉。友侪多以为问者，乃自记其因，嘱文于金铭，将以之答客问焉。金铭谨按：硁硁子所自记者，其因有四。一曰因于个性。盖以每见群牲觳觫之情，闻其声而不忍其肉也。一曰因于思亲。盖以先世寒素堂上未奉甘旨，每临盛馔，辄动风树之悲也。一曰因于孤苦戚友。盖以无告之戚友，心欲周之，而力有未能。故于所自奉者，不忍厚也。夫思亲爱人自不限于绝不食肉一途，而畋渔网罟创自圣人，肉食者亦固不为非然。使心有所痛而力未能申于无可如何之际，所视惟藉自苦之道，尚堪以自慰，则不肉食者尤不能谓之非况圣人之道，亲亲而仁民，仁民而爱物。硁硁子以所不忍于亲及戚友者，而统藉不食生物以出之，于圣人所言固有出入，然其存心如此，已自庶几乎易所谓积善。诗所谓配命者人定胜天，吾知子平之说必将不尽验也。硁硁子自以不食生物或在识者之所非识者金铭固不敢当然，其心则深知硁硁子之所为实有不可谓之非者。故敢聊记所见，以与世之大雅君子共相证焉。

中华民国二十五年建子之月上浣同学弟杜金铭顿首拜撰。

读硁硁子不食肉记题后

民胞物与老生谈，谁为含灵绝一甘。不忍远庖假仁术，休疑发愿托瞿昙。

窭儿底处遗君羹，想见当年菽水情。考叔无亲犹舍肉，漫将屏养误匡生。

饭蔬竟岁仅平常，难得同心是孟光。闻道糟糠同守岁，曾无割肉累东方。

等是人间命薄人，输君一著在能仁。持期万一回虫劫，亦愿长斋不为身。

录呈硁硁学长一笑，并示箴予学长正文。

丙子冬十一月，石永茂未定稿。

“之言之未可尽信者也。昌黎所谓浮夸，其此类乎。至于八世之后莫之与京，其田氏篡齐之后之言乎。公侯子孙，必复其始。其三卿分晋之复之言乎。是又汉儒所附益。不得尽藉浮夸以诬左氏也。”

主课评语：读书有得剖析分明，是左氏功臣，是昌黎诤友。

五十不食肉记因

古人云行年五十而知四十九年之非。寿先年届知命，回忆半生无所不非，兹择其非之尤者，求免于非讵知，犹在识者非之之中也。杀生不非也，在寿杀之则为非。食肉不非也，在寿食之则为非。姑条记之，就正有道。聊以志其非焉云尔。

一、寿性愚闇不识大体，每见牲之觳觫，辄私心窃念戕彼性命美吾口体，故不忍食。虽明知遗笑大雅，不之惜。此因于个性者也。

一、寿本窘人家子。先父母一生粗衣粝食，况寿行能无似生前未曾甘旨之供，偶御美馔时辄痛心。禁食肉者，所以禁美食也。此因于思亲者也。

一、古人己饥己溺之怀，广厦千间之愿，寿何人斯，敢抗颜古人？惟届冬寒岁莫偏地疮痍，戚友无告者，登门道所以或老迈相关或孤寡堪怜，应之则力有未尽，却之则心有不安。纵少馈之亦杯水耳。故每除夕晚餐必食玉面馍，妻孥略随之，聊尽我心，藉求减罪。此因于孤苦戚友者也。

一、我生不辰，命途多舛。寿二岁时子平家谓命归元辰，是以半生潦倒坎坷。迄今放翁诗云“得福常廉祸自轻”，命既偃蹇，享受宜薄。日常苦菜，窃附古人求阙之例。此因于知命者也。

邀谨避赐和，邀乞生挽。

2.王彦超致金钺信札

王彦超（1892—？），福建人，俦社的成员，常住北京。兄彦和，子世威、世仪、世复，女世智。其致金钺信中有云：“敌伪时期，津日本特务机关长强弟任畿东长官，弟荐殷（东京同学）替代。市长温与家叔至交，以九事劝弟任职市府，弟亦未应允。又陈弢老姑丈一再嘱弟继郑任翰长之职，弟告以如系大清帝国，则吾俦世受国恩，义不容辞，今则称执政先生，万难前往。”王彦超自幼即赴日留学，因此国学根底较薄，不会写诗，字迹也零乱。“惠札写作俱佳者视同珍宝，概付装池。”金浚宣的信就是这样：“惠札自壬午迄今二十年，近装两册。又函请慎老署签。”此次整理未见王彦超收藏装订成册的金钺信札，仅见其致金钺书信二十四通。

王彦超与金钺通信二十余年，始于民国二十七年。王彦超五十岁生日，金钺作《王君彦超五十寿序》（见《屏庐文续稿》），可见其性格事迹。云：“壬午十月二十五日为吾友闽县王彦超五十初度，当兹烽烟澒洞，人皆意绪索然，凡宾主联欢之举，每觉无往日兴会淋漓，而闭门谢客，坚却称觞者，乃为数见矣。君之令辰，何独不然？顾予殊重。君之为人，心有欲言者，在姑就悬弧吉日，倾吐为文，录稿以献，似非其他锦绣繁缛之属可比宜，无不可也。君为殿撰，可庄先生之子，文勤公之曾孙，方在衣娩，即为离孤露，及壮学成，而沧桑顿易，遂翛然不仕，以刻苦句励，非亲故素习莫由测其为世家名门之华胄也。曾游学东瀛，虽通其语言文字而依然故我，未尝以耳目濡染之新，辄移易榘矱之旧者。比年以来，恒于其先德各遗著，搜罗编辑，孜孜矻矻，以刊传为己任，所成之书都十余种矣。文勤公所著《石渠余纪》久已风行海内，君珍存旧板，复殷勤修补，拓以广播焉。君家非素封，能节缩衣食为剞劂之费，已属至难，而于昕夕奔走生计之暇，惟手一编，从事校雠，予披读印本尤不禁讋服其致力之专而用心之笃也。夫世家名门之裔，其在今日力难及此者固颇有之，彼席丰履厚尚可有为，诸君子亦多逡巡敛手惮其烦冗，又或知应董理有待彰阐，每以矜慎太过，始终严守而秘藏之，致渺无告成之望，殆均不异于湮没矣。设再遇有兵火之厄，蟫蠹之灾，则竟归澌灭，宁毋甚可慨耶。予故特揭君之所为，冀有闻风兴起者踵而行之，匪第先贤之厚幸，用以嘉惠后学尤非浅鲜，且书籍之行世，刊者与作者后先遇合乃克，相依而显，传人即以传己，讵谓徒劳也哉。予忝与君志趣差同，于此中甘苦略悉梗概，因不揣谫陋，泚笔述之，以资喁噱，更愿君刊布之书与年俱进俟，将来耄耋迭臻之际，汇而陈之，册积而帙累，必高可隐身，而予亦一一获先睹之快，此实私衷所预为祝祷者也。"另作有《赠王君彦超序》《王君彦超家藏程君房墨记》等文。

一

浚宣吾兄惠鉴：前蒙大笔挥惠便面，当即函谢。谅已先入记室，比维兴居迪吉为颂。弟厲东楼，夏日炎炎，寝食俱废，屡拟来津小住，以种种关系不获成行，至为怅惘。兹与津友商住处，倘得成议，当来津小住数日，藉可畅领教益。一别津沽，瞬已五载，想各方面情形亦大有变革。旧交寥若晨星，不无“不堪回首话前朝之感”。慎老谅常笔谈，便乞代为致意。昭纬住河西区无锡路，不知时有趋候否？专此，顺颂颐安，并贺节禧。弟彦超顿首，端午前三日。

二

浚宣吾兄道鉴：日前接奉大札，嘱将《崇德老人达摩法》寄津，当年系借钞者，兹另录一份，附呈察阅。弟三十年前曾习太极拳三年，此法分四大纲，妙在静功及太极拳。两者功用兼而有之，且必须卧行，尤便于练习，其中以首尾两式及补气各式功效显著。津液下咽，与胃消化极有益处。吾兄亦将有意于斯乎？肃复，祇颂潭安，弟彦超顿首，三月初一日。

三

浚宣吾兄惠鉴：前复上寸函，谅荷青及。章二小姐北京地址，不知已代查明否。上年贱辰蒙大笔挥惠朱竹，铭感无似。今年八月为大小儿五秩之年，拟代求尊作一纸，留为纪念，朱墨均可，乞吾兄就绘便者择一纸提下，是叩。余详前函，不声。匆此，顺颂颐安。弟彦超顿首，七月十五日。

四

浚宣吾兄尊右：日前接奉十七日手教诵悉。吾兄习静经过、情形具见，遵体康健精神矍铄，故能成效显著，佩仰无似。弟近年以来除每晚就寝前仍旧盘坐外，并在早晨起床前按照增子固、郭倜伯熙、葛氏、于振甫、沈砚裔、邢隅三、李梦白诸公所刊行之《崇德老人达摩法》学习三十分钟，此法妙在只宜卧行，不得立行及坐行，据云恒久须发可由白而黑，甚至牙齿脱落处可以复生新牙云。弟前年移京时，金息老亦将各种气功疗法著述见赠。其中有关道家气功各节，法有师传，否则易滋流弊。当年靳翼老之疯狂致疾，固前车之鉴也。释教静坐，首先放下一切妄念，不在身心著相，故能流弊不生(所谓培于无相无著也)。但成效或较缓耳。拉杂代谈，肃复。敬颂潭安，弟彦超顿首，二月廿三日。

五

浚宣吾兄尊右：日前接展手教祗悉。书是。比来早晚颇凉，系谂吾兄头眩能见愈否，良念承示。江湖满地，尤在在堪虞，倘吾兄有所闻，务祈见示为盼。弟拟秋冬时，或往内蒙，或伴家兄前往沪杭一游，故耳，匆复。祗颂道安，弟彦

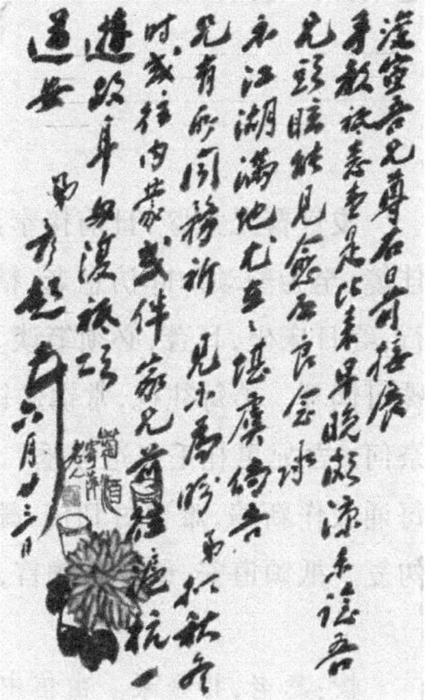
浚宣吾兄尊右日前接展
手教祗悉书是比来早晚颇凉系念吾
兄头眩能见愈否良念承
示江湖满地尤在在堪虞倘吾
兄有所闻务祈见示为盼弟拟秋冬
时或往内蒙或伴家兄前往沪杭一
游故耳匆复祗颂
道安 弟彦超顿首 六月廿三日

王彦超致金钺信札

超顿首,六月廿三日。

六

浚宣吾兄惠鉴:日前奉伏日,手教祗恙一一。息老终日危坐斗室颇感苦闷,不免弄些笔墨,惹出许多是非,竟成为有关方面注意人物,致旧友均避不往来,恐受株连,弟则不以为意,仍时往笔谈。近尚挥惠一扇,有"睹名如见唐藩镇,文武并传王彦超"等句。笔力雄伟,兴致犹豪。有劝旋津居住,但无意离京。云传闻今春曾一度悬梁,幸获遇救。近用一男孩十余岁,服侍水火三餐,或自炊,或买吃,生活亦殊困苦耳。拉杂代面,匆复。顺颂暑安,弟彦超顿首,六月廿九日。

七

浚宣吾兄大鉴:日前接奉惠示。欣谂天气渐爽,尊恙亦渐逢佳境,至为慰颂。昨访息老,精神矍铄,兴致犹豪,奈腿软不能步行,终日床坐,耳聋,必须笔谈。致不获外出参加聚餐,困居斗室,殊可悯耳。弟每往视,常携送饼干点心之类,则极为喜跃。奈何,奈何。吾兄惠札壬午迄今垂二十年,近装两册,已函请慎老箸签。每诵大作新编,难再付刊传,輙为疚心耳(先曾祖日记竟不及刊行)。匆复。祗颂道安,弟彦超顿首,七月初二日。

按:息老,指金梁。由信中云"壬午(1942)迄今垂二十年"推算,此信写于1962年。

八

浚宣吾兄尊右：违教经年，时深渴想。昨奉九月望日大示，藉谂六月间我兄忽患头眩、血压高，此症纯因阳有余而阴不足所致，可常服蛤什蟆油（吉林产品）、梨楼世一堂即可见功，每日无须服药也，弟三十年来常服不断，故至今瘦躯健在，尚能南北奔走。盖水火既济，百病不生矣。承代转慎老一函，已另函复，余续详。敬颂道安，弟彦超顿首，霜降前夕。

九

浚宣吾兄惠鉴：前奉手教，迟未函复为歉。天时渐凉，想尊恙已痊愈，是颂。弟拟九、十月间来津小住三数日，谅可以买到车票。比来火车拥挤不堪，各处往来车票均不易购到。云近阅旧存书画，壬午年惠佳作者逾二十人，及壬辰之岁仅存四人了。忆肖麓诗句有“坐看兵戈催白发，遂令交旧尽黄垆”，不禁感慨系之矣。慎老近状何似，时有通讯否？北京可游之处甚多，耄耋诸老，时有聚餐之会。居此颇见热闹，尚少寂寞之感。拉杂代面，匆复。顺颂秋安，弟彦超顿首，七月十三日。

十

浚宣吾兄尊右：不通音问倏忽三月，正拟笺候起居。接奉初夏惠示。并蒙赐绘内子便面，俾得及时奉扬仁风，至为铭感。吾兄泡疹已全愈否？想系风湿所致。北京四时可游之处甚多，惜大驾不获莅京小住，游山玩水既足赏心悦目，于身体健康亦有裨益也。屡拟趋津面领教益，终以食宿问题踌躇莫决，怅惘无似。息老近状尚好，时或外出，惟医者密谈，脉象已渐不如前矣。先此鸣谢，余容续陈。顺颂近安，弟彦超顿首，立夏后五日。

慎老常有通讯否？

十一

浚宣吾兄尊右：昨奉还云祇悉。书是。贱辰承注并蒙宠赐佳作，高谊云情，感铭肺腑。息老仙游，京居又少一笔谈之处，肖麓曾云“坐看兵戈催白发，遂令交旧尽黄垆”，弟不无同感。国际情形渐趋紧张。古巴问题、印度问题，推背图所谓“生我者猴死，我鹏”域中两度旌旗美，前人不及后人才为期，殆不远欤。北京日来天气温暖，连日微雨，仿佛春阴之概，冬行春令。邵康节诗云“火龙蛰起雁门秋，完璧应难赵氏收(指台湾而言)。一院梨花春有主，连宵风雨不须愁。”兄意以为如何？肃复，顺颂颐安，弟彦超顿首。十月初六日。

梅花诗

荡荡天门万古开，几人归去几人来。山河虽好非完璧，不信黄金是祸胎。湖山一梦事全非，再见云龙向北飞。三百年来终一日，长天碧水叹弥弥。天地相乘数一原，忽逢甲子又兴元。年华二八乾坤改，看尽残花总不言。毕竟英雄起布衣，朱门不是旧皇畿。飞来燕子寻常事，开到李花春已非。胡儿骑马走长安，开辟中原海境宽。洪水乍平洪水起,清光宜向汉中看。漫天一白汉江秋,憔悴黄花总带愁。古曜半升箕斗隐,金乌起灭海山头。云雾苍茫各一天,可怜西北起烽烟。东来暴客西来盗,还有胡儿在眼前。如棋世事局初残,共济和衷却大难。豹死犹留皮一袭,最佳秋色在长安。火龙蛰起燕门秋,原璧应难赵氏收。一院奇花春有主,连宵风雨不须愁。数点梅花天地春,欲将剥复问前因。寰中自有承平日,四海为家孰主宾。

按:邵雍(1011—1077),字康节,一字尧夫,北宋著名理学家、数学家、诗人,与周敦颐、张载、程颢、程颐并称“北宋五子”。著有《皇极经世》《观物内外篇》《伊川击壤集》《梅花诗》等。信中四句诗,出自邵雍《梅花诗》。“完璧”应为“原璧”,“梨花”应为“奇花”。

十二

浚宣吾兄左右:飞驰系间,接奉十四日手教敬悉,种切。弟以幼年留学三岛,旧学荒芜,故对于致好惠札写作俱佳者视同珍宝,概付装池,俾便阅读,如同晤语。前如汪憬吾先生惠札,弟早已装成一册,经章一老题签,并承吾兄挥惠跋语。今日读之旷若覆面,感慨殊深。承示二签,可由(慎老所书,属代题字样,虽书信今而传后,究嫌妥善耳)大笔挥惠,弟更喜出望外矣。天时渐凉,尊恙何似,良念,匆复。祗颂道安,弟彦超顿首,中元。

按:汪兆镛(1861—1939),字伯序,号憬吾,晚号清溪渔隐觉道人,广东番禺人,清光绪举人。著有《晋会要》《碑传集三编》

《微尚斋诗文集》《两屋深灯词》等。此信写于1962年。

十三

浚宣吾兄惠鉴:大示奉悉。息老精神矍铄,虽两腿不良于行,但不携杖,每隔一二日必到酒馆一饭,并购菜携回佐餐。常咏新诗消遣,有时上书当道,批评建议不免惹些是非。惟两耳聋,必须笔谈,极感不便耳。匆复,顺颂暑安,弟彦超顿首,六月二十日。

十四

浚宣吾兄惠鉴:前奉手教,迟迟未复为罪。瞬届中秋,维兴居迪吉是颂。北京亲友时有聚餐之会,盖缘市场供应只菜蔬一二种,藉此解馋,不知津市亦如是否?慎老谅常晤叙,承惠《慎园启事》及与戴果园和作诗,翁逸兴妙句无穷,诚如我兄所云"望九高年妙笔如是,大椿宁止八千春"之句,定然不爽也。家兄彦和亦,丙子生人,终日酒楼戏馆,仆仆风尘,精神矍铄,亦不亚慎老,大有老叟还童之概。吾侪年方古稀,兴致远不及此,奈何,奈何?匆复,顺颂秋安,并贺节禧,弟彦超顿首,中秋前五日。

按:此信写于1959年。

十五

浚宣吾兄遵鉴:先后奉到手教并题竹一册,欣稔潭福。祈祺与日俱进，至慰。私祝。承示各节各人家庭情况不同，自未便强求一致也。慎老晤及乞代为道候。余言续详。匆复。祇颂潭安，顺祝千秋大庆，弟彦超顿首，正月初八日。

十六

浚宣吾兄惠鉴：日前曾上寸函并近照一纸，谅荷青及。顷又接奉尊绘朱竹一幅，欣感莫铭。忆在敌伪时期，津特务机关长强弟任畿东长官，弟荐殷(东京同学)替代。市长温与家叔至交，以四事劝弟任职市府，弟亦未应允。又陈弢老姑丈一再嘱弟继郑任翰长之职，弟告以如系大清帝国，则吾侪世受国恩，义不容辞，今则称执政先生万难前往，弢老无言以答。富贵浮云，苟全性命。及今思之，犹觉悚然。拉杂代面。肃复鸣谢。祇颂颐安，弟彦超顿首，十月二十三日。

十七

浚宣吾兄赐鉴：日前接奉手示祇悉。夏令于吾兄头眩旧疾最不相宜，未审日来何似，殊深系念。弟己亥暮春回闽扫墓，离乡已垂卅载，亲友寥若晨星，几有隔世之感。在闽匝月连朝阴雨，不得不冒雨到各茔祭扫。及至先公墓埕时天忽骤霁，瞬间旭日当只，及祭成下山，仍复阴雨霏霏，道涂泞湿。将离闽时，族人忽持视旧存字画一箱，均逾百年之物，虫蛀殆尽，无片纸可留。所可异者，中存先高祖紫庭公碧篁介寿图一幅，长四尺，宽三尺，约百三十年，完整无恙，弟在三十年前曾刊行先集十余种，并先后刊印族谱四次，将历代遗像悉制版刊行，其中独缺先高祖遗像，耿耿于怀，引为憾事，而此次回乡，无意中竟获此图像，且未为虫蛀，冥冥中似有呵护者，尤觉欣幸。回京后即汇付装池，并求至好题跋。此一一，为不可思议因缘，留为纪念。素仰大笔，因特略述经过情形，拟恳惠予赐题，俾垂久远。尚乞俯允所请，不胜叩祷之至。肃复，顺颂暑安，弟彦超顿首，五月初十日。

慎老如有通讯，乞代道候。

十八

浚宣吾兄道鉴：昨奉初六日惠教敬悉。书是。呼市阳光特强，隆冬并不祁寒。五年前弟曾住此四阅月，仅下雪一次，较北京为暖。内子共生七男四女，现存三男一女。大小儿世威今年已五十岁，现任工程师。二小儿世仪，今年四十三岁，于戊子年经美国华盛顿大学聘任教授，去年暑假并经德国各大学聘请讲演半年，出国已十五年矣。三小儿世复字钟麟，今年三十三岁，在师院任讲师，国文系。小女世智今年四十六岁，在北京某校任级任教职，汉文系，已逾廿载。承询以闻，弟拟秋日即后回京，明春将经津沪杭各地回闽小住。拉杂代面，肃复，祇颂颐安，弟彦超顿首，六月初十日。

慎老常有通讯否，便乞代为致候。

十九

浚宣吾兄尊右：日前接奉初三日手教敬悉。书是。弟于道家吐纳导引之术一无所知，惟在静坐或运摩时輙觉口内津液充沛，随时下咽，向无口干情事。据泰西医学之说，津液入胃可助消化，所有食物化成葡萄糖，对身体健康极有裨益。弟四十年来未曾医药，殆与此有关欤。金息老近已能扶筇出游，知关锦注以闻。匆复。敬颂潭安，弟彦超顿首，清明前夕。

二十

浚宣吾兄先生尊右：久疏笺候。比维兴居佳胜为颂。弟于端节回闽扫墓住乡匝月，卅载去来，幸见先茔亲旧尚多无恙，惟城郭人民觉已非耳。六月过沪小住兼旬，于巧节回京。原拟中秋后来津一行，俾可趋承教益，不料复有西北之行，于八月杪到此，气候温暖，街道较津市宽广，建筑宏伟，惟学校宿舍较城市有五里之遥，纯属农村情景，宜于养静避嚣。何日回京尚难确定也。专肃，祗颂道安，弟王彦超顿首，九月初五日。

慎老如有通讯，乞代次候。

二十一

浚宣吾兄道鉴：正盼念间。接奉手教，并蒙赐绘扇面。捧诵之余，欣感无似。吾兄年逾古稀，而书绘秀媚犹如青春，洵属有寿之征，尤深快慰。天时渐热，诸维珍摄是祷，匆复。鸣谢，祗颂颐安，弟彦超顿首，四月二十日。

慎老如有通讯，乞代道候。

二十二

浚宣我兄先生尊右：昨寄竹谱一册。谅入记室。顷奉廿四日惠示，敬谂兴居迪吉。诸凡如意至慰，私祝。慎老所云，亦属至理。彦和家兄今岁亦八十有四，现住一室，饮食起居均须亲自料理，诸感不便，颇悔当年。倘及时续弦，自不至如是也。经验之谈，未审尊意以为何如？竹谱系舍姪影拓（见《龙顾山房诗文集》卷一第一叶），是否有当，尚乞诲正为祷。肃复，敬颂年安，顺贺新禧，弟王彦超顿首。立春。

慎老函已另复，并闻。

二十三

浚宣吾兄先生道鉴：昨奉惠示并竹幅一件。捧诵之余快慰无似。代求之件蒙允如所请，尤深感纫。弟拟旬日后由京乘车直达福州，俟北返时再绕道杭沪一游，归途当趋津面领教益也。肃复，鸣谢，敬颂潭安。弟王彦超顿首，浴佛日。

闻北京到福州快车三日可达，沿途松篁山影，景色尤佳，惜未能与吾兄同游耳。慎老近有晤及否？便乞代为致意。

3.张次溪致金钺信札

张次溪（1909—1968）[①]，名涵锐、仲锐，号江裁，字次溪，别署

①宋希於：《掌故家张次溪晚年侧影》，《掌故》第三、四集，中华书局，2018 年 1 月、10 月出版。

肇演、燕归来主人、张大都、张四都，东莞人，是我国著名的史学家、方志学家，一生有二百四十种著述，以研究北京民俗风情著称。他原在天津住过，后移居北京。王仁安、管洛声、吴子通、赵幼梅都是他的老师。民国十七年冬赴天津，任职河北高等法院兼《民报》编辑，拜赵元礼为师。二十七年金钺在《题张次溪赠行诗卷后》曰：次溪好古嗜学，王仁安经常称道（赏识），“去冬始相与往还，得接高贤，引为至快，所著曾刊行多种”。

张次溪二十世纪五十年代曾写信给金钺，说天津为其早年喜游之地，自视“此土不啻第二故乡”深思搜集津门文献以留纪念，拟辑天津掌故轶闻及历代有关景物诗词，名曰《天津史迹汇辑》，因素稔金钺于津门文献搜集极富，希望“此项资料能见惠”。另对搜集的津门竹枝词，恐遗漏太多，则将草目附呈请金钺指正及增补。并言请金钺对有关五十年来津门故事及文人动态“倘能由大笔记述，必可永垂千秋”。又，张次溪整理先师伦明遗著《辛亥以来藏书纪事诗》，发现独遗漏津门诸老，鉴于金钺刻书对天津文献之功不可没，故请将金钺把藏书刻书之种类及故事，以及略例详示，用伦师口气拟就七绝一首或二首附入其中，以便“使全国各地知公之有功于文献。”20世纪五十年代城市建设，市内坟墓大量迁移，张次溪岳父及内兄坟茔在津，因无人管理，故依托金钺代办。

张次溪与金钺民国二十六年相识，1962年尚有通信。此次整理张次溪致金钺书信共有九通，内容多与其编印天津诗文事项有关，即《天津史迹汇编》。张次溪致金钺书信多为钢笔书写，字迹工整。

一

浚公仁丈赐鉴：顷接大教，并赐尊刻三册，至感谢。津门二妙及崔旭之《念堂诗抄》，今日均已得到。自前年购得张笨山手写长卷后，颇思得其诗集一读，读公书始知曾为校刻，极盼惠赠也。《津门诗抄》去岁曾得一部，已将书中有关津门古迹摘剪，因之此书已成缺残，不知此书流传甚广否。往岁见《天津艺文志》所载诗集，似有数百种，不知天津藏书家尚有关心此事者否？晚近编先师伦哲，如遗著《辛亥以来藏书纪事诗》，此书体例以七绝一首，诗后系以某一人之藏书、刻书、著书事迹，大江南北述及之人约一百余人，独遗漏津门诸老，顷其遗稿由晚整理付印(阳历四月初即付印)，即付印因思尊者刻书及表扬天津文献之功不可没，拟请尊者将藏书、刻书之种类及故事以及略历详示，并乞代伦明拟就七绝一首或二首，用伦诗口气述尊者故事，以便附入，使全国各地知公之有功于文献，是亦晚报公知遇，区区之情也，幸勿客气为盼。此致，崇高敬礼。晚张次溪上，三十日。

按：是札张次溪钢笔书写，文末有墨笔题字，云："春老亦必增入，请代作一诗。金梁。此老之藏书，草书事迹，亦请代作。"崔旭(1767—1847)，字晓林，号念堂，清代直隶天津府庆云县(今山东省庆云县)人。清道光六年(1826)出任山西省蒲县知县，后兼理大宁县事，政声卓著，深受乡民爱戴。著有《念堂诗话》四卷、《念堂诗草》一卷(收入《晚香唱和集》第五册)、《津门百咏》(即《津门竹枝词》)、《津门杂记》，选辑《沧州诗抄》《庆云诗抄》，编纂《庆云县志》《庆云崔氏族谱》等。崔旭与梅成栋、姚元之皆出自乾嘉著名诗人张问陶(号船山)门下,合称“张门三才子”。张霔(1659—1704),字帆史,号念艺、笨山、秋水道人,馆名绿艳亭。祖籍抚宁,移居天津。幼敏悟,工书善诗,精小楷,取法钟繇、王羲之,草书得张旭神骨。梅成栋云:“先生书法逸古苍劲,人以为宝。城内‘无量庵’额三字系公手书,过者无不仰羡,后为僧换去。”他的隶书直学汉碑,借以摆脱宋隶之习,是较早提倡碑学的书法家之一。著有《欸乃书屋》《帆斋逸稿》《绿艳亭诗文稿》《弋虫轩诗》,以及《读汉书绝句》《读晋书绝句》等。

二

浚公前辈赐鉴:前接诲书并慎老大作拜读,至佩。以赴沪昨始归来,迟迟奉答为罪。北京陶然亭近改建公园,作有小记奉上,乞斧正,并希代书,俾与诸家题词汇裱于卷。未知能蒙俯允否?并请代求慎老一题(并之代求赐题拙作《次溪余录》)。至盼,至盼。附寄素纸,即希垂正为幸。匆匆,即颂道安。晚张次溪上,六月七日。

三

浚公先生尊座:正切敬念。顷接惠书,欣慰万分。承公之自传或年谱盼赐一份,以便教采入《近代学人画传》中。赐玉照及诗社合影,尤为至感。拙编《近代学人象传》又增新资料,此象前排戴镜者,想是仁安师,其他吴子通、管洛声及幼梅师外,多已忘记,荷仍寄上,千祈以便将其他各位姓名加以注示为幸,以便分别放大留作汇编时取材也。大著及仁安师文集一、二编,如尚有存者，祈惠赠一部，因以前承赠之书，为友人借去不还，近因汇辑师友诗文，拟有所采刊也。金息老旧病复发，又艰于营养，自谓恐不能过今冬，状况至可怜，日昨晤对，语多惨苦，亦以与丈遥隔，为五年来一憾事。专此，虔叩道安。晚学张次溪顿首，一月十一日。

四

浚公长者赐鉴：廿年相别，一朝聚首，快慰可知。先岳双榇暨先内兄之柩，均由晚以汽车运京西山安葬，了却二十年来一件大事。缘先岳与我不同寻常翁婿之谊也。此次往来天津共住十日以办理手续，异常费事，心绪不宁，故未走谈为怅。安得与公结邻朝夕促膝，存此心念，以俟异日。顷接惠书并赐书《幻住图记》至感谢，当与汪公之图汇裱，求为寒门之传世之宝。兹再奉上早年两文拟求赐书，并乞删正倘各补一图，尤所切盼，但求绘竹，空出点景地位，由姪求石雪翁补足之，又闻公将出续集，可否求公预撰《张次溪自定年谱序》一篇，录入大集中，俾附骥以传，如晤慎老，亦求代恳题诗。专此，虔叩道安。晚次溪上。

五

浚公长者赐鉴：十一月十一日，诲书早经拜读，承允赐绘《扶疎亭补竹图》，并允赐书拙作图记，至为欣感。一月以来，忙于校事加以个人私事，心境不宁，致迟作答。想劳远念，至歉，至歉。徐丈石雪半月前跌倒，几成半身不遂，现仍卧床不能起。金息老虽所居仅隔一城，以事忙，亦久未往候，因思十五年前津门饮曲之乐，有如隔世矣，念之心悸。兹寄上素纸二幅(另寄)，乞公暇之时，为作一图，为书一记，俾永为寒门传世之宝，则不胜企盼之至。近日北京城内为环境卫生，令所有墓茔迁出城外，先君暨先慈坟墓，均须迁移，一时又无安善之处，及一切再再需欵，尤令人憔愁。闻北京城内有八万座坟，则又不仅我一人如此。因念先岳父母海盐徐蔚如文蔚及先内兄之墓，均在天津八里台吴窑极乐园公墓，未知天津八里台一带情况亦与北京相同否？晚为此事异常不放心，又以事牵，无法到津，敬恳尊者设法代为托人到八里台一看，并盼代嘱极乐园办公室人随时通信与晚联系，如有公家占用，须迁移时，事先通知，以免误事。尊者素以仁慈为怀，对晚向极爱重，谅能代办也。不情之请，敬乞勿却为幸。专此，拜恳。虔叩崇安。晚学张次溪，十二月十四日。

按：徐蔚如(1878—1937)，名文蔚，号藏一，以字行，浙江省海盐县人，生于清光绪四年，幼年随母读书，因受母亲信佛的影响，自幼也礼佛诵经。民国初年曾捐资给金陵刻经处，重刻《西斋净土诗》。民国七年集印光大师文稿书信，出版《印光法师文抄》。复又创立北京刻经处、天津刻经处等，以流通佛典为己任。1937年，抗日战争开始，日军侵占华北，居士与天津佛教居士林，筹办难民妇孺临时收容所，收救难民。

六

浚宣仁丈赐鉴：近数月以来，每日上下班之外加以参加各会，精力交疲，以故疏于笺候为罪。前求书之《扶疎亭补竹图记》暨尊绘幽篁，何时得暇，务恳赐书为幸。顷接三月二十晨快函，承示吴窑公墓消息，殁存均感。先外舅徐蔚如先生名文蔚，暨先岳母徐太夫人内兄徐兆曾，三棕均在吴窑大街三十一号极乐园公墓内，树有石碑，即题徐府君文蔚（三棕在一起），奉祀子徐肇钦。未知极乐园公墓亦在急于迁移否？晚鉴于北京所云公家代迁云云，尸骨乱抛，目不忍睹，故无论如以自迁为安。我公仁者，当有以玉成，则殁存均感大德矣。兹有琐事，奉恳于下：

一、务恳设法托人到极乐园一询，迁坟手续如何？如卢慎之老先生有坟在极乐园，若亦拟迁，如卢宅有工人可托一起代办，由敝处酌送其工人酒钱，何如？

二、迁坟如须铺保在津，晚诸多不熟，可否代托？

三、迁往天津何处较为安当？未知离市区较远之地，有无其他公墓，或有无朋友之地可以在五六年内暂为寄埋之处否？

四、迁移各费乞先代一询卢宅，三棺约须若干？

五、务乞代为事先通知极乐园公墓徐蔚如文蔚夫妇及其子之墓，务乞登记，万勿以为无主代迁，至要，至要。

种种琐事，知公尚义，故敢奉恳，想不见罪也。晚候尊示后，当及设法筹款。因告假不便，届时或择一星期六到津，星期日办妥。故须事先托公代托熟手料理，若候晚到则诸事来不及办矣。又晚到津后，有无旅馆可以下榻？以离津久，诸事外行，亦乞示及。专此拜恳。虔叩崇安。晚张次溪顿首。三月廿二日。

附上拙作一篇，拟求代书并求赐题，以便与图及各家题词汇裱。又叩。

七

浚宣仁丈：顷接诲书至为欣慰，晚少岁旅居津门，得接藏斋诸师教诲，获益实深，故视此土不啻第二故乡，深思搜集津门文献以留纪念。拟辑竹枝词一类记述景物诗词，二十年来虽小有所得，恐遗漏必多，兹将草目附呈，请指正，并希见借佳作，俾便增补为盼。又有请教之处，并乞指示为幸。

一、梅成栋《津门诗抄》之外尚有其他此类之书否？

二、近得崔旭《念堂诗抄》及《津门二妙集》，此书外间易得否？

三、近得杨光仪《碧琅玕馆诗抄》，似非全集，不知尚有其他之集否？

四、杨无怪之诗有专集否？

五、类似张焘所著《津门杂记》之书约有若干种？

六、津人诗集中如有记述景物之竹枝词，能借抄否？

七、近五十年津门故事及文人动态，倘能由大笔记述，必可永垂不朽，不知尊者有此心情否？

八、承允以写竹见赠至感。先公一生最喜幽篁，尝自号篁溪钓徒，敬乞赐绘篁溪钓图一帧。

九、以前尊刻之书如有富裕，盼惠赐些册。

十、拙作《陶然亭》及部份记述《北京街道故事》下月可以出版，届时当寄赠。

专此，虔叩道安。晚张次溪，三月廿二日。

此书最近拟印，故盼赐以增补。

天津景物诗选 次溪编

目录

直沽舟中	宋讷
张氏问津园	沈一揆
津门道中	王幸庆
之葛沽舟中杂诗	吴雯
津门小令	樊彬

此目以外有关景物之诗千祈见告，如尊藏能借钞尤感。又冯问田尚有其他著述否？此人尚在否？

慎之先生晤时乞代问好，并乞代求赠一诗。

八

中国人民邮政民信片：

天津六区苏州道玉川居胡同五号

金浚宣先生

北京宣外烂漫胡同四十九号张次溪寄

邮戳：北京 /1956.3.18

浚老赐鉴：久未通问，极念。近维起居佳胜，著述日富为颂。晚一病几殆，近始转危。长日无聊，因念津门为少岁喜游之地，拟辑此间掌故佚闻及历代有关纪述景物诗词为一编，颜曰《天津史迹汇辑》，素稔吾丈于津门文献搜集极富，未知有此项资料，能见惠否？又最近如有新著，尤以先睹为快也。专此，虔叩道安。晚学张次溪上，三月十七日。

4.章钰致金钺信札

章钰(1864—1937),字式之,一字坚孟,号茗理,号汝玉,别号蛰存、负翁,晚号北池逸老、霜根老人、全贫居士等,江苏长洲(今苏州)人。清光绪三十年进士,曾任外务部主事兼京师图书馆编修。辛亥革命后,寓居天津,潜心学问,对经史、词章、金石、考据各门,无不博洽专精。曾主崇化学会讲席多年,并校勘薛居正《五代史》《契丹国志》《大金国志》《三朝北盟会编》等巨帙,近代藏书家、校勘学家,藏书室名"四当斋","四当"取宋尤延之语:饥读之可以当食,寒读之可以当衣,孤寂读之可当友朋,幽愤读之可当金石琴瑟。因以题斋,以志其尚。主要作品有《集殷虚文字楹帖汇编》《胡刻通鉴正文校宋记述略》一卷,《胡刻通鉴正文校宋记》三十卷附录三卷述略一卷,《黑鞑事略校记》一卷,《章钰会试朱卷》《先考朝议府君事略》《[民国]霸县志》五卷首一卷,《读书敏求记校证辑补类记》《广化寺图书馆检书草目》《国朝古文汇抄补目》《清史稿艺文志及补编》《章氏四当斋藏书目》《四当斋集》十四卷等。

金钺与章钰不仅在崇化学会共事,文字之交亦深,刻书亦相互往来。

金钺《许君疑年录序》云:"己未秋初,予于吴中章式之主政许见钱塘诸迟鞠达令所撰《许君疑年录》,乃主政手抄本,未经刊行者也,其说与陶氏不谋而合……爰假录付梓,取雷氏说文四种之例,与予书并行,用饷世之治许学而欲考求先师事迹者之一助云尔。"

《赠黄道敏序》云:"癸亥长洲章式之外部校刻其先师贵筑先

生《陶楼文抄》成，予受而读之。”

金钺作有《章君式之六十寿序》（《屏庐文稿》卷四），叙及他与章钰之交往与友情。云：“钺初因长洲王君九[①]学部以金石文字之学与式之章君相往还。君与君九为同年，又同县也。辛亥以后蛰居天津，闭门不与人闲事，殷殷惟图史是娱，砺学之勤，久而弥笃，而退然自下，造述虽富，实罕以视人。钺每有所为，必先就正于君，未尝不质以相示，指其瑕而赏其瑜，则钺之不自信者，往往得君言因以自信，而自信者时或因君言而转不自安，而从而改定焉。夫古之学者，其取助多恃乎友声应气，求互益而交勉，故所成就滋大。然而论交甚难非其类也友，且未可既类矣。或无由相通以为友友矣，又或未能尽其诚，亦安望有所相助而受益者乎？然则钺获交于君，君复引为志同气合，而不我遗弃也。讵非厚幸欤。顾吾两人性皆疏阔寡交接，彼此辄累月经年不相见，然每见必倾怀吐素，各出所蓄图籍、书画、金石、墨拓诸物，发箧启椟，罗列满前，相与质疑、问难、审辨，微茫欢愉，鼓舞尽日而犹不忍去，去则再会又不知历几何时。盖君以硕学通才久负重望，慨然于风云诡变之时，踽行默处足迹恒不出乎户庭，钺则孱弱多疾，不耐与众相周旋，凡饮酒博戏，可以联为欢笑者，咸弗与闻。久之与人相接渐稀，而人亦以钺之喜静也，少所过从，则是所云性疏阔寡交接者，殆亦各有微意，积习成例，非必固然也。君九喜音律，暇则集所同好，管弦叠奏，谱曲高歌，藉以陶写性灵，宣泄郁塞，较吾两人之专销磨精神岁月于故纸堆中者，似不至过为寂寞。惜吾两人于此事皆心善之而不能学，各限天性又未可强致也。”另有《又七

---

①王季烈（1873—1952），字晋余，号君九，又号螾庐，江苏长洲人。清光绪甲辰（1904）进士，官学部郎中。博究经史，精通曲律，著有《螾庐未定稿》《螾庐曲谈》等。

十寿序》亦收入《文稿》。

此次整理见章钰致金钺信札一册，今为天津收藏家收藏，是金钺收藏并装帧成册书信之一。收录章钰致金钺信札十通。起于民国六年，止于民国十五年，十年之交往，于书信间可窥一般。书签题“长洲章茗理先生手札屏庐珍袭”，钤“屏庐”朱文方印。

金钺题记云：“此长洲章式之先生钰手札，起戊午讫丙子，汇装成册已越十年。先生卒于丁丑，春秋七十有三，典型婉在，翰墨犹新，旧学商量，辄失圭臬。吾津崇化学会延先生主皋比者十年，惟惜世际乱离不遑泣诵，且鼓箧之士亦多迫于生计，鲜克有终，以故虽桃李广栽而结实未茂，莘莘在望，衣钵罕传耳。先生尺素词翰画妍，晚年书法益加整饬，藉见其准绳自律，老而弥严，经师人师信无愧已。庚寅三月望前二日，屏庐金钺记于心远楼晴窗下。末钤印“屏庐”朱文方印，“浚宣”朱文方印，“钺”朱文方印。

一

前日走谈，窃闻劬学大要，敬佩无任，吾乡不悦学，雷四种束阁久矣。贤者独言之有味，固望斯文之宗自有人也。石字罗列，近闻极为可喜，读讫奉缴，乞验入。余诶读明，敬请浚宣道兄著安，弟理顿首。

二

损示敬承，丹情一义，偶然有会，得事以旁邑其说，遂成的解，辱许补释，亦无以易公言也。少缓缴改藏石。又拜精拓及子游公碑，珍荷，珍苛，愧无以为报耳。余容读面，敬请浚宣道兄著祺，弟理顿首。七月十八口。

三

昨读良快，菉友教童子法奉上，其实公所用方法固与之阇合也。容读明。敬颂浚宣道兄道安，弟理顿首。

四

前奉手教，再书一册，敬收悉。罗自奉缴少迟，即奉诣畅谭。此请浚宣道兄道安，弟理顿首，金老又叩，只家胡同。

五

邮笺祗悉。菉友书倦可留览，承假续书目，一时尚不能奉纳也。另题送正穷居中，久不谈此事，得公时时开牖，何幸如之。有史馆之行，三日归后再诣。敬请浚宣道兄著安。弟理顿首，初八辰刻。

六

日前《许君疑年录》即日详看送缴。乞勿念。左顾适值作无多愢为罪。拓本两轴，乞妥还，兰西后人。本无可题，亦不着墨矣。友人欲得，呈甫，乞伏两墨本，能否见赐数分交去丁最感。此上浚宣吾兄,弟理顿首,十三日。

七

邮笺具悉。《许君疑年录》拟刻大著后,此雷氏五种之前例,似无不可,迟鞠。今君有子,能得文学之传,想必其他说,竢作跋说明乙暵雅湛为寰殊字,两妹字中荷作卖已尽。弟不便留。曾托姑言估值,可五十元,公能留最妙,京信已发。浚宣仁兄,弟理顿首,廿七日。

八

大著奉到,弟于许学无所知,然亦不敢草草读过,须缓数日,缴上,敬闻。此上浚宣道兄。弟理顿首,十七日。

九

枉教万幸,今日无他扰,将大著详读一过,从实献替,感公下问之盛意也。弟于许学门外汉,求详细甄采,过一二日再诣高斋,畅论一切。此上浚宣道兄,弟理顿首。

十

屏庐道兄阁下:闲云偶出,即购还山行国本极无聊赖之事,然就明交言之,见顾出意外,遽别,亦出意外也。先集辑校对审已详。读一过，内言多当，分送同好以广流传。故居将移北也，乞先搬搅，亦极劳扰，承谅。惟珍重，肃候道绥。九月廿八日，钰弟顿首。

按《屏庐续文稿》中收录《章式之手札跋》一文，其中包含三篇，其一本信札之题记，其二、三为再记，未见于书札册中，兹照录如下：

老友式之章先生，春明侨寄，抱病经年，丁丑仲春竟捐宾客。于其病剧时，予曾赴京诣视，虽已手足臃肿，尚克正襟坐，对话旧移时，乃未几，噩耗传来，予亟前往抚棺一恸及歌薤露，再往执绋讵意，迟未数月，世局突惊奇变，蜩螗沸羹讫无底止。先生得先遄返仙班，免罹浩劫，而嗣君辈又能将先生自定之《四当斋集》，于大事甫毕，即用聚珍板急就印成以流布之，亦可谓有天幸者矣。呜呼，海桑递嬗，风调悬殊，而今而后安得再有斯人可与数晨夕耶。孑然四顾，形影自怜，守阕抱残，徒增叹惋，披此册而追忆前尘，遂不觉百感之纷纭也。是年五月又记。

先生别署茗理，曾游雷深之、俞曲园、黄子寿诸老宿之门中，光绪甲辰进士，官外务部主事，硕身伟貌，不类南从。国变后隐居拖道，澹泊自甘。初寓津沽，后移北京。居恒手不释卷，于经史、词章、金石、考据各门靡不博洽专精，是以并世通人咸翕然推袁焉。柴柔至契，怀旧弥殷，拉杂再书，揭其崖略，恍著音容蜡在耳目间也。同月再记。

5.元博生致金钺信札

元寯,生卒年不详,字博生,号伯生,官候补道,工书画,山水得其祖授笔法,亦饶士气。

金钺收藏装订成册书札之一。书签题:“玉牒元博生先生手札”“屏庐汇装”。钤“金钺”白文方印,“浚宣”朱文方印。

是札收录元博生致金钺信札六通。

一

避瘟方三件,共开于一纸,交来人代呈捡收。弟初二日赴都,初五日晚车回津,归来再图畅叙不尽。浚宣仁兄大人。弟寯顿首。除夕。

按:药方略。

二

浚宣仁兄大人著席:寄上大奶奶丸药方一纸,如以为堪用,即送可靠之药店,配食服用可也。再吾兄腹部凝滞,已痊否,念之。经曰土欝则药之,峻攻峻補皆非所宜也。按阴应木,热主人胃,土为燥,脾津既少,复支燥,金之患,胃燥金也。脾家自然滞濇不灵。《金匮》云:脾气不濡,胃气乃厚(厚作潟滞解)。古人疏脾必先平胃者,穷其本源也。前拟拙方用平胃散合连数饮,首重先清胃者,泻胃滞壅热之气,则脾藏自和,非寒凉攻下之谓也。惟公鉴察焉。布此，藉台安。乡愚弟元寯顿首，廿一。

三

晚亦照钟遵赴东兴楼，敬聆雅教，此颂。浚宣仁兄大人台安。弟寯顿首。八月初二。

四

浚宣仁兄大人阁下：昨夕于灯下详揣，令郎支体起粟作痒一症，病虽观于皮肤而根乃留于心藏也。追溯初病之源，本由沸汤伤及支臂，惊恐热毒，皆侵心。君之火，两年失治，蕴蓄之大，上攻肺舍而走，皮毛(肺主皮毛)，下移肝木而助风热，每作抽搐，必在夏令者，亦君火耳，合之时也。症虽已经两年，不致雍阻脾藏而成固疾者，所幸肺舍之气得能外发，而生痒疮，未至燥舍内攻专入肝藏也。经旨方法以出表为轻，入里为重，拙见拟就其风热外向之机，即可力保肝阴，清解蕴热，借势提邪外出，抑可火息风清，粟痒亦除矣。拙见如此，未识高明以为何如？此颂近安。弟寯顿首。廿七。

附药帖一纸。

五

浚宣仁兄青鉴：昨拟药帖三纸，恐其未尽所言，今特分别缕陈，祈鉴察为幸，此颂近安，弟寯顿首。

一、阁下脾滞，腹时痛，皆肝热弱脾，并非脾土木病，亦并无许多热滞，服昨方后必少得溏粪，不稠粘，更无坠之意，即不致作痢疾矣。可改服芍药甘草汤(即白芍，炙草各钱)用以和中，土养肝阴，则症自已。

一、大奶奶连服拙方，心风早解，肝热亦平，经曰二阳之病发心脾，刻下病已向愈，而又早晨微得者，正心火肝热，由脾土解散也。然亦不可久得也。昨拟有木香、芍草一方，如得止，即停服，即应设法挟土润肝养肾阴也。

二、三少奶奶之症，经停八月，脉陷无根，虽勉投两方，弟非不自知为谬妄也。服新方如平之，可将野党改用弃服四剂可也。

六

浚宣先生台鉴：顷谈际忘陈一言，大小妾病故，暂不欲津寓。知之缘大姪女在津养病当未大痊，恐触其伤感，甚为不便也。先生回津於亲朋中举，勿谈此为妙。此颂近安。元甯稽愿。十一月。

6.巢章甫致金钺信札

巢章甫(1910—1954)，名章，字章甫、章父、尚文，别署一藏、玄觉、海天楼主，斋号海天楼、静观自得斋、大遇堂等，江苏常州人，居天津，著名画家张大千门生，精篆刻，工书画，富收藏。巢氏十分敬佩金钺，与之往来书信，多谈论先贤著述及刊刻情况，当时巢氏拟编《近贤生平年表》向金钺请教。

巢氏曾刊有小文《屏庐学人》介绍金钺“幼体至弱，独好诗书，平生淡雅无所营求，独谋校刊典籍，不遗余力。先世遗编而外，傍及乡里文献，《新天津县志》即君出资刊刻者也。最善王守恂仁安老人著述、杂诗文书札，岁为一集，皆君谋付梓为祝寿，真文人雅事也。”

巢章甫是天津的名流之一，与金浚宣往来密切。《劫余录》中称“他已六十五岁，给金的信十九封，所谈多是学问之道。”此处有误，概错将信中“汉章今年六十有五”，误认为巢章甫六十五岁所致。此次整理见巢章甫致金钺信札十五通，这些信中多与金钺谈论学问之事，其中关于刊印图书事项交流较多，涉及晒印、铅印、油印等多种印刷方式。

一

屏庐先生赐鉴：前拜赐书，顷又奉到拓片，二事感刻无似。大集一再盥诵，不轸巧不使气，和易可亲，若公之为人，佩仰和似。近来更悟开卷有益一语之不灵，如多年前友人有得吴白厂自制墨者，但赏其墨之精而不识白厂为何人，故于墨之年分亦不能检断。兹迺于《丛刻》中得之，为之狂喜，香帆去友人亦当大快也。于量盖念尊刊《天津文抄》《黄竹山房诗抄》《芸书阁賸稿》《曝书亭词拾遗》《天津诗人小集十二种》《天津县志》半部本，全部者曾印成本。《天津政俗沿革记》《志余随笔》、王仁安先生诸集及《杭州杂著笔记》等，诸书中必更有能扩吾闻见者。《黄山纪游》述二程事如详。二程皆以学人擅制墨，墨皆致美好，惟自昔藏墨者多误为一人，若复能得此书读之，当可朗然矣。大著《漫简》《偶语百联》与首刊医籍更为身心良药。《说文》《小学》诸书为是治学之本，遂无不一时萦梦寐，伏祈随手检得，即以见赐，感盼之情，非言语楮墨所能尽也。

附呈云巢先生及灵白老人家书各一通，敬乞赐存。灵白老人似是云巢先生德配，先生如能示其行谊，最为感谢。（灵白老人书尚存二三通，先生如喜之，当并以奉献。）闺秀中有此才女，又享高年，至可贵矣，更不知平生有著述否？又箧存有《张船山书札》一册，均致某人先生者，某人某人曰香粳，夫人又与船山先生之夫人为诗友。其中所述不惟交谊甚笃，某人对船山时有馈遗，又极风趣，惜不知某人先生行谊。不知是否汪小某，适好之尊人。读书少，存书少，遂亦久未能考出，不识先生知其人否？想不吝指示也。耑肃，敬颂著安，晚章顿首，廿六。

二

晚归逢构思其句似可改为“恍似遥志清社屋”，长者以为如何？一字推敲字字士结习未忘。诚不免为识者嗤耳。此上浚老世丈，晚章甫顿首。

玉川居胡同五号，金老先生。

三

屏庐先生赐鉴：复示增益处及阅，感且不朽。日来又兼风雪，敬道示，以书代面。春和再诣尊斋巴聆诲益也。来示以林朱目，章惶悚无似，石印之价傥同排铅，或稍廉而（自写值当廉，惟专用之纸墨须印刷局所有之，而书格亦须由彼印好）先生不以拙书太劣者，则仍愿任抄写之役也。天寒诸祈，格外珍摄为幸。耑此，敬颂著安。晚章顿首。

大集事，乞从容拟定，大致总须来春付印矣。顷闻任振老已归道山，不知确否？周立之先生日前逝世。

心疾益甚，百事俱废，惟把券稍能摄心，又苦无书可读，尊刊之赐，虽萦怀，知检取不便，不敢促也。近得曲阜程孺人志拓影本，以其撰书篆。三者俱为女子，又为同乡。翰风先生三女觉尚有趣。特检此一笑也。专此，敬颂屏庐先生著安。章顿首，十二。

四

屏庐先生赐鉴：顷奉復示，并荷。赐示吟篇，欢喜无量。私人刊集发售似不致于禁（只内容无违碍），近时张伯驹（镇芳之子）既自刊其词集，复有出资，属校刊《寒云词》之意。海上去年尚为陈仁先（苍虬）刊其遗著诗词也。有所顾虑者：一则刊印之资颇巨，往往无力为之，木刻尤属费时费，并有存板地址，刷印时人、又纸价等问题。此尽在先生，似无问题。二则至亲好友，虽极盼能得快读，此外真愿读线装书者，至属寥寥，故实际需要部数并不太多。无论木刻、排铅总以部数较多为宜，否则即未免縻费。三则油印誊写后觉过于草率，不成格局。然文字为学者一生精力所聚，不容视其随便泯灭，故章视之甚重，而于先生钦折逾恒者也。章近年来搜集诸先辈未刊稿，以自己既无力任资，朋好中并无其人，遂多未整董画。所集者则有扬州方地山先生之联，又其弟泽山解元诗词，洹上袁寒云先生之诗词，江阴何鬯先生（秋辇中丞之子，名震彝，清季四公子之一）之诗文词，山阴寿石工先生之诗词（词先前已刊一部分），先外舅嘉兴钱仲英先生，讳耆孙之诗词，今存者姑勿论，古人中亦有数种有价值之小品，如《续红楼梦》之作者高鹗有词数十首，石涛和尚写本，大人颂为詹文，傥撰乃以千字文，原来千字完全拆散而成之者，初意每种手抄两本，一者自己保存，一者任人借抄，惟年来多病，兴致精神都减，即抄写一份已感不支，亦以无益，启发独任，少趣之故。近忽思得一法，即用建筑家、工程家晒蓝图之法为之，其法先以墨笔于琉璃酸纸上写好（此种纸各大洋纸店均有售，价亦不甚昂，但较普通洋纸较昂而已），即可交晒图者洗晒（洗晒之工如永兴洋纸行，当可为之），洗晒份数自一份至千百份俱无不可。其写于琉酸纸上之原稿可以自己保存，与照象底板同，可以随时加晒。此种办法便处甚多，并可存书者手跡（晒出后蓝底白字，如碑拓然）若写时谨慎，又可省校勘之劳。其缺点：一则如印部数多，则总算价为昂。如普通六开毛边纸大小，晒二纸张约共须一二千元。然印数少（一二十部、二三十部）则木板、排铅俱合算。二则必须用洋纸（道林纸）晒，或有不喜此者，此种办法章颇拟以小，亦先一试之。顾今日并此力量亦无之，遂徒呼负负而已。（花费不容不刊）倘有意以此法为之者，章愿任钞胥之役，惟一则字既恶劣又不能作十分工楷（只能作七八分楷稍常行书者），恐不当写意也。又此法不妨先以小亦试之，其（琉酸纸）章处尚存少许，祇写成后付晒便可。先生之意如何，敬乞垂示。倘愿知其详，则示及每日会客时间，当于晴暖之日趋前面陈也。息老昨书甚牢抑，盖为两志事废，亦必有书致尊处。息老的是奇才，惟过于好大喜诗，文家多不谨慎处，窃意负债尚属其次，浓恐有逾于此者，殊为之常也。妄论不足为外人道，更不识有当尊意否耳？灵白老人札寄还后，又将其他数札与云巢先生札细勘，可甚为云巢先生眷。唯是否云巢先生之夫人，或为其嫂与弟媳，或表嫂表弟媳，则不敢断定。因云巢先生诗札中一叶，亦致桂航者（云巢先生诗札共四纸，计两通，均以残破，不堪转赠），均称桂航为姪（三姪、表姪）丈，所以知灵白老人之非男子，则另有灵白老人一札（贺春送针线）更知老人不特能书，或具能诗（有取船山诗集一札为证，及奉赠一札借□集）又可证其为沈氏眷属者，则此数札原粘一册。云巢、灵白而外仅有三札，一为毛恩荣称云巢之孙心梅为表妹丈，一为孙晋蝉致云巢书。一则无上下款（有之爱之语，似是心梅或其父辈），兹将此八纸及寄还一纸一并邮呈，既可断定灵白老人为沈氏老夫人，先生不可不存此一纸，与云巢札并留，而使其离散也。就此数札中可知云巢先生之表姪为桂航，孙为心梅，章甫（恰与章同名，可笑）而无及其子者，定已先卒耶。先生处如有沈氏传状、谱志，不难了然。此事虽细，亦先之乡邦文献，而其他三札倘亦为津人，倘考出乞赐示，八纸暂留尊处，不必急于掷还，尚可考则有意趣矣。云巢先生及吴白厂略传，与生卒时代，与著述，能示及大为感谢。耑此，敬颂著安。晚章顿首。廿九灯下。

另尚有云巢诗札一纸，虽未写呈，但先生如愿存，示及，当即寄奉。八纸中如有为先生所喜者，即乞赐留，示谢句客气，以其有关津门文献，存尊处胜存章处矣。

按：张伯驹（1898—1982），原名张家骐，字家骐，号丛碧，别号游春主人、好好先生，河南项城人。曾任故宫博物院专门委员、国家文物局鉴定委员会委员，吉林省博物馆副研究员、副馆长等职。著有《丛碧词》《春游词》《秦游词》《雾中词》《无名词》《续断词》和《氍毹纪梦诗》《氍毹纪梦诗注》《洪宪纪事诗注》及《乱弹音韵辑要》《丛碧书画录》《素月楼联语》等。

五

屏庐道丈赐签：手教奉悉。晚处亦久无应门之人，平时劳力之事多托邻居，熟三轮车夫（即前年诣尊府送书取书者）及电料行徒弟等为助人，皆可靠，倘许其搬检，则乞示及每日以何时为宜，当于晴和之日，属其来往耳。晚病，殊不廖偶至市场，归即种种不适，深以为苦。斗室盘桓，惟书卷相亲耳。而过目便忘了，不能记忆，又时假友人批校本过录遣日，往往又苦无底本。如近假得翁覃溪、钱衎石、顾攀桐三先生批校本《石斋诗》沪友评以钱牧斋《吾炙集》《投笔集》《曝书亭词》《言牍记》《太清春天游阁诗》《叶鞠裳语石》诸批校本，皆未能得底本。又欲校《玉篇》而不能得，泽存堂本校《庄子》而不能得，世德堂本（或他本之有音义者），盖此类书之估多以论斤估也，不事存留，友多难得也。昔之无力置书者，尚可于友朋通看，今且不可得，若丈之藏书盈室者，诚稀若星凤矣。言念想同慨，復自傲也。黄韦斋为窗斋女。大集共四册，分四封邮呈。著安。晚章顿首。即刻。

助力以嘱其听丈从容指挥。将书篋安顿安当后再归也。又拜。

《岁初纪余》《著刊小纪》附呈一笑，续刊各种能荷，并检赐，心所感谢不尽者也。再拜。

按："松鹤斋"信笺。

六

係之壬申除夕前五日。

张文达公山水扇面跋

此无款山水扇面稿为南皮张文达公真迹，著墨无多而神韵自足。闻公早年之作极其工细，晚年几乎相得渐入化境，遂脱却恒蹊自成一萧疏面目也。今之学公画者，其亦思公致力之所从来乎。癸酉七月。

杨无怪山水立轴跋

吾乡杨无怪先生硕学宏才，著述甚富，书画……

平生未能做工楷，正恐为大集点注，镫下目昏，试作一纸，竟不可用，皇悚，皇悚。

按：此巢章甫为金钺抄录文稿时所书。

七

输金刊书毋昭裔，析津方志供资我。惟君为富亦为仁，不与世接反伤感。沪上王佩诤謇，近作《再续藏书纪事诗》函征资，我就所知告之，此录屏庐一绝也。

八

屏庐先生赐鉴：昨奉手教，顷又拜到十二家小集，感何可言。屡荷厚赐，愧无以报，贪求之心，又复不已。弥用皇悚，惟有铭心而已。友人询及华石斧，先生著述有几何者，已刊何者，未刊并及生卒之年，诚属问道于盲，祇有转叩先生耳。倘荷垂示，感谢无量，专此，敬颂著安。晚章顿首。十八。

别封呈上仲穆画印本一份，乞哂纳为幸。

九

浚宣先生道履：展会匆匆相值，未获一倾积愫为憾，其后屡与王汉章媚兄谈及，欲联袂奉谒，又以彼病，此佥未获如愿。入冬天寒更多发旧疾，汉章初病甚危，顷虽转安，四五旬来尚始终未出屋门，章亦以喘咳兼之寒暑蛰伏蛎居，近岁以来因病得闲，惟以披览遣闷而积岁所收，早已易票，乃苦无书可读。朋辈之中亦多如是见。无可借之处。每与汉章话及彼此，同一喟叹而已。前荷金息老惠近著数种，云荷助资刊成，顾分散已整者，尊处或当有副，函属邀乞，不识得荷，付邮赐下否？又章拟编《近贤生卒年表》，添注著作，别字以补，镫下诸录之未备，愿闻见既甚隘，记性又大坏，所就尚有限，其于津门诸老辈，虽或有当时履获奉示者，亦复复不记忆。别纸所记诸公，度先生必详之，敬乞赐予批示，不胜感刻之极。尊刊诸书，昔荷见赐者，亦俱散矣。不识今尚有副可学，来学否耶？章二十年前即嗜险麋，中间隔断，前年在京又复收得明季清初迄乾嘉道咸以来，凡数十品，不乞可玩，闻先生有同嗜，拟选一二为报也。尊藏墨有无目录，颇思一读。往在北京得尽观诸家所藏，并乞书目，当以尹君忆所为最精富，张君芸皋则近来专收康熙一朝，已逾百，亦遂以“百熙”名斋也。石雪属其后，仅得其草草数字，此不识得其刁忽名，殊以为念。天暖病愈，即图趋谒，琐琐，聊当奉教。耑此，敬颂著安。巢章甫敬上，十九。

赐示乞寄五区北平道九十二号

巢所未载而为先生所知者，并祈□示为幸。又拜。

按：“□”为原件残缺。

十

浚宣先生赐鉴：奉赐教签荷，严谱、金著并拜到。允赐述作刊刻，欢忭之情有逾于贫儿暴富者矣。大集既渴思拜读，写刊精而足富心之所念，欲得其全。仁安先生既所至钦，此外既多于津门文献攸关，小学书亦所愿读，又无不可以补。拙编《名人生卒著述表》之不足，真所谓宝剑尚章实愧烈士。津逮末学则当感德耳。惟是求既过奢厚颜启齿亦系心自难安耳。喻糜一丸，虽有断挽以其关蓝光，质极佳，聊足备挥洒而已。剔检渔阳家书一通。有师画册一部，《雁影斋题跋》一册，《竹扉楮目》一册，聊以伴函并敢立报，伏乞哂纳为幸。寒舍久无仆从，兹乃托门前熟车呈上，尊赐诸书能先检易取者，交其带回，以遂先读之快。最所感刻。或须搬动书箧，即饬其为助，亦尚可靠也。耑肃，敬颂著安。晚章顿首。即日。

汉章今年已六十有五，退休后以著述自娱，有盛伯兮、天南遯叟、刘纵庄年谱三种，帖镜一种，稿尚未定，亦无力刊刻也。章嗜好太多，既不能专，又困于体力。所思为者有宋元以来墨人表知见墨录，谈玄篇，敦煌壁画研索，历代墓志征存，宋元词校勘记，所见书画录，石涛诗存，所集资料不少，尚悉待整写，顾彼失此，一无所成其用为愧，最近则慕辑寒云诗词，尚未卒业也。墓志收集尽在自晋迄明约千余种，初思择优临写，纵思仅为抄录，而迄今尚无一目，诚可笑矣。是感皇甫鄰以外尚有几，何种？不识当有拓本否，可检赐否？贞松所义，悉拓三四千种，今已悉化灰烬矣。

按：信笺印“荣宝”。云文图案。

十一

屏庐仁丈赐鉴：手教奉悉。京中打字油印洋纸双面，何足以传不朽之文字。惟值廉，颇足代抄胥之劳，惜不详其址也。息老近年手战益甚，书札字多不可辨。丈若再晤尽一详询。值廉颇足备印者，均当印丈字耳。排铅字过大则嫌拙笨，仿宋美胜。大集各照原式，字大颇宜石印，然普通写手多失之俗，故晚颇有此愿，若拟之结人之于渔阳与近人姜殿扬（《四部丛刊》书眉多出其手）之于海目楼（曲阜颜氏），则何敢望其项背耶。专此，肃颂著安。晚章顿首，初六晚。

按：此信写于1954年，金钺六十三岁。

十二

屏庐道丈赐鉴:奉教及赐书三种,拜谢,拜谢!刊书荷久赐检赐,惟有日夕昭传而已。大著二集付写印,不识是油印,抑石印?倘石印而不亟亟,则章虽病犹愿任写官之役也。祇恐字体拙劣,又力有所不胜耳。耑肃,敬颂著安,并贺春卅百节。晚章顿首。倚枕草草,乞赐宥为幸。

十三

屏庐道丈赐鉴:顷奉手教,荷允赐钧刊各种,感刻无似,谨先为顿首以谢。盖晚入冬以来旧疾加剧,日日高卧而不能入眠(因咳喘不能平息),神志昏昏也不能记忆,终藉披卷以消永夕耳。大集刊成能多赐数本,以寄南中数同好,尤为感刻。周君与孙正刚(铮)俱津上后起之秀,周未谋面,闻顷在成都,执数书跋语,每过宝之,鉴《丛碧》曾谓爱者愧,而见者诚也。倬盦遗稿用美术字体,当夫初写印时,晚即不以为然,而茗生弥自得意,然终以为字大而不悦目,款式一切殊非我辈惯读线装书者所欣赏耳。别对先呈三种,又近以倬老遗笺数种内有一种适符写姓,故以为献,聊供梁翰而已。至乞哂纳为幸,匆匆,敬颂著安。晚章顿首。倚枕草草,即日。

十四

屏庐道丈赐鉴:久病,入冬尤奄奄,始终未获趋谒崇階,罪甚，疾甚。大著二集已付刊未，念念之极，晚欲印师友之作为丛书，即小品力所不逮。夏秋间经始，迄今才成两种。草率已极，附呈，聊待一笑而已。《丛碧词》一卷，《松岑先生名言》一卷，费韦斋四册皆近年所印，《韦斋集》出诸家写印，近时望之为不易矣。辄并奉献，尚祈哂纳是幸。尊刊之书荷详别纸。见赐者尚多十种，念念不能去怀，病中枯寂，盖多明求检□，随时赐寄，诚逾为朋之伤感，足不朽也。倚枕，奉上。肃颂著安。晚巢章甫再拜，廿日。

近刊尚有欲奉献者，以尊址记忆不甚清晰，颇俟赐复后，再封呈耳。

说文许学诸种

县志及志余诸种　文抄

仁安先生诸集

黄山纪游(此与墨事或有纪述野田亦有尽也)

黔行水程记

竹□词补遗

黄竹山房诗及补

医籍

十五

屏庐道丈赐鉴：手教奉悉。息老日前与李鱼老偕照巹谭。得悉打字、油印六千元百份。如纸张、印工、打字之价尚未在内，若印二百份，亦须二万左右，与晚所试印者价稍廉，而字数较多，然印工劣而又同报纸为之，殊非传之久远之道耳。息老复言及徐世昌老、卢慎老著述，亦可以此法印行，恐亦非两老所愿。晚以为刊印则所极赞同，过于草草，殊不可耳。徐卢两老，康址时有（南北）友人见询，惜不能详。丈能见其为幸，顷间书估见告，严范老家拍卖什物，有书籍、字画。书则多全为范老遗著，每种均在百部以上，值此百部诸籍不为人其之时书，书估多不愿留，以捆出，其势非入于收买废纸者之手不可，可为浩叹，复思及欲读之人，想不可得之苦，何矛盾之苦尽耶。卢慎老刊书颇富，不识尚均存否？肯赠人否？晚无力购求到，而多乞求真成书，既可餐笑也，耑肃，谅颂著安。晚章顿首，十一。

叶鞠老遗著似尚有诗谳一帙，或是吴县潘氏所刊者。

图书馆于旧籍多不借读，亦不列目，私家所藏捆载易票者亦无书。乡学之士，既苦无力自买，其亦不易求，公私俱无借书处。如友人陈君保之于各字之学，功力甚深，于甲骨各字大有所得，屡言欲汇各家之作，参订殷礼殷制，即苦无可借读之所，北京图书馆藏书，既富而又可借，但陈君无力于北京税一小屋，书又不能借出携津，望使才学之士不能展其所长，是可庸矣。即其已成之稿，欲求为息老之油印，亦是无力也。偶忆及之，辄以奉闻，想丈亦为发浩叹也。又拜。

按：陈邦怀（1897—1986），字保之，别号嗣朴斋，江苏省镇江市人。是我国学术界最早搜集和研究甲骨文的学者之一。古文字学家、青铜器专家、中国考古学会名誉理事、天津社会科学院历史研究所顾问、研究员。著有《殷墟书契考释小笺》《殷契拾遗》《甲骨文零拾》《殷代社会史料征存》等书。①

①《怀念陈邦怀先生》，天津：《天津师大学报》，1987年03期。

7.李琴龛致金钺书札

李琴盦(1902—?),原名子墉,著名中医,曾为金浚宣治过病。1962年他编写《近代名流瓜葛录》,内容包括天津名流之间有瓜葛者七十余家,金浚宣也在内。此次整理,共见到两人往来书信八通,最早见于民国二十九年,最晚见于1963年,由此推测李琴盦与金钺书信往来二十余年。

一

浚宣仁翁大人有道:久仰德望,未亲麈教,惆怅之至。尝从桂山兄及叔扬兄处见到鸿著, 拜服无已。弟收函有孟筱藩先生诗册,孟志青先生诗手卷,敢请先生慨然赐题,则拜赐无既。恭请颐安。教弟李琴盦顿首,庚子四月十一日。

外附诗册、诗卷两件。

按:庚子即1960年,金钺69岁。信笺印有“士宝制笺”。钤“李琴盦印”白文方印。

二

寿金浚老七十

孟春佳日寿金翁,欣届七旬气倍充。

杖履依然崇古制,衣冠不改旧家风。

屏庐编纂征文献，幽室潜修味道功。
敬祝期颐身体健，子孙繁庶德声隆。

谨呈浚公仁兄大人斧削。弟琴盦未定草，辛丑春日。

按：此信写于1961年，金钺生日为正月廿七。以下三至五均书于是年。

三

浚翁仁兄大人惠鉴：昨午登龙寻瞻槼范荣幸之极。仰睇贵恙轻减爽然欣忭无已。是征蔼蔼吉人，允占勿药，鄙怀顿释，可喜可贺。此后对清湿益气、健脾养胃剂可以多服二帖。贵状胸满及食无味，纯属湿盛脾滞，消化不良之象，人工自疗法，可夕夕行之，久则日健少疾。附奉小照一帧，率尔题字。惟祈嘉纳处不避弄斧于班门。奉上拙作《六十述怀》一首，敢乞斧削，赐和，但不急之，需俟贵体康复，再为劳神，以期装池，而光寒门亦胜。拜恳之至。匆草，恭敬痊安，并颂宝潭延厘，教弟琴盦拜，辛丑二月初九日。

附小照一帧，小诗一页。

浚宣仁兄大人惠存：

久钦大君子，陋照表寸心。
昨遂瞻韩愿，尚冀锡南针。

李弟琴盦敬赠，时年六十，辛丑二月初一日。

四

屏庐仁兄大人道席：松年姪赍到手示。承赐佳和，琳琅盈篇，增光寒门，拜赐良多。孟春下澣，欣逢仁兄杖国大庆，勉撰俚句，藉伸祝忱，班门弄斧，使公齿冷，尚乞郢致，藉资趋步，无任感祷。至友马子桢君久仰我公画竹巨擘，拟不日晋谒拜教，仅此先容。松年姪谈及尊躬尚有不适处，颇以为念。附呈渗湿利水消肿小方，请试二帖。否则赐示，当即诣府一诊。请勿客气。谨此拜草，恭请颐安。辱教弟琴龛顿首，辛丑四月初十。

处方笺　姓名：金浚宣；年龄：七十；性别：男；处方日期：六一年五月廿四日。

健脾渗湿利水消肿方　合欢皮　商陆　生芪　车前子　五加皮　猪苓　山药　川牛夕　川萆薢　泽泄　防己　生杜仲　木通　六一散

按："天津红桥区海会寺四一号/中医师李琴龛/部证第〇九九四八号"公章。

五

覆示拜悉，刻想贵体定必复原，至以长念。前敝友马子桢君专诚晋谒，请即慨教等身受也。此上浚公仁兄大人道席，并颂夏安。教弟琴龛顿首，辛丑四月廿七。

六

屏庐仁翁大人道席：久疏候函。渴念弥刻，维道躬安，吉文祉增祥为无量祝，顽躯托福如恒。兹以世事如梦，转眼沧桑。用特编辑《近代名流瓜葛录》，现集有七十余家（土著者十分之七，客籍者十分之三），奈以不良于行，颇感孤陋寡闻之憾。弟所据之资料为县志、续县志、新志、天津志略、津门杂记、津门纪略、津人各诗集、各乡试朱卷、缙绅名人寿言录、哀荣录、名人年表各笔记、各文存、津门诗抄、津门征献诗及抄诸友好口述者，尚有各墓志。关于贵府世系三代子孙瓜葛略有管窥之集，但草草从事，难免遗珠，而且大画师龙节先生与子昇公之关系不清楚。兄台之令高曾祖讳字、爵秩、简史及令哲嗣文孙名字、技能、擅长详以示知。竢祈将所开之贵氏世系单，凡有关系者，请提出指明，以便注清敝册，拜托，拜托。不胜待教之至。草此，敬请秋安。教弟琴盦顿首，壬寅七月廿七日。

附贵氏世系单一纸：

尊斋为存各乡试朱卷、寿言录、哀荣录，社不见出，暂假搜辑，示知走取，用毕即奉赵。

津门金氏原籍山阴，理盐卜居天津，家祠在城内府署街路南。

金平，谱名安平，字子昇，原籍山阴，游天津遂客焉。起家盐筴，礼贤右士。著有《致远堂诗集》四卷。生五子，长大中。四子卜居城隍庙东，比邻而居，二百余年。女适山阴俞肃瞻，生女，为钱文端夫人。

兄治安，字子宁。

长子大中，字驭东，号名山，河间学生。

孙女名至元，字载振，一字含英，适查莲坡，订婚九年，结婚未一年而殁，遗有《芸书阁剩稿》。一时有双璧之称。

长孙玉冈，字西崑，号芥舟，又号黄竹老人，大中从子，以布衣终。著有《黄竹山房诗抄》。工诗书，善画，自成一家，尺幅片纸人以为宝。从孙女名沅，字芷汀，号阅梅女史。适梅成栋。

与安平公服属最近者即金安治一支，道光间举人。金漢字杏林，是其后也。若金相、金坤、金绍骥、金铨，世次不可考，皆同族而各为一支。金镕，金刚敏公父，金溎荥之后，今在太原。金铭、金瓯，安平公之孙，嘉庆元年进士，知县改教谕。

外孙俞金鳌。

金菊舫，龙节之孙，善画。子梦余。

八世孙钺，字浚宣，号屏庐。父汝琪公，字润圃。光绪壬辰年正月廿七日生，现住三各庄苏州道玉川居胡同五号，民政部员外郎。

金钟，麓孙，监生，山西知县。金镛，麓坪，监生，山西知县。金宝淥，云溪，监生，山西知县。金宝瑜，绍横，监生。

按：首钤“缄口铭贺”朱文长方印，末钤“李琴盦”朱文椭圆印。壬寅即 1962 年，及后“七”写于是年。

七

屏庐仁翁钧鉴：三月捧读尊示。书是。拜悉。已照录册中，假务纷纭，未克即复，祈宥。兹随契友马子桢兄之优藉伸积愫。叔扬兄于八月初六日丑刻归道山。谅公早悉。老成凋成无任怆怀。敝集《近代名流瓜葛录》由在蒐辑中，惟对近邻之振法、黄宅尚多茫然，如俗呼黄大瞎子及黄三大王皆不知名讳、字号，敢祈兄台有以示及，则拜赐无既矣。匆达，即请颐安。教弟琴盦顿首，壬寅九月廿日。

八

岁逢癸年，修禊卯户，迎春令节从头数。韶华满眼，来刻，维屏庐仁翁大人开年以来鼎祺皂懋，潭祉增祥，为祝无量。顽躯托福如恒，堪以告慰。绮注贵体定必日健。敢请宜多运动，更可间用土茯苓、双花各示代茶，久有祛湿清头之益。年下子桢兄莅舍，附笔致疾，究日诣府拜教。草此，敬请颐安，顺贺年禧延厘，教弟琴盦顿首。癸卯正月初四日。

李琴盦年六十三岁，光绪壬寅二月初一日亥时生。

按："癸卯"即1963年。

8.徐世章致金钺信札

徐世章(1886—1954)，字端甫，号濠园，徐世昌堂弟，天津人，北京译学馆毕业，留学比利时，民国元年回国后历任津浦铁路管理局局长、交通部次长、币制局局长等职。民国十一年随徐世昌下台隐退天津，从事房地产开发。好收藏文物字画，尤于集砚和玉著称，卒后其家人遵其所嘱，将全部古玉、砚、玺印等捐给了国家。未刊稿有《客洛日记》不分卷，藏于天津图书馆藏。《濠园藏砚手札》不分卷，藏于天津博物馆。《适园漫录》，民国二十五年(1936)影印本。

其喜藏文物字画，亦喜刻书，与金钺有交往。金钺藏信札有四通是其写给金钺的，内容均为刻书事。有二通是询问周焯《卜砚山房诗抄》刻印情况，称他急阅此书，并告之已移居伦敦路居住等事。

一

浚宣先生阁下：违教忽忽经年，今日午后正拟趋访，以电话称询，今年暑期并未迁移，未得晤谈，至怅。顷闻为近印周月东先生《卜砚山房诗抄》不知已否出书，如已出书，乞赐一部。电祈示下，便当派人走取也。弟现移居伦敦路，画致距公处愈远，容稍后再专诛趋候也。此请祈安，并候复至。弟徐世章顿首，七月朔。

按：周焯(？—1750)，字月东，号七峰，天津人，卜砚山房为其书斋名。雍正府学拔贡生，工诗，以苦吟著称，著有《卜砚山房诗抄》。《卜砚山房诗抄》为金钺辑刊《天津诗人小集十二种》之一，据此推之，此信写于1935年前后。

二

浚宣先生阁下：顷奉垂电，敬悉一一。悉言感谢，惟弟现急待查阅《卜砚山房诗抄》，敢请先行将《卜砚山房诗抄》赐交来者携下，余者候文松尊收括事，再行经下。前书上之便面实不甚清，今再奉上一叶并伴以《书髓楼书目》，乞赐正。入月来连绵细雨居然秋气稍返，当趋教。高四先生近晤否？乞代致悉，奉顿首，敬上勋安。弟世章顿首，七月二十日。

按：钤盖“徐十”，白文长方印。

三

屏庐先生客下：昨奉手书，文楷印书成，盛意至感，将来何时印时再行奉达转知。又弟近印先伯《适园漫录》及方世孺，覲奉上各二部，一以赠公，一以请转彤老为感。节后清宋，再当趋教。奉示承动驾。弟如若当时在家也。弟章再顿首。十三。

按：据信中云“弟近印先伯《适园漫录》”推之，此信写于1936年。

四

屏庐主人著席：以承惠示再至数种，均得收悉，容即转交大家。兄近刻各多，未敢当分，前捡送《许学四种》刻印之精，故是传亦《铜鼓书堂》弟已购得，承指示感甚言，再趋谢。重阳前后拟归否？公及彤老来焉，当一叙，藉以畅谈彼此。拙居寓远，走访不易而怅，无时不记想左右也。专此敬谢，即颂道安。弟世章顿首。彤老晤时呈为道致，悉悉。

按：信纸上印有："度一切苦厄，丙子初夏，迎翠别墅制。"丙子即1936年，由信笺纸所印"丙子初夏"推测，此信当写于是年。

9.赵元礼致金钺信札

赵元礼（1868—1939），字体仁，又字幼梅，号藏斋，天津人。1918年在徐世昌支持下当选为直隶省国会参议员，曾任直隶省银行监理官、天津造胰公司经理、中国红十字会天津分会会长。晚年与严修、林墨青等组城南诗社，并参与星二会、增福社、俦社等社团组织活动，诗酒唱酬。工书法，与严修、华士奎、孟广慧并称津门四大书法家，著有《藏斋集》十三集，《藏斋随笔》十笔，《藏斋诗话》二卷，《藏斋续诗话》《戊寅重九分韵诗存》《藏斋居士临观海堂帖》等。

与金钺多有往来，他在信中称金钺"仁兄大人"，偶尔称"金十五爷"，自署"弟"。赵氏对金钺画竹十分欣赏，多次致函向金钺为己和他人求画，尚谓"努力学之，作公门下之高足"。从所见信件中可知，赵元礼对金钺非常敬重，曾将自辑之《藏斋随笔》七笔、八笔向金钺请教。金钺为人处事不善应酬，赵氏的信中曾言其"顾视清高，大有闲云野鹤之致"。民国二十八年二月为纪念严范孙先生八十冥庆，赵氏特作诗一首刊于二月十三日《庸报》文艺栏，并赠金钺一页保存。

此次整理见赵元礼致金钺信札五通，时间在民国二十六至二十九年之间。

一

金十五爷浚宣:《仁安先生四集》收到,敬谢。久思谒公痛谈,病不去身,奈何?寄去拙作两本,又寿言一本,请阅存,博笑而已。弟礼叩头,五月卅日。

又画竹否?过日拟求画一扇。

按:钤“问道庵”白文方印。据信中“《仁安先生四集》收到”推之,此信书于1937年。

二

浚宣先生:昨夕酷热,未终席而逃。公不入坐,而徘徊往来,顾视清高,大有闲云野鹤之致,欣叹欣叹。新刊《七笔》两本呈教,无甚高论,幸教之。公前赐画竹多幅,回移居忘记庋于何处,如失环宝,能再检赐多叶乎?此发棠之请也。阅壁臣病已见养,此上,敬问道安。弟元礼顿首,八月三日。

按:《七笔》指《藏斋随笔七笔》。钤“赵夫子”朱文长方。据信中“新刊《七笔》两本呈教”推之,此信书于1937年。

三

浚宣先生:所求书画册页正拟函催,乃蒙颁下,感谢无似,并惠画式念纸,当努力学之,作公门下之高足,何如?此复,即问刻安。弟元礼顿首。九月三日。

按：钤“藏斋”白文方印。

四

浚宣先生：新秋荐爽，惟起居安吉为颂。次妻豫生，酷嗜书画，谨备素册，一求请书，一求请画竹，用作珍秘，幸不惜笔墨。日来又病，只得休息，即问日安。弟元礼顿首，九月十一日服药后。

按：信笺印有“藏斋”。

五

浚宣仁兄大人道长：比未聆教，惟起居安吉为颂。昨在南皮张氏宅为陪，壁老题主病势十佥六七，颇为庆幸，知念附闻。年前，贵宗大本先生以所编《津人著书目》相示，公签注甚夥，弟以为似应按经史子集分目较为大雅。金君非立图书馆，何必习此洋习，未审公以为何如？此书须送还否，请示？送上乞书画者四件，求赐墨。又拙辑《八笔》求教，幸指其疵谬焉。此问道安，弟元礼顿首，二月十四。

梦龄系女教员（竖条）。范老昨日为八十冥庆，弟以一诗为奠，见之《庸报》文艺栏，其纪念品系一便面，奉赠一叶，望查存。

按：據信中言“范老昨日八十冥庆”推之，此信写于1939年。

10.姚彤章致金钺信札

姚彤章(1874—1942),字品侯,号研曾,又号苏斋、布帆,祖籍浙江余姚。清代乾嘉之际,姚氏祖辈举家北迁,定居津沽,有“鼓楼东姚家”之称。清光绪末年以监生宦游鲁西南各州县,曾署山东曹州府知府。民国时期曾任天津县营务处承审官、河务局局长,唐山警察局局长。中央古物保管委员会成立后,任委员。民国二十五年任河北第一博物院长兼天津广智馆馆长。能诗、工书,喜好收藏,尤嗜金石书画、烟壶及古砚,曾向河北第一博物院捐献文物逾三百件。所藏古砚最具代表性的是元代倪瓒遗砚,此砚经元人倪瓒、明人唐寅、清人张照递藏。著有《畿辅先哲祠崇祀先哲牌位》《仙蝶童缘》等。

姚彤章亦好刻书,曾用聚珍版印行其祖姚承丰《稔斋诗草》,姚承恩《朗斋诗草》,分赠亲友,亦留心刊印乡贤著述,校订、印行了樊彬《畿辅碑目》,收得梅成栋遗稿《吟斋笔存》后,与金钺一同,将其付梓,以广流传。另于书肆购得沈青来遗稿,包括《青来馆吟稿》十二卷,《题画诗》二卷,《日记》三册,均无卷次,邀请金钺一同鉴赏。随后,金钺从《日记》中抄录出嘉庆四年游黄山诗,加之《吟稿》第八卷的纪游诗,编刻成《黄山纪游》。

姚彤章与金钺同喜金石书画,好收藏,好刻书,交往当多,然此次整理仅见姚彤章致金钺信札二通。

一

展上正得谈,快甚,快甚。抄竹坡老人书绫本条幅诗,又野田老人书楷册一本，奉赠珍袭。特致浚宣贤表既鉴家。彤章顿首，三月十九日。

（一）

客子理归装，殷勤谢良友。
车马久未至，特喜淹留久。[1]
衹此意所恋，去去频搔首。

（二）

云间白板屋，两亩青莲花。
流水绕村落，过桥是我家。
不为忆莼鲈，亦为营桑麻。

（三）

兰为王者香，竹抱君子节。
臭味何必同，各自保清洁。
此意老梅知，清心共求雪。

（四）

终南有佳境，欲往愁多露。
苍茫烟露深，保无歧途误。
驱背再夕阳，笑指还乡渡。（邑河名秋浦作）

（一）

风清霜筒重朝端，去往无心胸次宽。
臆别故园经廿载，落花流水谢蝉冠。

①此句后原注：家人买车来接，久不至。

（二）

萧然襆被去青门，此日虽情怆安魂。

卜尔到家何所事，且待耕读教儿孙。

（三）

竹篱第舍傍麓家，朝看青山暮看露。

回首凤城珠履客(伴)，岁人间淡送生涯。

（四）

溧阳我昔住三年，乡社风光在眼前。

壤畔藕花村畔柳，何时卜筑共林泉。

光泉考功索书，迟迟数月未报。适秋浦侍御归里，有留别之作，余亦有送行诗，遂集录就正焉。竹坡金世熊并识。

按：钤“姚彤章”白文方印。

二

前日奉到惠赠新刊印《黄山纪游》《王仁安四集》二种，久晦得显，并留天壤，特此申谢。纪游中“英葵斋”应是“莫葵斋”，即校原稿，是误。因检《人名大词典》：莫春晖，清黟人，字广元，号葵斋，移寓吴门，年十五，省父。娄东王愫曾授以南宗正派山水。疎老苍秀兼工。殿版能修补，盼亟改正。屏庐主人鉴，彤章顿首，二月杪。

按：钤“彤章”朱文长方印。据信中所云“前日奉到惠赠新刊印《黄山纪游》《王仁安四集》二种”推之，此信写于1938年。

11.王新铭致金钺信札

王新铭(1870—1960),字吟笙,天津人,清光绪二十三年举人。民国十八年调天津市教育局任职。二十一年在天津东马路创办民立第四女子小学堂,自任校长二十余年。能诗善联语,工书喜篆刻,擅画山水,粗毫皴点,不拘成格。新中国成立后,曾任天津市文史研究馆馆员。著有《啸园楹联录》十卷。

金钺与友朋信札中多处提到此人,但王新铭致金钺信札此次整理仅见一通。

浚宣仁兄惠鉴:昨谈甚快。兹查《黄竹山房诗抄》卷六第五页十三行十七字“绝”在句之第三字,平仄皆可,似无庸议。《诗抄补》十四页五行十六字“舸”仄声想系“舱”“舠”等字之误,又《诗钞补》卅六页十二行十七字“徧”应是“偏”字之误用,特条举,即希正鉴为荷。顺颂著祺。弟新顿首。

12.金梦鱼致金钺信札

金梦鱼,生卒年不详,为金浚宣族孙。此信中录出了金龙节清光绪壬辰十八年在一副四尺中堂上面题写的文及诗。龙节之孙是金菊舫,菊舫子梦鱼,梦鱼呼金浚宣为十五叔祖,故金浚宣也应是金龙节的侄辈。兹将金龙节题画录出一部分,这对于考订金浚宣的谱系是有用处的。

吾家以画传者,自吾曾伯祖芥舟,公、伯祖永和公、岭云公、堂伯芥孙公、堂兄润田公、堂侄向宸、志青，并侄孙声斋、雨文、侄曾孙小斋，皆以画名，及侄玄孙思荣亦知顾陆吴诸法，卒笔即成小景。究未能揽胜探奇，如芥舟岭云公者，足蹑名区，目目古秀，凡山川幽邈、竹杖穿云、酒瓢挂月，五岳之奇，林峦之夥，鲜不括尽笔端，诗卷焉。其高怀抚爽令人景仰不置者已百余年矣。予昔有志遍历名胜，恒为家计所缚，是以拈笔，虽久未睹云秀真气以豁襟胸为憾事，今贫而病且惫，洄溯壮怀，盖消磨迨尽矣。爰作斯图，藉舒抑郁，复拈一诗，以付恩荣孙藏之。梦想为劳已有年，脚跟虽着九州烟林泉与我原相约峦壑云胡竟寡缘应月啸猿思故友晓晴尽系鹤挟飞仙笺时得晤山露面，一罄胸怀阔别天。壬辰冬十月，龙节志。

此系龙节公晚年作品四尺中堂，很好，抄录原题句寄呈一阅(得暇再将原画送上)。原题句内错落三字，可见彼时生活情况精神并不甚佳，润田、向宸公画不甚精，亦不多见，声斋、筱斋公因去世较早，大幅少见，雯公作画尚多，将来如有机会有统系明集印成册，亦一美事也。对核芥舟公作品评价，自可提高，请十五叔祖大安，孙梦鱼谨上。

13.金墉致金钺信札

金墉，事迹待考。与金钺信札一通。

竣宣十五弟如面：前由范幼芝、翁振清转去二函，不知收到否。前者千辛万苦，危险万般，到特一区又进法界，不获金面。惟律师法院日日威逼，曰：法警、巡警挤满屋院，押令腾房。现值四面水围，房倒屋塌实难找房。伏思灾民尚有发商慈善搭窝铺安置住宿饮食，所备周道，况我弟兄同族承让四十多年，这一时勿相逼迫，三小女受惊恐得病，日前而去，老妻因此卧病未痊。我全家性命不保，两餐又万搬为难，生诚不如死。非怨弟也，是我自作孽，吾弟行此举，乃为势所迫，不得已为然。弟高声一呼，群声响应，兄则受尽苦难。我弟兄见面自有妥商完善结束办法，能否许我见面。我的一切动产俱已查封拍卖，前日律师协同法院法警并雇脚行多人硬拉一切动产，乡邻街各长出来说项，暂缓三日，试问吾弟兄尚能活乎？煮豆燃豆萁，豆在釜中泣。叩恳吾弟俯念同族，先行通知律师法院，缓为执行，等候水退，有房再接续办理。我弟兄见了面亦不难解决也。门前法院布告贴满街巷，亦有布告上写：金浚宣与金墉为欠租一案查封动产。又贴布告数项上写：金竣宣与金墉为欠租一案拍卖动产。来往行人亦短不了亲友，如看戏一般，街谈巷议，兄脸面不足惜，深为吾弟叹息也。兄亦月余饮食懒进，按此律师法院三日一小逼，五日一大逼，能保住全家生命乎？兄并非以生死恐吓吾弟，不过表白兄现受苦难情形，求弟法外施仁，以全蚁命，世世不忘吾弟恩德。兄心乱如丝，心急如焚，文不成言，幸原宥于格外也。专此，顺颂秋祺，并候回示。兄墉顿具。十六号下午发邮。

按：见《劫余资料》“一般书信”。“竣”当为“浚”，从金墉书写金钺字号之用“竣”字可知，墉虽与金钺为同族，但平日往来并不多。

14. 金兴祥致金钺书信

金兴祥（1878—1941），字颂清，浙江秀水人，诸生。书画家金尔珍之子，以经营古籍书画为主的商人，与罗振玉有合作关系[①]。金兴祥与金钺也有来往，有一通金兴祥回沪前写给金钺的信，表示对金钺的敬重，并感谢金钺赠其前刻三种，精刻四种，共十二部。

浚宣先生大人有道：前日晋谒派聆教言为快。顷尊纪来，适弟至罗斋，归寓后拜读。手书敬悉。书是。承赐尊刻三种，拜领之余，曷剩感谢。又精刻四种，共十二部，悉数收到，当遵示办理。弟明日回沪，匆匆不及趋辞。饯春时节，尚拟北上，再图领教。专肃鸣谢，承请台安。天气春寒，诸维摄卫。弟金兴祥再拜。二月初七日。

15.翁之熹致金钺信札

翁之熹（1896—1972），字克斋，江苏常熟人，天津市医学图书馆创建人之一。出身臣宦之家，其父翁斌孙（1860—1922）为清末藏书家。此次整理见其致金钺书信一通。

浚宣仁丈大人阁下：违教日久，时切怀思，顷由津寓转到手书，藉审餐卫咸宜，颂慰无量。承惠令先集，拜领敬谢。《曝书亭词补遗》尊刻甚好，流传广远，艺林佳话。敝本蒙掷，还，感感。熹自夏间奉调来岛，忽忽半载，明岁拟迎家兼及眷属来此，此间宛如

①丁小明：《罗振玉致金颂清书札》，上海图书馆历史文献研究所编，上海古籍出版社，《历史文献》，2013年。

乡居,亦一桃源也。耑此申谢。敬请道安,诸惟蔼照不次。世晚翁之熹顿首,谨拜。丙寅十二月四日。

按:丙寅即1926年。

16.周善培致金钺信札

周善培(1875—1958),号孝怀,原籍浙江诸暨,后定居四川,清光绪二十二年举人,四川劝业道臬司,曾任全国政协委员,著有《周易白话注》等。其与金钺往来书信,此次整理见一通。

昨扰敬谢,明日正午袛具蔬筍,敢乞枉临一聚。浚宣先生,周善培顿首,十月初六。

17.张颐致金钺信札

张颐,生卒年不详,字亦湘,宁波人,诸生。其与金钺往来书信,此次整理见一通。

屏庐道兄阁下:顷到利亚,奉到承赐精刊先世诗集等四种,感谢之余,当焚香拜读也。敬颂箸安百益。弟张颐再拜金先生。

按:所用信纸为八行,红栏,印有"金石书画研究社用笺"。

18.陈中岳致金钺信札

陈中岳(1897—1965),字诵洛、颂洛、侠龛、侠堪,浙江绍兴人,曾任河北磁县、肃宁县、天津知县。为严修赏识,是城南诗社骨干及社长,著有《侠龛诗存》《侠龛随笔》《蟫香馆别记》等,整理出版《严范孙先生遗墨》《严范孙先生古近体诗稿》等。在津与文友吟咏唱和,并留下许多诗文。金钺与之书画往来,亦将刻书赠与陈氏。此次整理见陈中岳致金钺信札二通。

一

浚宣道兄见惠先德芥舟公《黄竹山房诗抄》赋此志谢

青藤书屋数乡贤,黄竹山房足比肩。(金氏之先为会稽籍。)好饮好游都有癖,其诗其画两能传。故居待访荷花荡(集中有《至藕荡村故居》诗,今绍兴有荷花荡村,疑即其地),先垅还留太极田(集中有《太极田屋基》诗)。异代风流通肸蛮,一编惠我亦前缘。

陈中岳拜稿。

按:钤盖“嵩若”白文方印。

二

浚宣先生见惠书画便面赋谢

屏庐手临智永书,高浑大似李秀碑。

仁风推送满襟抱，更写修竹三两枝。
先生雅致世共知，藏庋更得娜嬛奇。
云龙追逐倘可期，泠泠荡我空中思。

中岳呈稿。

按：钤盖"侠堪"白文方印。此诗收入张元青《陈诵洛文稿续编》。

19.沈曾迈致金钺信札

沈曾迈（1900—1969），字斐庐，安徽合肥人，曾在李鸿章的后裔家里教书，是当代著名古籍专家沈津的祖父。曾任北京大学教授，著有《记吴缶庐论书琐阁》。此次整理见其致金钺书信四通。

一

曾迈鲁下学茗，所得前一再见，未为君子所弃，幸何如之。旧文若干首，奉请诲教，坿以折扇及金文拓片，唯赏收也。肃颂屏庐先生箸安。制沈曾迈顿首，五月六日。

按：钤"斐庐"朱文长方印，八行朱栏信纸。

二

前见未多领教，本月廿日午后当拟趋谒，未审先生有暇否？

届时再通电话，兹代王慈生君敬求法绘折扇一面，坿函寄上。暑热干冒，鉴任惶悃，肃上屏庐先生，并颂道祺。制沈曾迈顿首，六月望日。

按：所用信纸上刻“聚美斋”。

三

前日冒昧以敝友馆事奉讬，辱蒙慨允，至为心感。兹此君已由另处聘定，前恳乞，作罢也。所求画件，拟请于下月五日以前寄到，否则即存尊处，容待面取，渎神尤感。浚公先生尊鉴，沈曾迈再拜上，十一月廿三日。

四

昨承画扇数面，心感之至，濒行匆冗，未及走谢为歉。又近作小文若干首，原欲面呈求教，亦未能果。统竢开岁之春矣。屏庐先生尊右。曾制迈拜上，十二月一日。

按：以上见《劫余资料》杂订手札。

20.苏春庭致金钺信札

苏春庭，生卒年不详，事迹待考。此次整理，见其致金钺书信一通。

浚宣先生赐鉴:久仰清誉,未识荆州辰维。杖履康强,潭祺百益,慰如所颂。昨接徐镜波先生来示,知前恳代乞尊著《辛酉杂纂》荷蒙慨然惠赐,已代领珍存,候觅便掷下,阅之欣幸何如。我公对于民族文化基础深厚,学有本源,著述宏富。前于《屏庐漫录》已见一斑,俟捧阅《辛酉杂纂》,更当饱我眼福,益我智识,启发丰富,为惠良深。据镜翁诗注,知我公效法二陶,造诣上确有把握,而晚则愿效我公,惟以驽钝,恐瞠乎若后,望尘莫及耳。颐养余暇,祈一赐教言,藉资策励。耑肃鸣谢,祇颂康绥。晚苏春庭谨上。六月八日。

21.徐宗浩致金钺信札

徐宗浩(1880—1957),字养吾,号石雪,石雪居士,祖籍江苏武进,生于北京。中国近现代著名书画家、收藏家。1952 年 11 月被聘任为中央文史馆馆员。金钺《屏庐续文稿》内,民国三十八年己丑,金钺五十八岁时为徐宗浩诗续稿、文稿作序,题为《石雪斋诗续稿序》《石雪斋文稿序》。金钺《屏庐题画》徐宗浩为其题写书签,落款为“毗陵徐宗浩题”。

此次整理,见其致金钺信札一通。

屏庐先生侍史:正深驰想,适奉手书备荷远注,感纫无既。弟十八日赴通省,盖是日大风,归后觉身痒至深,至沐浴不慎滑倒,震脱左股腹环,延教医治,最后始约正骨家刘君道信为之托接腿部肿痛,不能沾手。仰卧十日始渐好转。现肿已消,痛亦止,惟筋未舒，以致伸缩动转均不自由，授医，云非静卧二三月不能复元，只得安心静养，用行锦念。前月，政院搜罗遗逸，承聘为文史馆员，月可得七十万元，幸有此可以医伤之得失一乘除也。近有句云：忧危未已元关命得失相兼，敌怨天并以奉陈。肃此，鸣谢！敬颂道安。卧榻依依。弟宗浩再拜。十二月十五日伏枕书。

22.杨京勋致金钺信札

杨京勋，事迹不详，待考。其致金钺信札一通。

浚老尊鉴：月前承教，为情奉嘱之件尽向主管略陈，言旨申达。尊意方极为纫感。弟以彼此情面綦重，未肯明示，即乞长者酌夺。见示为荷。肃此，承请颐安。晚杨京勋拜启。十一月三日。

按：信笺为“天津特别市财政局第十区稽征处用笺”。

23.张晋侯致金钺信札

张晋侯（1892—？），事迹不详，待考。此次整理，见其致金钺信札二通。信中晋称金钺“浚弟”，并言“我等已五旬”，知其与金钺同龄，略长几日。

一

浚弟如见：会城别后，即至日法交略界归入行列，由法捕指引，渐次前驱，僭越至首，正值检队吃饭之时，稍候刻余即以入室检问，含糊已极。至家才七时谓半，计由动身迄乘舆至家仅一刻又四十分。可谓爽快之至。金钞真谓力哉，贿捕之钞草勿令幼气付，既费力又费钞，居心实谓未安。晤时希代谢，是要。以上情形请电三局二三七七舍姪处，或将专函掷看，以释綦念。琐事今日稍息，当明日申谈，谓何意见，再为函达咨兄。今日午后来索衣之意甚切，已嘱少泉，何时来后即以约晤。劭询兄致兄之函望再邮回，邮政局真好买卖哉。专此，即请刻安。兄晋顿首。十一月十九日八时。

昨晚所发之函与兄同时进门，亦巧矣哉。

二

浚弟如见：自居尊厲已两月有余，往返京津亦已两次，屡归混入危城，想尽方法竟不得其门，勉强进入又恐难得出路，天寒衣薄，急待还京，乃思函商较为简捷。不待入城面罄矣。令嫂意在分炊，进而起诉，兄劝导之，概以和平息讼为是。至舟至三（已尽十余次之晤谈）仍属坚持长者将不知让至如何情景，近旦得一法（以下皆兄意，所谓第三者参言）。伊姑媳言谈承以（月费、杂费等）不敷开销为词，参以他事。不言其大者，只言琐屑，是鉴于此事之易调和也。伊每月由账房支八十余元，拟请加增若干，以多为妙，其他用度虽不能与弟平行，当优为之，较前增益，或熄离釁之纷。弟近日之不付月费已四个月，不给其装煤炉与购煤炭之款，适激其怒，于兄之调解深为掣肘。上项各物已备齐款，皆未付，向兄借洋四万元，清付各项，兄即却之。俟与弟谈，或借，或支兄不得随便主张允、否字。知不可以小节牵动大事。试问吾弟对于分炊乐乎？否乎？乐则速面商谈，否则顺兄之梯下台，事半功倍，兄对此事始终不归，激成大错，而弟所施之策，皆逢彼之怒，息事激事实莫能明。将来账房各事亦可令孝印与松柏加入办事，不能支用钱文，外事令其应答，内事令其整顿，踞而观之，以总其成，岂不乐甚。我等已五旬，优游林下，弄孙养志，以息仔肩，当寿享期颐也。毋蹈涸鱼之辙，则幸甚无矣。专此，即请刻安。小兄晋。□希示覆。十月十九日夜。

按：民国三十年，金钺五十岁，此信写于是年。信中“我等已五旬”，推“晋”当生于清光绪十八年。“□”为原件残缺，难以辨识。

24.张子彬致金钺信札

张子彬，事迹不详。此次整理见其致金钺信札一通。

浚老惠鉴：只以交通梗阻，致违雅教时届半载，每忆丰范，神驰左右，比维履祉，凝床起居，纳祜允符所祝。此次津埠洪水为患，波涛涌汹，顷刻之间将繁华之区变成泽国，逃而不及者葬身鱼腹，弗可胜计。流离颠沛，无家可栖，此尤为惨悯。苍天作孽，实由人之大劫使然也。舍间遭水难后首迁河北左人石承审（秉珊）处避水（该君与赵幼梅君相善，据云数年于城南诗社相识阁下），只因该处屋室狭小，避水人位多兼之蚊蝇群集，弟有两月小孩，不堪其扰，故不惴冒昧投至尊府以避水难，叨扰将届两月，贱躯及全家得获壮健，不啻兄台所惠顾也。衷心铭感，何可笔述。惟刻下经排水作业之神速，大半亦次第落净，理应迁回原址，无如弟，所居房浸水过久，潮湿之气逼人，且年老失修，坍坏一角。因有弱小婴儿，实有害于卫生，故已解租，从新再觅相宜住室，但又需要急切，一时难得。在此情形下实感对不起，除仍寻找外，惟有酌奉报酬。因知兄台慷慨好义，忠厚待人，不情之处，尚请予以原谅是幸。余究面

谢，敬请勋安，诸维爱照。弟张子彬顿首。十一月二日。

按：以上见《劫余资料》中“一般书信”。

25.钤致金钺信札

钤，生卒年不详。金浚宣有许多房屋出租，由其为金钺跑房租及房屋修缮等事情。此次整理见其致金钺信札十通，每封信都是向金浚宣报告收租情况、欠租情况、修房情况，其他纠纷等事。从信里知道住户有：赵树荣、宁宅、田起林、张顺廷、德兴栈、田雨泽、救世军、赵士君、张恩泰等。

一

浚公大鉴：闻祠堂对过房地契纸日内可由租界取来，但闻诸松年云：三太太有下列各意见：(一)三太太因报载宋律师广告谦益堂下无三太太之具名似不满意，拟请宋律师再登报声明时须有三太太之具名；(二)或由薛万选律师与宋律师共同登报声明该房地产权确非金世杰所有，并一面由宋律师向财政局法院登记处、捐务处分别上呈证明；(三)问于登记费请由我公支给，谨

就所闻报告,即请台察。关于登记费支付办法并请函示。顺颂刻祺。钤顿首,三月十八日。

二

浚公大鉴:昨日裕如来此,仍询问李二爷有信来否,其意或不仅在家具,尚希望补助费也。家具前奉函发还,然当此新纠纷发生之时,应否发还,抑再稍事慎重。请迅予示下,兹将三月十六日至二十日收租清单及收支清单附呈,祈核,即颂刻安。附三月十六至二十日收租清单、收支清单各一纸。钤顿首。三月二十一日。

三

浚公大鉴:本月十八日暨二十一日寄国民饭店两函,均于昨日退回。十八日之函内关于登记费一节,请示为何办法。函二十二日松年取去。一百元办理登记,当时既未接复,而事在紧迫,势处两难,权其轻重,终以公与三太太共同保此产权为急务。与鸿梿商酌,亦以为然。至三太太方面,亦经涉讼则另是一事,故权付登记费,以免因小失大。怀庆西里经鸿梿率刘成再经勘估核减为五百八十八元二角,较前次所估减少二百五十余元。前估系墙壁全部涂灰,今改为仅涂下半部分,俗谓穿裙子,此系最低之价,不能再减矣。以住户屡催,即照此数开工,原单照抄,请即再为查阅。兹将退回之信,改寄区庽,即祈查阅。尚有二十五日寄报告单之函,亦寄国民饭店,俟退回时再转寄。即颂刻安。附退回信二件。工料估单抄件一份。钤顿首,三月二十八日。

修理怀庆堂西里房屋工料估单

计开

屋内通上亮白

屋内段间落地重修

现时各工料增涨的价目

青白灰八千斤　拾元贰角元　今洋玖拾元六角

麻刀八百斤　一元八角　今洋壹百元四角四分

土六车　叁元　今洋拾元捌角

稔草七个　捌毛　今洋肆元贰角

新瓦三佰块　陆元　今洋拾圆柒角

担水茶水　捌元

工夫弍百五十名　壹元贰角　今洋叁百元

以上共合洋五百八十八元二角

三月二十七日刘成估

四

浚公再鉴：兹先后收到张九爷夫人暨林次和君讣文各二件，张宅即送幛料，林宅为何，可否亦送幛，即祈速示，为发引日迫时，即由此间斟酌办理。但两家与尊府关系为何，小款称谓颇难自拟也。即请再鉴。铃再启。

张宅夏历四月初三日送路，初四日发引。

林宅国历五月十一日送路，十二日发引。

五

浚公大鉴:前由国民饭店退还二件改寄区寓,想已收到。惟由二十一至二十五日收租及开支报告单，亦寄国民饭店并未退回。十八日寄国民饭店快信一件,亦未退回。兹另缮由二十一至二十五日收租清单、收支清单,暨三月份收支总清单,一并寄上,即祈校阅。怀庆西里修理迫不及待,即日开工,合并附阅。专此,敬启,顺颂台安。

付三月二十一至二十五收租清单一纸,又收支清单一纸。三月二十六日至二十九日收租清单一纸,又收支清单一纸。三月份全月收支总清单一纸。钤顿首。四月初二日晨。

按:见“劫余资料”第三十八件。

六

浚公大鉴:救世军修理房屋已解决,即日可动工矣。该户租价系山田律师事务所经收,此间无租折等类不易查考。惟闻鸿梿云每年约二百九十元。查山田律师事务所收租清单,本年曾经钤两次转寄,请查阅。此单或知确数。源茂新函商去后,今晨派人来对核五百元之租金,似嫌多,函请减少。又云今冬或不能动之,待明春再议,但前云担任修筑费之半数,系盼急于落成,俾敷居住。若明春修筑彼仍不愿担任此半数之修理费，此处修理费估计之数前已函达,刻下未解决者其症结在房租。查房租不解决,修理之迟延,修理迟延则前允担任修理费之半数因之亦成问题矣。况明年尚须有请领获照之手续乎？裕如今日下午又来催询发还棉衣之事，答以尚未接复信，请再稍候。又闻赵树荣拟不上告，前订其租折亦由当户缴还。盖当户已退租矣。但彼拟向联合法律事务所仍租该房，另行订租折，亦可云剩交矣。其余赵士君、张恩泰两户，恐不久或亦踵赵树荣之情，向我方续租。此事既已半数解决，鄙意似可先将棉衣等件提前发还裕如，俾御严冬。高年遭此，亦殊可怜也。尊意如何？鸿梿喜事帖（阴历本月二十四日）有公三份，以今日系星期六，邮局停工半日，明日系星期，后日系圣诞节，亦放假（此信寄到亦必延期），故一时尚未寄上。如何应酬，悉请早示。俾遵，专此，即颂冬安。钤顿首。十一月十三日晚十钟。

七

浚公大鉴：陈顺廷、德兴栈已转告鸿梿催询矣。又山田律师事务所前订代收房租之合同已经期满，是否续订，请示复。又李二爷嘱鸿梿及田雨泽赴东站迎韩焌曾灵柩，并送奠仪二元。查帖上订明系十四日新时刻二时到站，但接信时已在是日下午新时刻四时，已赶不及，只得作罢。雨泽近日未到宅，并未晤面。请便中转告李二爷为托。兹将十一日至十五日收支清单开呈。祈核。即颂炉安。附收支清单一纸。钤顿首，十一月十五日晚十时。

裕如今日下午又来，即以最近所收函中之意告知。

八

浚公大鉴：李二爷已于前（十八日）回城宅矣。承询裕如家具，兹持第一次运来之清单抄奉，所有物品名称及价格均系法院所定识，第二次系棉衣及碟碗等瓷器，暨零星日用物品项目，有清单也。右侯三爷及大奶奶(居沙河县)下月届年，问应否照端午、中秋之例另加。祈便示。前日收到刘宅(河北新大路)讣文一份，已转寄。发引时日迫促恐不及应酬矣。陈子桢连日未来，故其经办田起林房一节无法询问。田起林于水灾后曾自建房屋两间，果成交出手，此项亦须于事前妥为研究也。兹将十六至二十日收租及收支清单随呈，请察核。即贺新禧。钤顿首，十一月二十一日上午十时。

附十一月十二日至二十日收支清单、收租清单各一份。裕如家具清单一份。

九

浚公清鉴：二十二日函奉到。惟此间所闻山田律师事务所与宁宅租约情形与尊函所示颇有异同，据鸿椎所述山田事务所对于宁宅租约因故不愿代管，宁宅则以有某种关系要求山田事务所仍继续代管，请求杨大爷代为恳求续订租约，云云。至我方房租十二月份有少数收入因水灾期内各户逃散并未住房，自免房租两月。水退后再免租两月，盖自八月至十一月无房租收入也。其他代管之房租亦均如此。以上系鸿椎报告。在接奉二十二日函之前，兹以限制函件，故并入此时报告。裕如房住户就此间所知赵树荣请求宋律师继续租住，但在争持组价中，另有一户已与宋律师订妥租约，租价或系每月每间四元，不知确否？其他一户则未详。海藏法师来谢帖，今附上。并持本月二十一至二十五日收租及收支清单各一纸，附呈鉴核。即颂冬安。钤顿首，十一月二十五日九时。

附二十一至二十五收租清单、收支清单、谢帖各一纸。

按：以上六至九，背面被金钺用作稿纸，书写《云水萍踪跋》等文。

十

清单随呈请核，即颂旅祺。嗣后由二月起，帐房饭分即照尊函每半月连点心分各开支一次仆役饭分每十日开支一次，即按一次出帐不必每日分别出帐，以免纷乱，尊义如何？钤顿首，正月二十一日。

计附金城银行（东马路支行）汇款回单一纸，请修被灾各房清单一纸，正月十六日至二十日收租清单一纸。

26.之方致金钺信札

之方，事迹不详，待考。其致金钺书信一通，言退租换房之事。

浚宣姻弟大鉴：多期不晤，甚念。兄住房业经觅妥，不久移徙新址罗家胡同东客屋院，现在是市立六十二小学校租赁，请吾弟来临接收，并祈将四箴堂所立租折带来，兄亦将学校租折交还吾弟，以清手续。兄近来久病不愈，俟迁移竣事，拟赴京西山养疴，约秋后始能返里，风烛残年，又兼多病，长此以往，不堪设想。肃此，敬请暑安。小兄之方顿首。

再者,吾弟倘不得暇,请孝昂世兄前来接收为最妙。之方又及,七月十日。

按:见"劫余资料"第三十八件。

二、金钺致友朋信札

1.金钺致张寿信札

张寿(1877—1947),字君寿,号铁生,天津人,清末民国时期国学家。庚子事变后,绝意仕进,力辞天津议会议员之职,以读书挥毫为乐,后与陈荣甫创办《醒华画报》,意在开发民智,唤醒中华民众,热心创办女子学堂,倡导女子礼仪道德,同时与高凌雯、王守恂等人编纂乡邦文献,宣扬天津乡贤功业。他擅长诗文书法,富于文物收藏,精于文物鉴赏,通晓各种书体,尤以隶书、行书驰誉书坛。其隶书以汉隶筑基,汲取晋碑、魏碑笔法,贯通宋元意趣,形成自家法度。其行书锋芒峭劲,神韵飞扬,深得宋代黄庭坚、米芾书风之精奥。其弟子有王颂余、龚望等人。

金钺刻印图书中多有从张寿处抄录,或张寿藏抄本为底本进行校对、刊印。此次整理,金钺与张寿往来书信,仅见一通,于天津社会科学院图书馆藏《黄竹山房诗抄》朱印本内藏。

《黄竹山房诗抄补》已刊成,奉乞鉴正。尊钞本奉缴。迟日破久,甚歉歉。旧刻《天台雁荡纪游》兹又用原钞本校一过,八页前一行只应是"积",八页后四行"垒垒"(下为"山")应是"累累",三十页前三行"谁"疑是"樵",三十二页尚有错行,其余小误如"藤"

应作“籐”(如藤葛),“渡”应作“度”(如度岭)之类,均一一修板改正,实亦一快事也。炎热逼人,余不一一,即请君寿道长兄箸安。弟钺顿首。五月望后。

按:钤印“金屏庐长寿”朱文圆印。《黄竹山房诗抄补》刊成于民国二十一年,金钺跋文在八月,据此推之,此信写于1933年。

2.金钺致李凤鸣信札

李凤鸣,不知为何人,待考。金钺与李凤鸣有房产交易事项,此信为金钺向其解释并未有毁约、改售他人之意。金钺写给李凤鸣的信一通,草稿。

昨奉来示:敬读回环,不胜错愕,鄙人因乏用而售产,自欲急速办完以资挹注,奈因枝节横出,阻挠进行,总无妥协善策,私心焦灼与阁下正同。乃阁下反怒及鄙人,而加以诈骗之名。窃思彼此交易,两相情愿,何诈之有。往虽曾蒙通融惠款,当将全部契纸悉交贵处收执,并于原收据注明:如有纠纷原款退还,并赔偿一切损失。自出纠纷后,即已设法周转储款,以待何时见索即照约履行,又何骗之有?如此罪状百思莫解。或者阁下轻信留言,疑为产又他售,微论鄙人不能作此儿童之举,且全部契纸现在贵处,吾何所凭而能复售?此不待智者,而知其流言之妄也。至刑事诉讼,云云。夫事实之是非究不外乎情理,若果情理有亏,刑事不可也,民事亦不可也;若果情理无亏,民事可也,刑事亦可也。然鄙人迂拙,素守自审,生平绝不敢有丝毫越轨之行,况今已衰朽,余年复与人何争,无论刑事、民事皆懔终凶之戒，以求避免者，非必刑事，便闻之生怯，民事即习而不怯矣？伏念仆与台端素昧平生，由兹卖买而生干系，既无嫌更无怨，倘因小有误会竟致燎原之殃，似甚无谓，尚祈稍安勿躁，反复熟思，望霁雷霆之威，以全日月之明，临书惶悚，统惟垂察。李凤鸣先生台鉴，金屏庐拜启。四月十四日。

按：此件见“劫余资料”第四十件。

3.金钺致尚兄信札

尚，不知为何人，金钺以“兄”称之。待考。此次整理见金钺致尚书信二通。

一

尚兄惠鉴：拜奉手示，庄诵周环，倍承教益，深感盛情，而字字针砭，尤使弟惭愧无已，前尘既往，夫复何言，惟有汗颜而已。尊议一切主张甚为美善，是无不可协商者，弟琐琐诸端，有笔墨碍难倾泻之处，非俟晤谈，莫由详尽，奈何，奈何？咫尺在望，如阻天涯，焦灼之状，两地想同然也。至“代筹及将来”一节，老成远虑，益堪钦佩，即私衷，亦曷尝不馨香祝祷，以冀如斯？只恐事与愿违，徒萦梦寐耳。肃覆，俙肊统维垂察，敬颂崇祺不既。弟钺顿首。十月二十三日。

按：此信写于“天津国民大饭店馨记用笺”，饭店位于“法租界三十二号二十一号路”。

二

尚兄如晤：昨承枉过特一区故寓，铭感曷极。弟治家无法，律严已罪。内省循环，咎戾滋处多而兢兢焉。今昔相较，虽乏创业之才，尚尽守成之责，瞻念前途，未容肩息。设或根本一摇，难免枝叶随枯。自问非败家之子，何致落此下场耶？因是极愿欲笔掬诚，惟冀罪我者曲加体恤，俾获保全。不然，则不肖空存改过之心，奈绝还善之路，将来名裂局残，死不足惜，独惧无颜归觐先人矣。耿耿孤怀，幸邀洎鉴。诸希荫翼不宣，弟钺拜言。己卯六月二十八日。

按：此内容金钺劫余资料中有二份，一则写在一页“天津国民大饭店馨记用笺”上，即为文中所录内容，另一份写在二页金钺常用朱栏信纸上，多处修改，当为此封之底稿。此件见“劫余资料”第四十件。己卯即民国二十八年（1939），金钺四十八岁。

4.金钺致罗振玉书札

罗振玉（1866—1940），字叔蕴，叔言，号雪堂，晚号贞松老人。江苏淮安人（祖籍浙江上虞），近代著名文献学家。书法善篆、隶、楷、行。著有《贞松堂历代名人法书》《高昌壁画精华》《殷墟书契》《殷墟书契菁华》《三代吉金文存》等。民国八年在天津举办京旗赈灾事务。民国十七年末，迁居旅顺。

金钺与罗振玉的往来，在金钺《与罗叔蕴君会谈作》诗序云："上虞罗叔蕴君振玉著作等身，国变后遁隐海东，予心焉向往。戊午春二月，曾藉邮筒与通往还，嘤鸣之意幸获同情。"戊午春，即民国七年春，金、罗二人的交往应当从是年信件往还开始。

罗振玉在初来津后也表达了谢意，赠送给金钺一些礼物："冬十月初，彼偶返国过津，以所著书及炷香笔墨等事见贻，会饮于章氏四当斋，剧谈竟日。"(《与罗叔蕴君会谈作》)

金钺第一次见到罗振玉，对其印象"其年未及六旬，神固超越，须已尽白，于此益见著书之苦矣"，作绝句二首以志。其一云："沧桑相共逐浮沉，独志孤行有几人。博得名山传盛业，拚将白发未辞辛。"

金钺与罗振玉之间更多的是在学术上的探讨，这一点在罗振玉寓居辽东后，依然不曾改变。民国十七年底，罗振玉离开天津，寓居辽东。金钺与之依然保持联系，书信往还不断。罗振玉会给金钺邮寄自己认为有价值的资料、最新著述，而金钺也都能做到认真拜读。

罗振玉去世后，金钺把罗振玉给自己的手札整理成册，《罗贞松手札跋》，信札收集起戊午春，讫辛未夏，由上海到天津，后迁居旅顺时期，往来书信。即民国七年戊午(金钺二十七岁)至民国二十年辛未(金钺四十岁)，十余间往来信札。此则题记写于辛卯(1951)，金钺六十岁。并作跋语云："此上虞罗贞松先生手札，及其初由海东旋侨津沽，寻复移寓旅顺，先后所贻者也。起戊午春迄辛未夏，嗣后烟尘莽莽，天各一方。徒萦云树之思，无复雁鱼之寄。流光如驶，忽越二十年矣。今先生墓草已宿，而予亦景迫桑榆，饰巾待尽。感怀耆旧，能勿黯然？先生卒于庚辰，年七十有五。"

距罗振玉离世也已十一载了，再次翻检、整理罗振玉写给自己的手札，金钺内心是凄楚悲怆的，所谓“徒萦云树之思，无复雁鱼之寄”者。由此跋语，足见金钺对罗振玉的无限怀念之情、追思之意，亦可想见二人之间深厚的交谊。

《屏庐文稿》卷四收录金钺《复罗叔言书》一通。

未修笺敬，瞬已数月，起居何似，正切驰思，昨奉手书，如亲謦欬，并承惠新出土汉马姜墓记拓本一纸，大著《论语讲义》《辽居稿石经残字集录三编》，各一册。祗领敬谢。汉墓志此所创见得尊跋考证之精详，足已焕发幽光矣。讲义快读回环，至堪倾佩。读《士不可以不弘毅》《三军可夺帅也》二篇，懦夫亦当为之一振，又《后生可畏》篇内“先当具转移世界，不为世界所转移之志”数语，《知者不惑》篇内引申“天下虽乱，吾心自治之义”数语，是何等胸襟，何等气度，仰见讲学之纯，信道之笃，养气之刚，微君子吾谁与归？复蒙别纸手录近作《瑶篇》五章见示，庄诵之余，低回感动。弟诚不自知，其酸楚之何从也。忍泪看天，惟有长太息。耳迢迢千里，良晤难图。遥想山居清静，人事罕通，举目海天，辽阔中风涛百变，则一切得失，顺逆之来，必都云烟视之矣。率布区区，言不尽意。辛未四月。

按：辛未即民国二十年(1931)，金钺四十岁。

5.金钺致王崇烈书信

王崇烈(1870—1919)，字汉甫，山东福山人，王懿荣之子。清光绪二十年举人，二十四年，授直隶候补知州，后经保荐为候补知府、候补道，驻天津。在经学、金石学、训诂学方面颇有成就。著有《史宬存稿》和《殷墟文学解》《智雨斋文集》等。

《屏庐续文稿》收录《王汉甫手札跋》云："福山王汉甫先生崇烈为文敏公之子，承其家学，竺嗜金石，书法尤酷肖乃翁。此其手札若干通，皆在戊午已未间者，盖先生即卒于己未之秋，年未周甲。时予方二十七八，今踰三十年矣。俯仰之间，沧桑几易，缅怀旧两，感喟良多。尔时，予将有《许学四种》之刻，曾出稿本与之相商，尚蒙长札参订，怂恿精雕，即册中末一通也。惜书成后，先生已不及见矣。庚寅二月。"

按：庚寅即1950年，金钺五十九岁。信札收录内容为金钺二十七八时与王汉甫往来时通信。此次整理未见原稿全文，待访。

6.金钺致章梫书信

章梫（1861—1949），名正耀，字立光，号一山，浙江省三门县海宁人。著名学者、教育家、书法家。新中国外交家章文晋的祖父。清光绪三十年进士，殿试选授翰林院检讨。历任京师大学堂译学馆提调、监督，国史馆协修、纂修、功臣馆总纂，邮传部、交通部传习所监督、北京女子师范学校校长等职。辛亥后息影津门，曾参与宗社党复辟活动，与在津遗老共组"俦社"，日以诗酒酬唱。晚年笃好草书，在书法界有一定称誉。天津解放前夕，离津赴沪，旋卒。著述《一山诗选》《一山文存》等。《章一山手札跋》为其居天津时与金钺信札，起丁丑即民国二十六年，金钺四十六岁，迄丁亥即民国三十六年，五十六岁。前后十年。

《文续稿》收《章一山手札跋》云:"此章一老侨津时贻予手札。自丁丑讫丁亥,前后十年。是秋南旋,越岁,已丑卒于杭州,年八十九矣。回首前尘,抚简三叹。一老名梫,字一山,别署抱冬,浙江宁海人。光绪甲辰进士,入翰林由检讨官至学部左丞。沧桑遯迹,笃志不渝,著有《一山诗文存》行世,尤善草书,黑知驻点黑南,逸趣横生。至八十后作,心手相应,犹有玉润珠圆之致。以视山舟何多让也。嗟乎,玉堂遗献,云散风流,古调不弹,新花异样,似此清华妙墨,其在今日,益足视为五云之彩,袭而珍之者矣。辛卯四月。"

按:辛卯即 1951 年。

7.金钺致刘锡孙书信

刘锡孙,生卒年不详,事迹待考。从金钺信中言"来书持论实获我心",可见金钺对其来信说述之申十分赞赏。《屏庐文稿》卷四,收录金钺《复刘锡孙书》一通。

来书持论,实获我心。因思茫茫世路,万众纷纭,南人经营于北,北人勾当于南,彼来此往,肩随踵接,頟頟然,日夜奔驰于车轮舟楫闲者,果何为耶?盖无非趋名逐利而已。唯名与利知为人人之所必争,而吾澹然,稍存退让之心,则身安意适,便觉绰有余裕,遂省却许多烦恼,故曰:高明之家,鬼瞰其室,古贤有明训矣。率复数行,聊博莞尔。甲戌十月。

按:甲戌即 1934 年。

按金钺致友朋信札，由《屏庐续文稿》中所收《王汉甫手札跋》《罗贞松手札跋》《章式之手札跋》《章一山手札跋》《高彤皆手札跋》《王仁安手札跋》可知，金钺收藏装帧手札并以题记者有此六种。但此次整理仅见《章式之手札跋》一册、《王仁安手札跋》一册，其余四种未见原件，此次整理仅从《文稿》中将《复罗叔言书》《复刘锡孙书》整理，并将未见函札之题跋，一并整理，其余待日后访求收集。

第二章　金钺著述研究

第一节 金钺诗文集

金钺一生著述成集，并刊印者有六种，即《戊午吟草》《许学四种》《辛酉杂纂》《屏庐文稿》《屏庐题画》《屏庐续文稿》，收录其六十岁以前的诗文著述。六十之后之作品，未加整理刊印，本文加以整理。

一、《戊午吟草》一卷

是书为金钺著述第一部，亦是其刊印的第一部书籍。戊午年为民国七年，金钺二十七岁。是书为金钺诗集，收录其戊午一年所作诗文。有民国八年铅字排印本，民国九年刻本，二个版本。

民国八年铅字排印本，有牌记云“己未五月刊”，卷首有“戊午十月之金钺”照片。其《自序》云：“近人诗文集日见其多也，予之所作不过勉成韵语，以自怡情而已。本算不得为诗，且区区之二十余首之数，亦要印行，未免太好多事矣。郑板桥自叙其《家书》曰：‘有些好处大家看看，如无好处糊窗糊壁，覆瓿覆盎而已。’吾亦云然。”

民国九年刻本，有刻书牌记云“庚申秋月刻于京师”，当为文楷斋所刻，钤印“天津金/氏雕印”，朱文长方。卷末钤印“屏庐/

学人”，白文方印。刻本无金钺照片，铅印本无朱文钤印。

是书收录民国七年诗作二十首，包括《戊午八月九日感怀水灾行》《中秋感怀》《寿武进臧振甫先生八十(并叙)》《题家塾师生合撮小照》《望儿八岁题者年二十七》、《中秋步月》《书辛亥正月官服照像》《哀梁巨川先生》《公园访菊(时尚未开花)》《与罗叔蕴君会谈作》《再题家塾师生合撮小照》《题家塾壁》《屏庐读书歌二首》《自题四岁照相》《课字》《命子》《书戊午十月俯案小景》《自嘲》。

是书体例，先古体，次今体，惟四古其体先于五古反列之于今体后者，盖不敢矜为好古。

金钺诗作前多有小序，或说明诗作之缘由，或为人物小传，亦或民俗等。如《戊午八月九日感怀水灾行》云：“丁巳秋季，津门水灾为从来未有之浩劫。其决口也在八月初八日，而氾滥于租界者在初九至初十日，则繁华靡丽之区尽为鳞介出没之所矣，陆路行舟，凄凉满目，曾几何时，岁月已周，缅怀前状，历历在目，因感概纪之。”

人物小传，如《哀梁巨川先生》云：“梁济，字巨川，广西桂林府人。光绪乙酉科举人，官民政部员外郎，辛亥后征为内务部主事，不就，上书辞之。丁巳复辟前，上书张绍帅阻止复辟。工书法，精鉴赏，喜扇子。收藏书画不下数百，佩戴扇络等物件多半为乾嘉时物。戊午十月初七日，在北京积水潭投河死，年六十岁。”

天津民俗，如《自题四岁照相》云：“像服僧袍，科头，盘膝席地而坐，其时四岁，今年二十有七岁，相去二十三年。津俗以小孩许寺为僧可长命，至十二岁还愿，蓄发，谓之跳墙。”

二、《许学四种》五卷

金钺自称“予性偏静，岁月多闲，闭门读书，藉以自遣。而于许氏说文一书，尤冥心孤往，孳习忘倦。触疑则伥伥如痴，有得则惊喜若狂。”(《说文约言跋》)“素有说文癖”(《说文约言序》)，“取雷氏《说文四种》之例”《许君疑年录序》，命其书为《许学四种》。

四种包括：①《说文提要校订》二卷，(清)陈健侯撰，金钺校订；②《说文提要增附》一卷，金钺辑；③《说文约言》一卷，金钺辑；④《许君疑年录》一卷，(清)诸可宝撰。

金钺撰有六篇序跋文字，包括《说文提要校订序》《说文提要校订跋》《说文提要校正附跋》《说文约言序》《说文约言跋》《许君疑年录序》。详细阐述了其对说文之学的观念和看法，以及成书之过程。

《说文约言序》云：“说文之学近二百年来烂焉，鼎盛老辈箸述层见迭出，曾曾小子复何埤坿，惟是歧说百端，莫衷一是，每因一音一义之搜讨，致连篇累牍，舌敝唇焦，学者于说文之体例，许君之事迹，六书之意义，尚未明了，展卷先意惑神摇，将何从着手耶。予素有说文癖，积思成痗，寝馈念兹，今因《校订说文提要》一书遂举所闻于古者，提纲撮要，参以己见，著为此篇，名之曰《说文约言》，俾学者略得端倪，庶可为读其全书之导引耳。管窥蠡测，愧不及前贤万一。若谓批郄导窾，则吾岂敢。篇凡八，曰叙次如：言说文部首及说文总义第一，言六书义例第二，言转注由来之误会第三，言六书次第及名称第四，言说文中之古籀第五，言说文有大小字本及提行本第六，言字母第七，言小学第八。”

《说文约言跋》云，二月起撰写，末伏日告成，历时半年之久，可见其用功之深。

《许君疑年录序》云："己未秋初，予于吴中章式之主政许见钱塘诸迟鞠达令所撰《许君疑年录》，乃主政手抄本，未经刊行者也，其说与陶氏不谋而合……爰假录付梓，取雷氏说文四种之例，与予书并行，用饷世之治许学而欲考求先师事迹者之一助云尔。"

"近日坊间石印本亦未加检校，即照旧本印行甚矣。著书之难而校书亦正匪易也。"(屏庐文稿卷一《说文提要校订序》)

三、《辛酉杂纂》四卷

在金钺的著作中最能反映其学识、思想、抱负当属《辛酉杂纂》。该书包括《漫简》二卷、《屏庐臆说》一卷、《偶语百联》一卷，书中有读书笔记，也有独具特色的文学作品。"所论不一，皆身心义理之学，读书有得之语"，"非好学深思、澹泊宁静者，乌能道其万一"。徐兆光(镜波)先生在该书序中赞曰："余以是益服君悟道之早，而深愧己之弗如矣。君负性孤耿，喜清净，不汲汲于名利，屏居一室，日惟专其志于古文、诗词、金石、书画，而研精经传，泛滥百家，尤不遗余力。"

《漫简》上下二卷，收屏庐杂记文章，起于辛酉正月十三日，止于六月望日，半年作品。书名由金钺自题："辛酉秋月，金钺题"。卷首王守恂序云："浚宣屏居一室，静之至矣。成《漫简》一书，盖即笔记类也。是读一书，见一人，鉴一物，临一事，闻一言所得之理，有益于己，故笔之于书，更思有益于人也。"金钺自题云：

"辛酉孟春，订一素册，置之案头，心有所感，随笔记之，然必发乎其所不得不发者，再记，过而存之，以见性耳。不必务多，不必务劳，心全无体例氏之，曰《漫简》起之日正月十三也。"卷末自跋云："右《漫简》二卷，或曰藉人言以见己意，或观物理以写我心；或因此而悟彼，或由小而推大。语短而情或长，笔拙而理或切。不成著作，聊以自娱。契好读之，求其音于弦外，则庶几知其趣矣。辛酉六月望金钺自跋。"

《屏庐臆说》一卷，是书据《漫简》而来。金钺序云"近所为《漫简》一书，既已写定，复于其中选得十有五则次录为篇，别题曰《屏庐臆说》，藏之箧衍，用自展玩。"王守恂《屏庐臆说题词》云："浚宣成《漫简》，复在《漫简》中择出十五篇，纯是自己语言，故谓之《屏庐臆说》，其言则子书之流也。"《屏庐臆说》附《名物》《趣舍》二篇，卷末题："近作名物、趣舍二篇，名物与《臆说》内《名实》篇义可相辅，《趣舍》篇与《臆说》内《忧乐》篇，理可相贯，《臆说》既已开雕，用附于后，尊所闻，抒所见，故不嫌其琐也。辛酉九月晦，金钺记。

《偶语百联》一卷，是一部集联的著作。金钺于"虚室沉寂，寒夜拥炉"之际，将成语、至言及《老子》《庄子》《抱朴子》《心经》《菜根谭》等书中的名句巧妙地组合成对联，从四言联直到二十一言联俱备。自谓："吾则以此自警，以此自娱，人则闲观，以此解颐可耳。倘世之书家于濡毫时择而施之，俾收藏者张诸座右，书法足以悦目，语义足以清心。"卷前章钰序称："吾友天津金君浚宣，生长华腴，超然尘表，自辛亥以后究心六书之学及表章先正文字，刊行多种，比又浏览丙部家言，择其有益身心者集成《偶语百联》，钰得而读之，喜其于今日风会所趋，有对证发药之妙，义典则宏，文约为美。”

四、《屏庐题画》一卷

是书民国十九年刊，书签为徐宗浩题。书名页题“庚午仲冬屏庐题画杨晋敬署”。《屏庐题画》为金钺自画题辞之书。卷前有王守恂题词，将该书与水西庄查礼的画论经典《画梅题记》相媲美，云：“查俭堂有《画梅题记》，语涵万象，会而通之，与读书处世息息相关。屏庐主人以清旷高怀寄寓天趣，将题画汇钞一册，与俭堂后先比美。”金钺善画墨竹，能与书法会通。《屏庐题画》所收题辞多有见地，如“画竹必胸有成竹，又必胸无成竹。胸有成竹则疏密得宜，章法顺矣。胸无成竹，则机趣横生，风格韵矣。古人之法要熟烂于心，勿拘泥于手，乘兴挥毫，有何师承之可计也”；“出生即有节，到老总虚心”；“樵风万叶动，钓月一竿垂”；“写月移疏影，歌风振爽姿”。

五、《屏庐文稿》四卷

《屏庐文稿》文楷斋刻版，版藏文楷斋，金钺曾请开明书局取版印刷未果，仍由文楷斋刷印。

是书收金钺民国八年至二十七年二十年间文稿，即“己未以来刊印各书之序跋及诸赠答、题识之文，辑而录之，次为四卷。”共收文九十四篇。《屏庐文稿序》题“二月朔，屏庐学人金钺记于心远楼”。

卷一收录二十五篇，主要为刊印图书序跋、题识之文，包括：

《说文提要校订序》《说文提要校订跋》《说文提要校正附跋》《说文约言序》《说文约言跋》《善吾庐印存跋》《天津文抄跋》《致远堂集跋》《黄竹山房诗抄跋》《黄竹山房诗抄补跋》《善吾庐诗存跋》《芸书阁剩稿跋》《漫简跋》《屏庐臆说题词》《偶语百联题词》《屏庐题画题词》《重刊广瘟疫论序》《重刊广瘟疫论跋（又一跋）》《补注瘟疫论跋》《曝书亭词拾遗跋》。

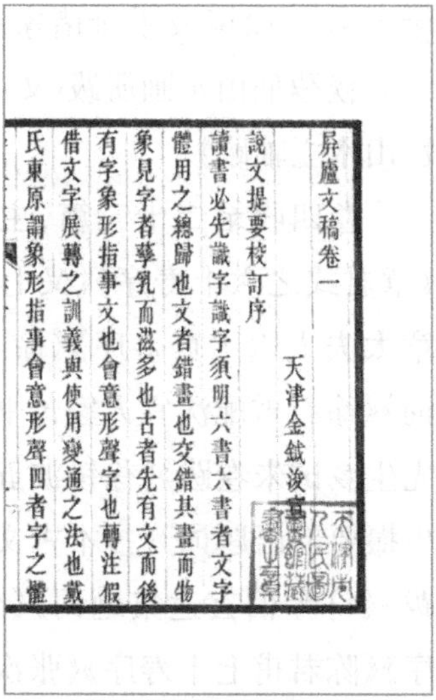
屏廬文稿卷一　天津金鉞浚宣
說文提要校訂序
讀書必先識字識字須明六書六書者文字
體用之總歸也文者錯畫也交錯其畫而物
象見字者孳乳而浸多也古者先有文而後
有字象形指事文也會意形聲字也轉注假
借文字展轉之訓義與使用變通之法也戴
氏東原謂象形指事會意形聲四者字之體

《屏庐文稿》卷端

卷二收录二十五篇，主要为刊印图书序跋，包括：《屏庐丛刻序》《莲坡诗话跋》《画梅题记跋》《书法偶集跋》《天台雁荡纪游跋》《悫思录跋》《篷窗附录跋》《吟斋笔存跋(又一跋)》《耄学斋晬语跋》《金刚愍公表忠录跋》《王仁安集序》《杭州杂著跋》《王仁安续集序》《仁安文续稿跋》《仁安续笔记跋》《王仁安三集序》《王仁安四集序》《天津诗人小集十二种跋》《天津县新志人物艺文单行本跋》《天津县新志半部本跋》《天津政俗沿革记序》《黄山纪游跋》《黔行水程记跋》《志余随笔跋》。

卷三收录二十一篇，主要为他人书作作序及寿文等，包括：《妙莲花室诗词抄序》《李亭午先生书扇遗墨跋》《武进马节母居太夫人征文启书后》《姑母章太宜人八十寿序》《张母刘太夫人七十寿序》《外舅沈琢如先生七十寿序》《来淑亭未定草序》《赠黄道敏序》《黄道敏印存题词》《付氏族谱序》《沈君云甫五十寿序》《林墨青先生七十寿序》《王雨田先生家传书后》《徐贞惠先生碑传辑录书后》《徐镜波手录诸家制艺题词》《徐镜波手录所作制艺题词》《候藜仙山水画册跋(又一册跋)》《张文达公山水扇面跋》《杨无怪山水立轴跋》。

卷四收录二十三篇,主要为贺寿文、题识及书信等,包括:《章君式之六十寿序》《又七十寿序》《华君壁臣七十寿序》《孙母章太夫人六十贞寿序》《徐君镜波五十寿序》《镜波文存续编题词》《徐石雪配沈宜人家传书后》《宫定九先生八十寿序》《徐仰裴先生乡试朱卷跋》《徐镜波五十述怀唱和集题词》《徐镜波中国历史撮要韵语题词》《抄本古文跋》《水西访旧图跋》《徐震生画梅册跋》《许琴伯玄达集题词》《金君息侯六十寿序》《欧美漫游日记序》《陈君甫七十寿序》《张次溪赠行诗卷跋》《与高彤皆书》《复罗叔言书》《复王仁安书》《复刘锡孙书》。

六、《屏庐文续稿》一卷

是书为《屏庐文稿》之后,十年间金钺所作之文,有稿本、1951 年蜡刻本二个版本。

蜡刻本,收文四十篇,包括:《王君彦超五十寿序》《严范孙先生自定年谱序》《严华两先生手书题纸跋》《与高彤皆书》《赵君生甫传》《牛师竹行书卷跋》《陈青立山水卷跋》《仁安存函跋》《陈石汀行书册跋》《李文正公手简跋》《云水萍踪跋》《王仁安行书卷跋》《陈青立山水册跋》《家黄竹老人山水立轴跋》《朱白民墨竹卷跋》《龚晓山画册跋》《梅雅村墨竹立轴跋》《冯青方桢卿父子合作竹石立轴跋》《渔梁送客图跋》《金君息侯七十寿序》《云水萍踪补图跋》《希郑轩所藏书尽赠崇化学会记》《金君致淇所藏书尽赠崇化学会记》《杨见山先生传》《梦选楼所藏书尽赠崇化学会记》《赠王君彦超序》《王君莘农传》《翁支恭公画马小横幅跋》《石雪斋诗续稿序》《万竹庐墨竹诗存序》《刚训斋集序》《王彦超家藏程君房墨记》《石雪斋文稿序》《王汉甫手札跋》《罗贞松手札跋》《章式之手札跋》《章一山手札跋》《高彤皆手札跋》《王仁安手札跋》《卢木斋先生遗稿跋》。

屏廬文續稿
天津金鉞浚宣
王君彥超五十壽序
壬午十月二十五日為吾友閩縣王君彥超

《屏庐文续稿》稿本

稿本，收文四十二篇。稿本《徐东海草书卷跋》甲申八月，《勉学会诸生以宏毅二字说》丁亥孟冬，二篇目录及正文均有，但做删除标记，油印本中未收二篇文章。书中多处文字校改及题签，如《杨见山先生传》有题签："仲冬字下添双行夹注一段，照另纸所书稿写"，油印本照此改正。《续文稿》中有希郑轩蔡虎臣、立斋金氏致淇、梦选楼胡氏庆昌三人赠书崇化学会记，以及《赵君生甫传》等具有史料价值。天津社科院图书馆藏稿本及油印本，国家图书馆、中国科学院文献情报中心藏油印本。

《屏庐文续稿》跋："曩于辛已，予年五十时曾辑《文稿》四卷付刻，迄今十易寒暑，马齿已届周甲矣。暮景萧条，情怀落寞，衡门戢影，无异岩栖，独结习难忘本能，竟焚笔砚，乃敝帚自珍，遂复裒录《续稿》，次为一编，覆瓿之讥，固知不免，过而存之，稽其岁月，庶可考学力之进退焉。先贤谓不学则老，吾孜孜焉，日夕摩挲于故纸堆中者，虽藉以遣无俚之居诸，盖亦冀有以祛老之将至耳。偶尔操觚，聊资记述，则詹詹小言，又何足计将来之磨减与流传也。岁在辛卯春月，屏庐学人金钺自识。”

金浚宣文稿不只一种版本，据我所见有草稿、有抄本、刻本、还有用蜡版刻的。除《屏庐文稿》收录九十四篇，《屏庐文续稿》四十篇（稿本四十二篇）外，此批《劫余资料》共有金钺手稿五十二篇，大部分已经收入《屏庐文稿》《续稿》中，仅《赠陆宗仁》《清史稿金光筋传》（列传一百八十七第一百零一册）《重修天津府县学宫泮池记》《重修天津府县学宫记》《一甫先生入泮时场作稿见示有作》《李清义先生像赞》《徐镜波先生六十晋二寿序》（附草稿），七篇未见于《文稿》及《续稿》，其中《赠陆宗仁》《徐镜波先生六十晋二寿》两篇目录见于稿本《续稿》中，但均被遮盖，作删除标记，正文中未见内容，此后蜡刻油印本中亦不收。

在劫余资料中，除注明“草稿”字样外，一律是工笔小楷书写。具体目录如下：

1.刚训斋集序（《续稿》）

2.冯青方竹石立轴跋（附草稿）

3.云水萍踪跋（附草稿）

按：朱栏，楷书，抄本，九行十六字，二叶。首页粘有朱签，上墨笔题字，云“大文极佳，无任感谢，送上册纸二张，暇祈赐书，掷地掷下，是祷。”是文收入《屏庐文续稿》。

4.沈君云甫五十寿序

按：朱格，六行二十格，版心上红口，下镌“松竹斋”。文末落款

“姻愚弟金钺顿首拜撰，岁次辛未六月，榖旦”。是文收入《屏庐文稿》卷三，刻本中“皇邸为称觞之一助”中“皇邸”二字改为“屏障”。

5.徐君镜波五十寿序

按：朱格，六行二十格，版心上红口，下镌“松竹斋”。文末落款“癸酉仲夏，愚弟金钺顿首拜撰”。是文收入《屏庐文续稿》。

6.侯藜仙山水画册跋

按：绿格，七行二十字，四周双边。版心下镌刻“屏庐”。文中朱笔修改，文末落款“壬申十二月望前三日天津金钺拜题”。6至44一册，稿本。此稿本为《屏庐文稿》底本，卷中朱笔修改处，刻本均照改。除《赠陆宗仁》《清史稿光筋传》未入《文稿》外，其余篇章均见于《文稿》。另若有草稿者，在题目后注明“附草稿”。

7.又一册跋

按：落款为“壬申除夕前五日天津金钺拜题”。

8.赠陆宗仁

9.芸书阁剩稿跋

10.王仁安三集序

11.镜波手录所作制艺题词

12.镜波手录诸家制艺题词

13.徐贞惠先生碑传辑录书后

按：原题“徐友梅先生逝世三周年纪念文”。

14.王雨田先生家传书后

15.华君壁臣七十寿序(附草稿)

按：内夹一签条，上题：“华君壁臣七十寿序一篇，照抄。《四当斋集》内夹签，照抄一文。之后二篇合抄。先由邮寄来底本再捎行书即可。每行不计字数。”

16.徐君镜波五十寿序

17.孙母章太夫人六十贞寿文

18.黄竹山房诗抄跋

19.黄竹山房诗抄补跋

20.镜波文存续编题词

21.与高彤皆书

22.徐石雪配沈宜人家传书后

按:原题“徐石雪配沈宜人挽言”。

23.徐仰裴先生乡试朱卷跋

24.徐镜波中国历史撮要韵语题词

25.徐镜波五十述怀唱和集题词

26.张文达公山水扇面跋

27.抄本古文跋

28.宫定九先生八十寿言

29.章式之先生七十寿序(附草稿)

按:另有朱格稿纸二叶,版心下题“松竹斋”。

30.水西访旧图跋

31.题徐镜波藏徐震生画梅册

按:收入《屏庐文稿》卷四,题为“徐震生画梅册跋”。

32.许琴伯玄达集题词

33.天津诗人小集十二种跋

34.志余随笔跋

35.杨无怪山水立轴跋

36.金息侯少保六十寿言(附草稿)

按:另有朱格稿纸二叶,版心下题“松竹斋”。

37.王仁安四集序

38.欧美漫游日记序(附草稿)

按:草稿写于朱格纸,二叶,版心下镌“天津志局汇刊”。天头处题“新作《欧美漫游日记序》呈教”。眉批四处:1.“南北”拟改“东西”;2.“季子”拟改“次君”;3.第二“之”字拟删;4.“所”字拟删。

39.陈君一甫七十赠言(附草稿二件)

按:草稿为三叶无格纸,为金钺手书草稿,圈圈改改,卷末题“戊寅春月,天津金钺拜撰并书”。又朱格稿纸二叶,版心下题“松竹斋”。陈一甫(1869—1948),名惟壬,以字行,号恕斋居士,祖籍安徽石埭县。清代以父荫官直隶,为江苏候补道,农工商部议员。曾长期随周学熙襄办实业,任北洋海防诸职。民国元年任启新洋灰公司总事务所经理,后改驻津办事处坐办。十三年任开滦矿务管理局正主任董事。十六年至二十一年任启新洋灰公司协理。二十一年一月,任公司总经理,转年退职。二十四年四月由津赴沪,经香港游历欧美十四国。陈一甫与金钺为契友,多笔墨往来,对金钺十分欣赏,不以金钺“齿迟而学俭也”,多次请求金钺为其书文题词。陈氏好游历作游记,民国二十六年所著《欧美漫游日记》一书在天津刊行,乃见示于金钺为之序。二十七年金钺作“陈君一甫七十赠言”,称其实业虽享誉海内,而“君澹泊无华,有如寒素,治事之余,惟手一编或偕三五耆宿为文酒之会,吟啸诗歌,流连景物,陶冶性情”。三十四年夏,陈一甫又将记“其生平之所涉历,与夫济人泽物之荦荦诸大端”之作《云水萍踪》示金钺,请作跋。三十七年十二月底卒于天津。著名实业家、慈善家、富藏书。注重乡梓史志,先后捐资翻印《石埭县志》《石埭县志采访录》,纂修

《民国石埭备志汇编》等。著有《石埭陈序宾先生褒荣录》一卷,《欧美漫游日记》等。天津图书馆藏《陈一甫传记资料》共一百零九册,包括《陈一甫日记》等资料有待整理研究。

40.黄山纪游跋(附草稿)

按:一纸,无格,金钺手书,卷末题"戊寅孟春后学金钺"。

41.天津政俗沿革记序

42.题张次溪赠行诗卷后

43.龚晓山先生画册题词(附草稿)

按:黄纸一叶,金钺手稿,多处圈改。末题"丙戌夏六月,屏庐主人金钺拜题"。收入《屏庐文续稿》,题为"龚晓山画册跋"。

44.清史稿金光筯传(列传一百八十七第一百一册)

45.重修天津府县学宫泮池记

按:朱格纸,四叶,版心下镌"天津梦花室南纸书局"。

46.重修天津府县学宫记

按:朱格纸,四叶,版心下镌"天津梦花室南纸书局"。

47.一甫先生入泮时场作稿见示有作(草稿)

按:书于紫色边框信笺纸上。

48.李清义先生像赞(草稿)

按:书于紫色边框信笺纸上。

49.徐镜波先生六十晋二寿序(草稿)

按:草稿书于一封书信背面。

50.勉学会诸生以宏毅二字说(残)

51.杨见山先生传(草稿)

按:五叶黄纸,无栏线。此与《屏庐文续稿》稿本用纸相同,概为其修改稿。

52.五十之年只欠一死(草稿)

按:书于紫色边框信笺纸上。

金钺六十后诗文稿亦有数册,然皆散佚。其七十六岁时曾于诗前小序云:"往日刊印拙著《屏庐文稿》二册,《文续稿》一册,各若干部,六十后诗文稿数册皆失,作此自遣。"诗文内容详见"龚望藏金钺诗文稿"。

第二节　金钺未刊稿

金钺一生注重文献收集整理，对自己的文稿也十分重视。但仍有未及编辑成集之文稿，如本书中与友朋往来的大量书信（详见第一章），再如藏书上的题跋，以及其六十以后的诗文稿。编者据所见加资料加以整理。

一、刻书题跋

此次整理，见于刻书之中的题识共七则。

1.《金氏家训》，民国九年（1920）刻本，书后有跋文一则：

右为吾宗由浙之会稽始迁天津先八世祖子升公所著《家训》一篇，旧藏家乘皆传抄本，今敬录授梓，俾便诵习，庚申仲春，第八世孙金钺谨识。

2.《曝书亭词拾遗》，民国十五年（1926）金钺补刻本，卷末题跋一则：

补板乃卷下四五两叶，旧刻字画与原书不一，今重镌易之，丙寅孟冬，钺校勘又志。

3.《黄竹山房诗抄》，民国二十一年(1932)刻本。卷末有跋一则：

右题画诗八首，就予所藏黄竹老人画移录，均不见《黄竹山房诗抄》中，爰附于其后。壬申八月钺记。

又卷中《题松亭图》后有金钺按语一则：

钺谨按，楚翁乃张楚山先生湘，乾隆甲戌进士，令江西余干县，罢官归里，萧然惟携一竹床。姚应龙为绘竹床图，写先生道貌，坐于竹床，一时题咏甚多。诗皆载入《津门诗抄》，传为韵事。原蹟是一册页，今归予斋，睹竹床图之像与此松亭图画中小照正同，始知之。又所云将远游者，即随郑蓬山先生熊佳之广东也。蓬山先生哭公诗序中有"戊子秋，予铨选粤东，先生因罗浮未游，慨然同行"之语，与此适符。公卒于电白时，在乾隆三十八年癸巳八月十四日，年六十三。蓬山先生《岭海酬唱集》《和芥舟先生癸巳元日诗元韵》有云："漫说炎荒留六载，最怜团聚是今年。"又癸巳人日，公唱作有云："共辞燕塞雪，五易岭南春。"均足为证。

4.《珠光室诗话》，王赓纶撰，1962年油印本。金钺为其作序：

诗话之作蒐罗宏富莫过于扬子勤之《雪桥诗话》，刘氏嘉业堂为之刊行。今则意掇拾名篇隽句草为一编者，非有所不遑，即不能始终罔懈。兹读叔扬所辑《珠光室诗话》，编次井然，孳孳不倦，虽尚未为洋洋大观，已甚难能可贵耳。撷取精华，斯其可传，卷帙之多寡，固不足计也。爰书数语，以志欣幸。壬寅仲春，金钺识时年七十有一。

按：钤盖"金/钺"白文方印，"浚宣"朱文方印。吉林大学图书馆藏。从金钺致王赓纶信中可知,“已”字前落“固”字。

5.《天津文抄作者传略》,金钺辑。金钺跋一则:

华氏《津门文抄》稿本无作者传略,今就此刻录入者,补辑之,庚辰四月金钺记。

6.《致远堂集》,章天章序后,金钺按语一则:

钺谨按:《莲坡诗话》卷中有一则,云:余童年受业山阴王梅涧先生撰。先生豪放不羁,游迹遍天下,终以不遇而死。常记其诗,云:计历程途十二万,今又经行八九千。身是劳劳南北雁,数声长唳欲呼天。斯集当即其人。

7.《天津文抄》七卷,附刻《孟继坤天津三列妇征诗启》。附刻末有金钺题识一则:

丙寅八月友人偶出示旧藏此启一纸,乃当日原刻。三烈女中二为金氏之女,一为金氏之妇,皆吾家先人,而王恩黼妻金氏即钺姑母也。再阅岁时恐即湮没,爰亟假录。附刻《天津文抄》之末,阐潜德之幽光,传往贤之雅韵。文惟载道,何计散骈,稍远体例,读者谅之。金钺敬识。

二、藏书题记

此次整理见金钺藏书题记六则,中有五则为其计划刊刻之书。

1.《保积堂诗稿》一卷《杂著》一卷,(清)周人麒撰,抄本:

天津图书馆藏，索书号：S3115。卷首钤“邱印/学士”白文方印，此书为邱学士所抄录。是书卷末有金钺题识一则：

此本经高彤皆先生手校，欲为刊传而未果。凡朱笔标小尖圈处，皆系原抄作抬头者，付刻固不必如是。姑存梗概于此，以见旧式。辛巳（卯）冬初屏庐金钺识。

钤有“浚宣”朱文方印，“金钺”白文方印。

按辛巳乃，民国三十年，是年金钺五十岁。周人麒（1705—1784），字次游，号晴岳，别号衣亭，天津人。少受业于洪天锡，工文章。乾隆三年（1738）举人，次年进士，改翰林院庶吉士，授检讨，充《大清一统志》纂修官。著有《尚书简明录》《礼记纂言》《左传辑评》《孟子读法附记》《四书大全拾遗》（一作《保积堂四书制艺》）《唐诗类疏》《保积堂诗文集》等。

2.《谷斋集》不分卷，（清）朱函夏撰，清抄本：

天津图书馆藏，索书号：S3123。是书卷末有金钺题识二则。

其一：

此为高彤皆先生所校，拟付之梓而未果。辛巳冬初屏庐识。

钤有“金”“钺”朱文方印。

其二：

辛卯误作辛巳，乃相差十年，心绪不宁，于斯可见。然此十年之间沧桑几历，故旧凋零，彤老下世已踰五年，展卷之余，凄凉兴感。十月二十七日清窗漫志。

钤有“浚宣”朱文方印。

按辛卯即1951年，是年金钺六十岁。朱函夏（1679—？），字干驭，号陆槎，别号谷斋，天津人，朱同邑之子。清乾隆十五年恩

贡生。著有《谷斋集》四卷、《观海集》一卷。（传记见于《三十三种人物传记资料》10/21/13b）

3.《静喜草堂杂录》不分卷，天津图书馆藏，索书号：金钺劫余资料2号。抄本，内夹一纸，金钺题识一则：

此自述一篇，曾移录清本，拟编入《屏庐续刻》而未果。辛巳冬初屏庐记。（辛卯误作辛巳）"

钤印"金钺/之印"白文方印。

4.《周易函书补义》八卷，（清）胡煦晓著，（清）李源春补义，写样抄本。天津图书馆藏，索书号：P37482。十行二十四字，红格，版心上镌"周易函书补义"。卷首有金钺题记一则：

此书流传至少，拟为重刊，据原刻本移写后搁置已久，讫未上板。辛巳（卯）屏庐记。

钤"金钺"朱文长方印。

5.《[康熙]天津卫志》四卷首一卷，（清）薛柱斗修、高必大纂，清康熙十四年（1675）刻本。南开大学图书馆藏，索书号：善671.15/201/566—1。是书录有多人题跋，其中包含金钺题跋一则：

考旧征遥迹杳然，一编幸未蠹鱼穿。搜求遗隐传佳话，可想从前景运年。

自经海外利航通，花样翻新变古风。人事尽随流水逐，陆离休说轨书同。

废兴递嬗历时多，往迹何堪任泯磨。载笔数赓传信史，还须视此重先河。

汗牛文史浩汪汪，取法何从定界防。雅洁固为方志尚，铺陈尤属贵精详。

希斋郭君所藏《天津卫志》可称孤本，旧有华梅庄先生题四绝句，步韵乞教，壬辰春日，金钺拜题。

钤有“金钺”白文方印，“浚宣”朱文方印。

按：壬辰即1952年，是年金钺六十一岁。

三、劫余未刊诗文稿

徐东海草书卷跋

东海书法早年出入苏黄之间，晚乃专工草书，其初取经于邑安吴用笔之法，以摹书谱，久而得心应手，变化自成一家，然瘦劲恣肆，犹时露山谷面目，而与安吴浓淡疏密之各异者，盖亦由安吴作书素用羊颖，东海作书素用狼颖故耳。至其恢张壮阔，独其风神，则如天马行空，顾盼生姿，有不可一世之概。展对遗墨，更彷佛想见其人矣。此卷纸墨相丛，尤为合作。宜乎，斗瞻视如球琳，什袭而珍藏之也。甲申八月。

按：徐东海草书为王斗瞻收藏。

赠陆宗仁

辛未冬初，津门突遭奇变，峰焰弥天，居人逃遁，而予内子即于是时因惊致疾，缠绵累月，困莫能兴，势几殆矣。予寻访名医，踟蹰难过，偶闲部街头，路经陆宗仁先生居宅，率尔叩门，告以病状，请为诊治。予骤聆言论，固已知精碻不凡，遂毅然服其方剂，数帖之后，竟霍然而起，斯诚予之厚幸，而先生之医学洵不愧上工也。谨述颠末，用志不忘，并敢奉告，苦不得良医者，知董林苏井，即在目前，何事遣求哉。壬申正月。

按：陆宗仁，生卒年不详，孔夫子网站，竞拍《云南省立昆华医院第五届年报》，封面陆宗仁题字，云"民国三十三年度云南省立昆华医院第五届年报陆宗仁题。"钤"陆宗仁印"白文方印。

己卯暮春，一山、味云、寿人、润琴、息候、伯龙诸公作展上巳之雅集，叨陪盛会，即席分韵得宝字

暮春三月春光好，迟迟春日催人老。兰亭觞咏足千秋，感今思昔心慅慅。今年己卯值家辰，三社联盟豁幽抱（谓俦社、城南诗社、同声社）。重三已过展十三，天朗风和日皓皓。群贤济济一堂开，酒酣分韵奋文藻。老人星曜辉四筵，春醪共醉玉山倒。海东几度嗟扬尘，避地难觅蓬莱岛。吁嗟乎，人生行乐须及时，形同胡为劳草草。萧然短鬓闲中过，努力春华滋可宝。

天津金钺初稿。

失题

瑞同尧代庭前草，烂似吴江霜后枫。若使杜康采叶去，更叫酿出状元红。

辛巳冬屏庐金钺并题。

按:辛巳,民国三十年年,是年金钺五十岁。本诗原题已失。

奉和甲午秋日述怀

桑海频经百炼身,书城困学未辞辛。浮生若梦都成幻,先觉遗编足馈贫。且放天怀百虑息,静观世事万般新。但期腰脚斗年健,扶杖逍遥作幸民。

奉和庚午天津烧河楼事感赋

逞愤何尝计其轻,衅端突起势难平。四方甫定呈清景,熟虑应求邇用兵。谋国已将全局审,扪心甘玷一身名。不堪回首留陈迹,御侮今同惜日情。

按:见于九月十二日,金钺致王赓纶信中。钤"心远楼"朱文方印。天津图书馆藏《书函珍存》第一册,索书号为S3783。

清史稿金光筯传(列传一百八十七第一百一册)

金光筯字濂石,直隶天津人,捐纳通判,分甘肃,署巴燕戎格厅,改安徽知县。青阳民因岁荒抗征,几酿变,光筯奉檄,单骑谕解之。补建平,调定远。定远多盗,巡缉无闲。捕土匪陈小唤子寘之法。又调寿州。清咸丰三年春，粤匪连陷安庆、江宁、皖北，盗蠭起，光篏集民团备战，守陆遐龄者，定远巨猾，系安庆狱，城陷，贼令归，结党为北路，应扰定远、寿州、合肥势甚张，巡抚周天爵兵少不能制，令光篏图之。先布间谍散其党羽，然后进攻庄木桥。光篏设奇计，亲率勇士，禽遐龄父子及其党四十余人，戮之。天爵特疏荐晋秩知府，赐花翎。四月，贼由江宁、扬州分股北窜临淮，扰及凤阳、怀远，光篏于两河口立水营，八公山杂张旗帜，为疑兵，列炮要隘，获贼谍、逃兵并斩之以徇，寿州获安。五月，贼又由六合扑正阳关，光篏调练勇千，屯三十里铺及两河口，迎击歼贼二百余人，乃引去招降，附近土匪谈家宝、张茂等党众数千皆効用。是年冬，粤匪陷庐州。四年，六安继陷，北路捻匪日猖獗。和春督大军规庐州不暇，北顾袁甲三剿捻，傍徨于皖豫之交，正阳为要冲，距州城六十里。光篏扼关以御，捻党数来犯，五战皆捷，季学盛踞于家围，而马四、马五、王亮彩、邓三虎等诸捻党出没州境，先后平之。庐州大军无后顾忧者，光篏之力也。五年，大军克庐州。光篏署知府，抚流亡，严斥候，数歼伏匪。六年，遂实授寻巡抚福济疏列其治行。上闻，以道员记名。署庐凤道时，和春移督江南，大军袁甲三再起军临淮捻势南趋，光篏甫出兵，捻首张洛行已破周镇、王庄，犯三十里铺，光篏背水为阵，令日有进无退，分三路击之，以八百人破贼数万。七年春，捻匪龚德等掠正阳关，光篏偕副都统德勒格尔渡河袭，击毙贼八百余，追七十里，将捣其巢。闻六安复为粤匪所陷，回保寿州，粤匪骤至围城破其地雷，夜，乘雾出城，分三路袭贼营，乡团应之，贼惊溃，追击，毙贼千余，围立解。捷入，加按察使衔，乘胜合水陆进剿，毁贼营四十余处。克正阳关，赐号铿色巴图鲁。闰五月，捻匪复踞正阳关，钦差大臣胜保率兵至八里垛，光第请夹击于沫河口，建浮桥，先渡马队，贼忽由后路钞来，光第立船督战，左骽中枪，犹指挥进击，缆断溜急，舟覆没于河。诏赠布政使衔，依赠官，赐恤予骑都尉，世职。谥刚愍，于寿州建专祠。光第吏治战绩为安徽第一，尝言大兵宜攻不宜守。郡县吏宜守四境，不宜守孤城。皖北倚为保障。及其殁后，搶氛乃益炽，人尤思之。

重修天津府县学宫泮池记

在昔光绪辛卯，县人黄君以府县学宫两泮池岁久阙修，其地萑苇蘩生，甓石狼藉，谓此荒蔵之状，非圣居所宜有也。乃牒请诸官，愿输家财，亲董工事。凡池之底及围仍碱以旧石，微罅必合，使水不下漉。若栏若桥别以白石为之，即洁且整，斩然一新。越三十二年，癸亥重建殿庑，独泮池无甚损坏，则筑作之坚可知也。惟如此巨工，一无纪载，久恐湮没，而当日役夫若干名，代石若干，方及经历日时就询于其家，已不能析数以对，但知费白金二万。云：黄君名寯赓，字云孙，长庐商人，遂追记之。

按：信纸版心钤“天津梦花室南纸书局”。

重修天津府县学宫记

天有时而变，地有时而倾，即吾圣人之道，亦有时而晦，然终无损于圣者。盖圣人之道与天地相终始也。自学制废，经举国棼棼惟新，是黉士少诗书之气境，无弦诵之声，宜若背道而驰，群屏诸宫墙以外矣，而不意犹有修复孔子庙堂之举。输资者恐后，趋事者争先。劳役经年，用财累万，此不禁于悲叹之余，而继之以惊喜者也。天津府县学宫自光绪纪元重修，厥后未闻有大兴作，逮儒官裁撤，典守无人，废府以还，两丁祗祭一庙，而其一遂视若疣赘，风雨剥蚀，丹垩为摧，兼之岁久地洼，积潦浸渍，以致梁柱失固，檐壁外欹，其不至倾圮者，亦幸矣。岁癸亥，乡人集议，佥以及时修缮为宜，曹君锐力主重建，谓不培其基，徒事补苴，无益也。众曰善，乃分任募劝，诹吉兴工。先是宣统间以升大祀府庙、大成殿焕然一新，及此仅踰十余年，不烦改作，其他殿庭廊庑大成棂星，各门以及四周垣墙莫不堕之，而再起，而深广尺度位置，地址一仍其旧。惟两崇圣祠府庙则展其前，县庙则拓向后，名宦、乡贤两祠改东西相向，而以其地辟金声玉振两门，符定制也。砖之易损者，或易用灰砂；木之已朽者，或范灰为柱以代，制虽不古，利其坚也。泮池因黄氏重修未久，稍理倾仆已复旧观。是役也，凡有出纳林君兆翰掌之；土木之事即以属诸曹君佐，以李君士铭，严君修，华君世奎，赵君元礼，曹君振纲，孙君凤藻，高君增奎，李君克昌，游君秉琳，邓君庆澜；其专事监修，则朱君寿钧也。经始于癸亥之四月，落成于丙寅十二月，凡费银七万四千九百元，或谓方今民穷财匮，海宇未宁，而顾为此不急之务，何耶？语之曰：今之贫贪致之。今之乱诈为之，贪与诈圣人所不许也。是故，背圣者，虽大国必亡；而尊圣者，即危邦亦兴。苟此方颅，圆趾之伦，不欲沦为异类也。其挽救之道，必自礼义廉耻始矣。兹之汲汲谋新庙貌者，非徒以为观美，将欲使人知有圣人，而痛绝夫圣人所不许者，心术既正，然后艺学也。政治也，习之靡，不业精，亦行之，靡不事举，以有道德弥纶乎，其闲也，勖哉。吾党其善保此俎豆馨香之地，务使根蒂长存，将来圣道由剥，而复之时，即国家转弱为强之日，至是沐浴文化，躬际承平，瞻企宫墙，岂不视今日更愉快也欤。

按：朱栏，四周双边，单鱼尾，六行行二十格，版心下镌："天津，梦花室南纸书局。

一甫先生入泮时场作稿见示有作

一甫先生偶检得入泮时场作稿本，出以见示，计五十余年，敬识数语，并缀二绝于后，即希哂正。

（一）

制艺抡才六百年，青衿一领似登仙。
风檐寸晷标能夺，万里鹏程发轫先。

（二）

五十年前赋采芹，传家尚有试场文。
行看泮水重游日，福泽知公信轶群。

壬午八月屏庐金钺拜题。

制艺试士自明初以迄清季未尝或易。主试者，冀拔奇才，遂相沿，有种种难题，不免截裂经文，致语意难通矣。而应试者，于风檐寸晷中挥毫角技，亦正匪易。秀才一途为科名登第之始。名贤硕彦悉于此中出焉，其有关天下兴衰治乱之源，昔顾亭林论之详矣。五十年前赋采芹传家，尚有试场文，行看泮水重游日，福泽知公信轶群。壬午八月，屏庐金钺拜题。

按：诗稿钤“金钺/之印”白文方印，“浚宣”朱方。题识钤“金钺/之印”白文方印，“浚宣”朱文方印。

五十一岁书

五十之年只欠一死，吾友静安（王忠慧公）昔曾语此。亡国之臣，败家之子，目击身临惨痛，奚似才庸识闇，自惭录录，踈阔性成，致遭荼毒，他何足言，惟难忍辱，垂绝呻吟，莫罄衷曲。史志正绝命家书有云：如此浊世，生亦何？盖三复斯言，为之浩叹。壬午二月，屏庐五十一岁书。

按：钤印“屏庐”朱文长方，“金浚宣”，朱文长方。

李清义先生像赞

浩浩津沽，钟灵毓秀，乃诞先生，犹龙华胄，世有令德，桑梓耆英，谦谦终吉，鉴古专精，酒中之仙，克绳祖武，铁笛一鸣，龙吟凤舞，园成涉趣，百二畦花，秾香凝露，宾筵孔嘉。寿其精神之矍铄，更当有与岁月并增者矣。惟是往日朋侪谈？莫不以有君在座为欢，比睽追滞，则旧雨兴怀，能勿两地有同情乎。尚期返棹匪逢倾樽在即，兹就私衷所欲倾吐者，书奉寄用，启笑颜无事肇？兼代简札。丁亥暮春之初，金钺拜撰。

按：书于紫色边框信笺纸。丁亥即民国三十六年，金钺五十六岁。

徐镜波先生六十晋二寿序

夫长松老柏之永形苍翠，其虬枝鳞干所以昌大无已者，良由质之坚，根之固，遂能阅炎凉，冒霜雪，卓立不渝，而莫或改其常，以视群葩及时之欣欣向荣，方见其逞艳争妍，乃未成辄憔悴零落，倏复随莽莽烟尘而澌灭者，胡可同日语耶？吾友徐君镜波磊落君子也。操履素介，不为时风众势所移，正如松柏之性，岁寒乃见旌。其年五十初度时，予曾有文为寿，已刊入拙集。弟向仅称其能文，他未之及，及至六十，适值山河闭景，风鹤惊心，匪惟不遑有作，且虽欲言亦格格不能吐也。迨在朞，则烟霜既空，光华复韡，于是君年六十晋二矣。偶于晤对之际笑言及此，因踵前例，即以藉抒积愫，而回首前尘，凄然兴感，忆当晦冥之秋，凡淡泊寡营者流，戢影销声，固多攸同。而君尤不惜槁项黄馘，以沈潜于藜藋之中数，惟恐故人之有强力者，牵率推挽，致拂而拭之，以加诸钟鸣鼎食者之间，诚可谓困泥涂而染一尘，邻汙潴而莫涴点秽者也。孰意俯仰之顷，寒燠无常，时移物换，黍谷春回，迄乎新陈代谢之后，乃幸留此，依然面目尚堪，昭之游戏于人间。吾知君昔所畏，夫率推挽者，今当盈虚消长之机，其必易而为同笔，想求已有庸肥遯是甘行见有实施乎？拂试之洊加，而君亦宜静想而勤，遂如白云之出岫沛然作霖，俾沾溉及物，以期无负所学矣。自兹以往，再越八载，君跻稀龄之庆，想功业、文章又不知增几许，先垂不朽者在，届时衰退如予，倘尚能鼓舞兴会，犹当执笔载述，以揄盛美，而吾鄙幸有传人，即区区文字亦获因以有光于楮墨，则震耀天壤之高贤名彦，犹获接几席而聆其謦欬焉。典型在望，芳躅未淹，故得渊源有自，而于义理之学遂能继武而承其遗徽也。呜呼，桑海屡迁，浇漓日甚，靡俗之所濡染人，辄重私利而轻公义，致不惮偭观越矩以求厌饫乎？有等之欲率歧途，相循而有所底止，俨如随波逐浪，漂泊于茫茫巨海中，则彼岸之所在，不有指南，乌得识其趋向，渡而登高哉？求其堪为指南者，属舍葆璞守贞，足为群伦所矜式之，耆宿其谁与归。夫人前贤已往，其懿模道范杳焉不复可见，得其媲美前贤如先生者，俾后学奉为圭臬而资慕效焉，则流风所被，其于敦朴崇实，睦婣任恤之化，潜移默挽所关，岂浅解哉？然则，斯图之作，是又未可与寻常之鸿泥记述，同观而并论者矣。夫仁者必得其寿，先生康强逢吉，晚福之长正未可量，且今方幸晦霾顿，今日之所贡言，斯为乃先发其义者也。丙戌秋八月，愚弟金钺拜撰。

四、龚望藏金钺诗文稿

龚望（1914—2001），原名望宾，字作家，号迂公、大迂、沙曲散人，天津人，工书，精于隶书，曾任天津书法协会副主席、天津市文史馆馆员，著有《龚望书法集》等。龚望曾就读于崇化学会，后来在崇化学会执教，师生二人共事多年，直到1953年，崇化学会解散。其间，为保护崇化学会藏书免于兵燹，共同努力周旋。金钺晚年与龚望交往更为密切。《龚望遗墨》中有一则题识，透露了他与金钺的一些交往细节，以及师生之情。题识云：吾师写竹尝谓：图其貌即以爽其心，得意时眉宇轩扬，祜然尘外，恍若置身渭川千亩葱绿万竿之间。有《屏庐题画》一卷，短什长歌，读之可以想见濡染淋漓，鱼跃莺飞之乐。丙午后，书画皆不复作，日枯坐于斗室，时年已七十有九。一日，杨君桂山过余，言及师之印章亦一方不存，闻之愔然，因为治小印三十方。师甚喜，曰："真馈贫粮也。"遂动书画之兴。苦无纸，因又为觅得旧书之衬纸，残帖之扉页，以及零缣断素，源源呈上，以供挥洒。以室小案狭，不能作大画，聊藉以遣兴耳。然即此片楮寸缣，亦无不各具风发泉涌之势。日伏几案，萧然自得，门生故旧往诣，时有所获，绵视若珍奇。此二十四帧，乃易箦前手付望收存者，曰："八十岁，一年中作画甚多，亦晚年一快事也。"呜呼！吾师往矣，思之潸然，藏之箧笥，懒于启视。癸丑春，儿辈习摄影，因检出俾复制，以贻同好。其未钤印各幅与未题记者，即付阙如，不敢妄有增益也。癸丑花朝前一日，门生龚望拜识。

金钺晚年所作诗稿、画作赠予龚望，这些遗作，除部分画竹刊登在20世纪80年代《天津日报》外，其余鲜为人知。今据张金声《龚望与金钺师生情》一文整理如下。

一

竹虽无香，然于幽静之中，亦觉时闻蓊葧，正如朴学君子，不欲以才华炫露也。作家先生雅属，屏庐金钺。

按：民国二十五年，金钺为龚望画竹一帧，并题作此题识。

二

生花笔在箧，曾历百春秋。屏庐题赠，时年八十。

（一）

饥餐渴饮倦即眠，作画吟诗任自然。

今后幽闲无个事，茅庐蛰伏养天年。

（二）

平生饮文字，衰老志犹坚。

薄植灾梨枣，何堪继昔贤。

死生如昼夜，是乃理之常。

形迹虽长息，光辉复孔扬。

今皆遵行火葬，丙年冬月预拟自挽，屏庐时年七十五。

（三）

书从恒坐对，衰耄尚依然。

薄植灾梨枣，何堪继往贤。

死生发昼夜，是乃理之常。

形迹虽长息，光辉复孔扬。

今皆遵行火葬，丁未春初偶成俚句，亦如渊明自挽，屏庐年七十六。

（四）

释负自身轻，终朝无个事。

优游安暮景，聊以畅情志。

释负一首，丁未春初，七十六叟屏庐稿。

（五）

清风与明月，光景总依然。

心境应如是，坐观桑海迁。

丁未春初，屏庐老人漫稿，时年七十有六。

（六）

往日刊印拙著《屏庐文稿》二册，《文续稿》一册，各若干部，六十后诗文稿数册皆失，作此自遣。

推敲声色调谐字，摹拟风云动荡词。

违用自应沉逝水，何劳寤寐系想思。

古今到处有通人，孰不篇章可等身。

毕竟流传能有几，须知湮没正无垠。

丁未孟春，七十六叟屏庐未是草。

（七）

一梦醒黄粱，微躯日渐康。

草堂春意满，共颂寿而昌。

丙秋梦后，胸旷容腴，兹逢佳节，斗室生春，朴质萧疏，别饶逸趣，肥轻点缀，视若浮云。丁未新春，七十六叟屏庐未是草。

（八）

磊落多英气，低昂各应时。

每当风雨至，轩舞益生姿。

题画墨竹，丁未二月十一日，七十六叟屏庐。

（九）

八米才华孰可侔，更歆名著有千秋。

清风峻节堪医俗，望若丹霞天半留。

题画朱竹，寿卢慎老九十，七十七叟屏庐忆录。

（十）

邯郸枕上梦非真，孰似芙蓉不染尘。

饮啄随缘斗室戢，白头甘作息肩人。

屏庐时年七十六。

（十一）

物终无不朽，事过等轻烟。

悲丝都如梦，孰能计万全。

浮生犹逐浪，飘泊本无方。

心自风波静，休悉幻境长。

戊申三月偶成二首，七十六叟屏庐书。

（十二）

花开会有落，月好岂常圆。

每见翻新样，孰能计万全。

悲欢都似梦，瞬息散如烟。

室小休嫌陋，饥餐倦便眠。

已酉秋月，屏叟时年七十八。

（十三）

凌云直上挺长身，爽气萧疏性率真。

繁衍自成林一片，蔚然君子六千人。

庚戌二月初六日，偶拟题画墨竹一绝，七十九叟屏庐。

（十四）

俨如无束自由人，快舞临风天性真。

磊落堪资为藉鉴，谦虚更见每低身。

倒用昨拟题画墨竹原韵，七十九叟屏庐。

（十五）

八十初届

动地钟声震耳喧，晨昏百八继相连。①

童时闻见如回忆，城市依稀在目前。

烽烟庚子记尤真，虚度悠悠忽八旬。

今日寰区皆乐土，及身幸作葛天民。

辛亥春屏叟。

（十六）

留命待桑田，自是智者事。

美意以延年，料应同此志。

井老望九高龄，抱疴经年。今年霍然而愈，曷胜额手称庆，赋

①此句后原注：庚子乱前鼓楼古钟。

此申意，上藉代晤言。弟钺呈稿，阅后付之丙丁。

（十七）

莲坡科场事，父子同系狱。天行翁得见还，恐合卺无期，遂拟退婚。许聘莲坡者，为子升公之孙女，其时女父已亡故数年，札云尔。

（十八）

此先八世祖子升公，讳平，与查莲坡尊人之手札，义正而词婉，未几莲坡竟蒙矜释，夫谐嘉耦，是诚有关故实，亦佳话也。

甲辰冬，金钺时年七十三。

（十九）

辛亥行年八十，撰一联曰："辛亥重逢尘世换，八旬迭见海桑迁。"古今名贤之得大年者，如沈归愚德潜、梁山舟同书、程易畴瑶田、黄左田钺、戴可亭均元，吾乡沈云巢兆云诸先哲，及吾友宁河任孝庭嘉莪、沔阳卢慎之弼、广州商氏昆仲云亭衍瀛、藻亭衍鎏，同里王吟笙新铭、王纶阁襄诸君子，或近百或届耄，儒林文苑，各有千秋。吾与相儗，年尚幼稚，而腹笥之俭，尤愧悬殊，依然昔日之学僮耳。屏庐学人。

（二十）

竹枝春色似丹霞。作家仁弟正，八十叟屏庐。

按：金钺为龚望画朱竹，并做此题识。

五、金钺习作对联

《金浚宣先生劫余资料叙录》四十一,记录有《金浚宣习作对联集》,云是金钺幼年学习作诗时,从对联学起的原始记录。习作中分二、三、四、五、六、七字联,以及自古人诗中集的联语,毛笔工楷。李世瑜先生推断为金钺未超过十岁的作品。这个资料在捐赠天津图书馆资料中未见,李世瑜先生在说明资料中写到:“原件被天津楹联学会会长闫复兴先生借走了。”这个楹联集中的内容未得见,待日后增补。

第三章　金钺刻书藏书研究

第一节 金钺刻书研究

金钺一生刻印图书二十余种，除其著作外，主要是以刊刻先贤及乡邦文献为主。按刻书年代先后，介绍其刊刻之书及流传情况。金钺重视书板的保存，在其刻印图书中有两部图书为其所购书板，即《补注瘟疫论》与《曝书亭词拾遗》，购得书板后进行修版付梓。在文楷斋书信中也曾提到“所问《说文提要校订序》之板等，留意检得再行奉知。”可知，金钺对刻书后之书板极为重视。因此，1951年他将自刻图书捐赠给天津图书馆时，亦将保存的书板捐赠给天津图书馆，使得这批书板得以保存。但书板也有缺失，不全，在下文中将作具体介绍。中国书店在1980年曾利用这批书板印刷了《天津文抄》等书。

一、金钺刻书概述

(一)金钺刻书目

1.《戊午吟草》一卷，金钺撰，民国八年(1919)铅印本。

2.《善吾庐印谱》一卷，金铨撰，民国八年(1919)钤印本。

3.《戊午吟草》一卷，金钺撰，民国九年(1920)刻本。

4.《许学四种》，金钺辑，民国九年(1920)刻本。

5.《金氏家集》二种，金钺辑，民国九年(1920)刻本。

6.《王仁安集》四十一卷，王守恂撰，金钺辑，民国九年(1920)刻本。

7.《天津文抄》七卷，华光鼐辑，民国十年(1921)刻本。

8.《辛酉杂纂》不分卷，金钺撰，民国十年(1921)刻本。

9.《妙莲花室诗词抄》二卷，王增年撰，民国十一年(1922)刻本。

10.《广瘟疫论》四卷附末一卷，(清)戴天章撰，(清)陆九芝校，金钺再校，民国十一年(1922)刻本。

11.《屏庐丛刻》十五种，金钺辑，民国十三至十六年(1924—1927)刻本。

12.《王仁安续集》十二卷，王守恂撰，金钺辑，民国十五年(1926)刻本。

13.《屏庐题画》一卷，金钺撰，民国十九年(1930)刻本。

14.《天津县新志人物艺文单行本》六卷，高凌雯撰，民国十九年(1930)刻本。

15.天津县新志(半部稿)，高凌雯等纂修，民国二十年(1931)刻本。

16.《金氏家集》四种，金钺辑，民国二十一年(1932)刻本。

17.《王仁安三集》六卷，王守恂撰，金钺辑，民国二十二年(1933)刻本。

18.《屏庐题画》一卷，金钺撰，民国二十三年(1934)续印本。

19.《天津文抄》七卷，华光鼐辑，民国二十四年(1935)补刻本

20.《天津诗人小集十二种》，高凌雯撰，民国二十四年(1935)刻本。

21.《志余随笔》六卷，高凌雯撰，民国二十五年(1936)刻本。

22.《王仁安四集》四卷，王守恂撰，金钺辑，民国二十六年(1937)刻本。

23.《天津政俗沿革记》十六卷，王守恂，赵芾撰，金钺校，民国二十六年(1937)刻本。

24.《黄山纪游》二卷，沈铨撰，民国二十七年(1938)刻本。

25.《黔行水程记》一卷，孟继埙撰，民国二十七年(1938)刻本。

26.《屏庐文稿》四卷，金钺撰，民国三十一年(1942)刻本。

27.《屏庐文续稿》一卷，金钺撰，1951 年蜡刻本。

(二)金钺印书目录

1.《双清书屋吟草》一卷，(清)王樾撰，民国十一年(1922)刻本。

2.《欲起竹间楼存稿》六卷，(清)梅成栋撰，民国十二年(1923)天津修志局刻本。

3.《补注瘟疫论》四卷，吴有性撰，民国十五年(1926)刻本。

4.《曝书亭词拾遗》三卷《志异》一卷，(清)朱彝尊撰，民国十五年(1926)刻本。

(三)金钺刻书概述

1.《戊午吟草》一卷，金钺撰，民国八年(1919)铅印本。

金钺刊印第一部书，当为其所作《戊午吟草》。根据书中《戊午吟草小引》题“戊午十二月初旬，天津金钺浚宣自志”，及卷末《戊午吟草序》末题“十二月望前三日，屏庐学人金钺又书”。全部书稿完成于十二月底，次年付梓，为铅印本。此时，金钺刊印图书尚未采用刻本，亦未用文楷斋刻印。

2.《善吾庐印谱》一卷，金铨撰，民国八年（1919）钤印本。

卷首为金铨小传，出自汪启叔撰《续印人传》。是书收录金铨所用印十方，包括“善吾庐”“金铨私印”“沽上 / 埜田”“埜田”“伯衡”“铨”“铨印”“古趣 / 自喜”“静中 / 无趣”。

卷末金钺题跋落款“己未孟冬钺谨识”，钤印有“屏庐”，朱文方印；“箸书 / 遣日”，白文方印。值得一提的是，是书卷前小传及卷后题跋刻书风格与金钺其他印书不同，字体瘦长，笔画劲道，有写刻本风格。

3.《戊午吟草》一卷，金钺撰，民国九年（1920）刻本。

存书板十三块，全。

与铅印本相比较，刻本将《自序》改题为《自嘲》，卷末增加庚申二月及七月跋文二篇。

天津图书馆藏，其中一部在“小引”处钤“天津金 / 氏雕印”朱文长方印。

4.《许学四种》五卷，金钺辑，民国九年（1920）文楷斋刻本。

书名页由罗振玉题写“许学四种”，钤印“罗振玉”。牌记页镌：“己未秋八月 / 天津金氏刊”；目录末，镌“宛平德子元书于天津金 / 氏屏庐文楷斋刻于京师”，小字双行。由这两行字可知，《许学四种》是金钺请德子元在家中书写样，然后再送到北京，由文楷斋照样刊印。

《许学四种》书板金钺捐赠天津图书馆，现存一百零七块，包括：①《说文提要校订》二卷，现存木版四十八块，不全；②《说文提要增附》一卷，现存木版三十二块，不全；③《说文约言》一卷，现存木版七块，不全；④《许君疑年录》一卷，现存木版十九块，全。

5.《金氏家集》二种四卷，金钺编校，民国九年（1920）刻本。

《金氏家集》二种，书签题："金刻家集二种"，白棉纸。是书收两种，即金平撰，《致远堂集》三卷；金铨撰，《善吾庐诗存》一卷，民国九年（1920）刻，天津图书馆藏，索书号：P24185。《善吾庐诗存跋》末钤"金钺 / 之印"，白文方印。

6.《王仁安集》四十一卷，王守恂撰，民国九年（1920）刻本。

《王仁安集》《续集》共存版六百一十块，不全。

《王仁安集》四十一卷，王仁安著，民国九年（1920）庚申金钺刻本。收录王仁安诗稿、词稿、文稿、笔记。

《杭州杂著》，王仁安著，民国九年（1920）庚申金钺刻本。金钺《杭州杂著跋》云："仁安所著诗稿、词稿、文稿、笔记既授梓矣。意其外杂著必尚有成书，予与仁安为中表戚，而所居又近在此里，偶过谈，见其案头果尚有手书稿本，取而翻阅，知为《从政琐记》《杭居杂忆》《乡人风俗谈》，盖皆在杭州所作，又有仁安自述一篇，即自定年谱也。因请仁安稍自厘订，并为付镌，不但俾世之读仁安集者，得以知人论世，而于考求政治风俗与夫居官临事之法，更可取材而藉鉴焉。庚申十月。"

7.《天津文抄》七卷附刻《孟继坤天津三列妇征诗启》，华光鼐辑，王守恂编，金钺校，民国九年（1920）金钺刻本，民国二十四年（1935）补刻本。

白口，单鱼尾，左右双边，十行二十三字。卷端题：天津华光鼐少梅辑，同里王守恂仁安编订，金钺浚宣校订。牌记："岁在庚申 / 金氏刊行"。

《天津文抄》一书之刊印过程，金钺在其《天津文抄跋》叙述详细，兹录如下，以窥全貌。跋云："予往读津门古文，所见录于杨香吟先生序中，知尚有《津门文抄》一书，为华少梅先生所辑，陈挹爽先生曾拟为之刊行而未果，将显复晦，序中引以为憾。予因怦然动于中，思得其稿藉偿杨、陈两先生之愿庶，无负少梅先生之苦心。时吾邑续修县志，设立修志局，于乡先辈著述搜集甚富。王仁安分任编纂之役，偶以此书相询，知其稿即在局中，窃意私念可遂，即请仁安将原稿重加厘订，分门别类都为七卷，移录既竟，付之梓人，俾吾乡文献于此略可考见焉。"

8.《辛酉杂纂》不分卷，金钺撰，民国十年（1921）刻本。

详见"第一节金钺诗文集"。《善吾庐印谱》《金氏家训》《许学四种》《辛酉杂纂》字体、版式风格一致，用纸洁白晶莹剔透，墨漆。皆为四周双边，白口，单黑鱼尾，鱼尾下镌题名、页数。这四种字体相同，当宋体字，与其后刻书所用之普通宋体字，略有差别。

9.《妙莲花室诗词抄》二卷，王增年著，民国十一年（1922）壬戌金钺刻本。

牌记："壬戌七月 / 金钺署检"。存板十一块，不全，缺金钺序文。天津图书馆藏一部，卷首钤有"金钺 / 拓本"朱文方印。

《妙莲花室诗词钞》为王仁安祖王增年（逸兰）所著，包括《诗抄》一卷《词钞》一卷，卷末王守恂跋。

10.《广瘟疫论》四卷附末一卷，（清）戴天章撰，（清）陆九芝校，金钺再校，民国十一年（1922）刻本。

存版六十五块，不全。

卷前有金钺序，卷后有金钺跋，叙述此书刊刻、校订的经过。

《重刊广瘟疫论序》云："辛酉之春，予托厂估搜求，多日乃得一旧钞本,原版殆久佚矣。读之言简而意该,识真而理切,于伤寒时疫之闲辨于微芒,显如明鉴,毫厘千里,截然不淆。闻之文波歷验不爽,会其意,望而无疑;悖其理,施之罔效,往往文波临证立方,与予执此编以互相考核勘印,予耳习目覩,莫或失者,洵济世之宝筏,活人之妙术,可谓吴反之功臣矣。爰以予所得钞本与文波旧藏刻本参互考校,厘订重刊,俾广流传。惟是钞本既多讹误,刻本又极恶劣,杖杜伏猎,触目皆是。此刻之失,恐仍难免,理而董之,以匡不逮,更有望于后之君子焉。”

《重刊广瘟疫论跋》:“壬戌暮春《重刊广瘟疫论》杀青,甫竟,方从事校雠,偶翻阅架上存书,见《世补斋医书后集》内曾有《广温热论》一书,即戴北山《广瘟疫论》,为陆九芝先生所校订而改其名者也。为之喜出望外,其有资于予校雠参考者良非浅鲜。陆氏改本与戴氏原本小有出入,学者取两本参合读之,则益善矣。急书卷尾,以告同志。”

11.《屏庐丛刻》十五种二十四卷,金钺辑,民国十三至十六年(1924—1927)刻本。

《屏庐丛刻总目》后有金钺序文一篇,最能说明其刊刻先辈遗书之心情。云:“天津修志局征集乡先辈著作积之数稔,罗致甚多,或手藁,或传钞,或旧刻,或残编,计之不下数百种。夫吾邑在明季,时人交犹无所表著,自康雍以后,迄今二百年间,硕彦之辈起,纂述之渊懿蔚然灿然,足称大观。考之海内通都名邑人文偾兴之速,实匹伦鸣呼盛哉。庚申钺既有《天津文抄》之刻,复念乡先辈遗书甚伙,将来志书告成,修志局自必裁撤,征集之书必一一归还,异日纵有好事者再欲会稡成帙,则搜集大非易易,且年久之后,蟫蠹为穿,在所难免,瓿瓿用覆,亦岂必无版刻已亡者,印本将日益以少，手稿仅存者，传世将日益就湮，即收藏家倍加珍惜，而世局多故，人事无常，转徙流离，何能意及久之又久？恐今兹艺文所著录名目徒存，简篇难获矣。然则及今刊传之责，恶可缓邪？闲与王君仁安计议，复商之高君彤，皆发书审读，盖艺文一门高君主任征集之书悉所收掌，因互相参酌，择取杂箸，凡十五种，都二十四卷，召钞胥，即局写定次第，锲版。浼张君君寿襄校，名之曰《屏庐丛刻》。敢云裒一乡之典籍，启来学之径涂，不过从吾所好，尝鼎一脔而已。愿有同志者，起而继之，广求桑梓遗书，共图传布，阐幽光，延坠绪，则斯刻庶几为嚆矢也。夫甲子仲春。”

《屏庐丛刻》牌记题“天津金氏”。《屏庐丛刻总目》如下：

①《诗礼堂杂纂》二卷，王又朴，原刻本。

②《介山自定年谱》一卷，王又朴，原刻本。

③《莲坡诗话》三卷，查为仁，原刻本。

《莲坡诗话跋》云：“查心谷先生《莲坡诗话》一书展转重刊，久已传播海内，今复依原本录入丛刻，诚以是书为乡先哲杂箸中之精品，不忍以流行之广而遗弃之也。”

④《铜鼓书堂词话》一卷，查礼，从《铜鼓书堂遗书稿》录出。

⑤《画梅题记》一卷，查礼，从《铜鼓书堂遗书稿》录出。

《画梅题记跋》云：“查俭堂先生《画梅题记》三十四则，从《铜鼓书堂遗藁》中移录，原书题为《题画梅》，今易，此各编入《屏庐丛刻》内。其文字固简雅高贵，而意义尤涵蕴精深，可通之于一切艺事，且寓立身行检之规，不仅为画梅而发也。先生先世隶京师，以别业在天津遂移家于津，世所称水西庄查氏是也。此刻卷首题名籍书“宛平”者，从《铜鼓书堂遗藁》之旧也。至先生生平之功业,文章世皆能道其详,兹不赘述。癸亥六月。

⑥《书法偶集》一卷,陈玠,张寿抄。

《书法偶集跋》云:"《书法偶集》一卷,吾乡陈石汀先生箸。先生名玠,字石汀,号实人,晚号石汀散人,又号拙诚老人,以明经终。此本假自张君君寿,乃君寿手校录以自藏者,后有君寿题跋。跋云:'书内有乾隆三年所记一条,又有朱印一方,文曰七秩老人,以时考之,当生于康熙初年。是书本随笔记录,凡一百八条,重复讹脱未经编定,兹删其重复,正其讹脱,得九十六条。'钺而梓之,复薙去二十三条,都存七十三条。或采旧说,或抒己见,皆精要可传。先生书迹,钺未经见。《津门诗抄》谓石汀学书得之陈香泉太守,弈禧与之神肖。按香泉书清超神隽,与傅青主至为相近,此书所记青主、香泉两家之说最多,且言青主真行草书,皆登晋人之堂隶,则中郎以后罕见其匹草篆造极,得三代以上,鸟兽草木之形,先生推尊青主,可谓至矣。先生之生去青主未远,见其手迹必多。兹集所载青主各说,均不见于《霜红龛集》中,尤为可贵。癸亥六月。"

⑦《南宗抉秘》一卷,传抄本。

⑧《天台雁荡纪游》一卷,金玉冈,张寿抄本,金钺卷末有跋文。

《天台雁荡纪游跋》云:"先六世从祖芥舟公,画既为人珍重,诗尤传诵艺林。所箸原稿甚富,惜已散佚。旧刻《黄竹山房诗抄》殆不及十之二三也。此《天台雁荡纪游》一卷,乃张君君寿往得之一旧家所藏传钞本,复手自录副,送之修志局,以备艺文之采录者。钺搜辑乡先辈杂箸,编刊《屏庐丛刻》。君寿遂由局中出此见示,怂恿授梓。公性好游览,生平足迹几遍天下,凡名山胜水无不以登临为快，尤必穷其巅，竟其源，艰险劳瘁，皆所弗恤。而画笔诗兴，即随境而发，故虽一石一木，一吟一咏，罔不脱却，蹊径自成一家。今读此遗编，犹令人作飘飘欲仙之想，则公襟怀之高逸为何如也。君寿笃学嗜古，留心文献，于乡先哲遗书，遇孤本即手录珍藏。是书失而复得，君寿之雅谊，殊不可没，特并志之。癸亥六月。”

⑨悫思录一卷，栾立本，原刻本。

《悫思录跋》云：“夫吾乡栾飞泉先生《悫思录》一书，纪其母王太安人一生嘉言懿行之大略，盖即年谱类也。用意与元孚先生不期而同，而两母既并世，同时又同生，畿辅义方德范足媲美争辉。近世士夫竞言女教，钺故特取授梓，表而彰之。”

⑩《灶妪解》一卷，沈峻，原刻本。

⑪《蓬窗附录》二卷，沈兆澐，原刻本(金钺跋文)。

《篷窗附录跋》云：“《篷窗附录》二卷，吾乡沈文和公任江安粮道脖督运粮艘往来于涂中，随笔记载者也。公先为《篷窗随录》一书，乃取国朝人文集摘其有关吏治学术知人论世者，辑成十有四卷，后又为《续录》二卷。是书之作在《续录》之先，与随录同时，体例则与彼二录颇不相同。”

⑫《吟斋笔存》三卷，梅成栋，旧抄残本(癸亥、丁卯跋文二篇)。

一是癸未刻本。《吟斋笔存跋》云：“右《吟斋笔存》三卷，吾乡梅树君先生箸。姚君品侯藏旧钞本也。前二卷原写颇工，惜剥蚀不完，第三卷仅存数叶，字迹烂漫踳驳，与前非出一手。考沈文和公所譔《梅树君先生传》，是书实为四卷，此本所阙殆半，内载诗话为多，闲及词话、巧对、格言、杂记之类，即此以例其余，全书体裁大致如斯。先生为雅村先生履端之子，雅村先生朱导江之女埒也。书内所述朱太君即导江女。梅氏与吾族世为姻好，故先生于此书所纪吾家先人诗句甚伙。今已多无考者，如家野田公"酒沽小市浮花片，鱼买河桥贯柳丝"之句，已不见于钺所辑刊《善吾庐诗存》内，全诗则不可得矣。惟《津门征献诗》内咏公诗后所引是书一则，已在短缺之数。先生尊道崇学，生平箸作专烈表彰忠孝节义为心，惜未刊，传稿多散佚，止所辑《津门诗抄》一书行世，其版今亦亡矣。此断璧碎，金益堪矜惜，且孤本仅存不绝如缕，爰亟汇入丛刻云。癸亥八月。

二是丁卯刻本。《吟斋笔存跋》云："是书写刻越数年，又展转假得一传钞之四卷完足本，忻然用以校刊，乃两本颇有不同。完本卷数虽符，其后二卷内驳而不纯，恐多为后人所增订，非原稿也。予既据以纠讹补脱，命工修版，复于其中选录十则，续刊卷尾及弁言一篇，取以冠首，庶此刻虽非全书，亦已具见精要矣。丁卯九月。"

⑬《耄学斋晬语》一卷，杨光仪，张寿抄本(金钺跋文)。

《耄学斋晬语跋》云："杨香吟先生《晬语》一书，久经耳习，以未获睹为憾闻。是书昔年曾登梨枣，未及施墨，版旋散失。先生文孙子若尝欲重镌行世，迟而未果。今钺编辑《屏庐丛刻》从张君君寿假得所钞副本，亟逡写收入，藉广流播。"

⑭《古泉丛考》四卷，徐士銮，张寿校录本。

卷一题：古泉丛考卷一 / 藏云阁识小录 / 天津徐士銮沅青辑，后学张寿录，卷末张寿五篇跋文

⑮《金刚愍公表忠录》一卷，金颐增原辑，金钺重编订。

卷末金钺跋文，亦收入《屏庐文稿》。《金刚愍公表忠录跋》云："族先刚愍公殉咸丰捻匪之乱，于寿州战殁沫河口。迭沛恩

纶，仰邀厚恤，入祀京师，及木籍与阵亡地方昭忠祠，并于寿州、天津县先后奉敕各建专祠，天津专祠越三十年乃落成，以公之本支后人患难流离，终未归里故也。祠成后，曾恭录文宗显皇帝御赐祭文碑文及国史本传刊印传布，用以铭君恩而扬先烈已，而公嗣子颐增，字养素，又搜集各文汇录成帙，名曰《表忠录》，刻于南省，墨本流传无多。养素旋殁，养素之子志鹏，字搏九，当宣统元年追录咸同以来忠勋，后裔由应袭骑都尉兼云骑尉世职，特恩赏直隶州知州，选授四川忠州，牧未数年，搏九亦殁。窃念公之嫡嗣既已无传，继嗣两世又皆不永年，今者门第寖微，遗书日久，恐将废坠，公之荦荦大节固已具戴典册，而遗闻曲致亦未可任其就湮，爰取《表忠录》合以《天津专祠》刻本，稍事厘芟，重加编订，并增吴公嘉淦所撰行状，陆公长春所撰传略，汪公宗沂所撰传赞，授梓行世。汪公之赞，于公所以被难之由，言之特详，并引吾贤宰谢忠愍公致死之原，与公遥遥相对，同为胜保忌功所陷害，此实，当时诸公虽心知其事，而未肯笔之于书者，汪公独慷慨正色言之，在公以身报国，视死如归，况复饰终之典至优极渥九重轸悼万众讴思忠节，流光于弈，禩芳声扬，溢乎寰区，英灵在天，当无遗憾，惟是后之修史者，得汪公之赞，藉与其他纪载相参证，庶可征实而论断焉。呜呼，综读传状碑志之所述，则公当时之声威、才略举可想见。李文忠公谓向非中折，则皖北军事之所属也。然则以公之才，设克竟伸厥志合，同治中兴，诸将帅而观之，其功烈名位亦乌能不与左李相颉颃也哉。癸亥七月。

从总目可以看出，在编制《屏庐丛刻》一书，从版本角度来看，有据原刻本重刻、有据抄本刻、有辑录单行、亦有重新编订，并不是简单的将先辈集子，简单汇集，加以刻印。

正文，第一行顶格题书名，第二行下题作者籍贯字号。如“诗礼堂杂纂卷上，天津王又朴介山”。双鱼尾，中间题书名、页数，版心下镌“屏庐丛刻”。

《屏庐丛刻》现存木版四百七十四块，不全。包括：目录，木板一块（不全）；①《诗礼堂杂纂》二卷，木版五十六块（不全）；②《介山自定年谱》一卷，十五块（全）；③《莲坡诗话》三卷，存木版五十七块（全）；④《铜鼓书堂词话》一卷，存木版五块（全）；⑤《画梅题记》一卷，存木版五块（全）；⑥《书法偶集》一卷，存木版九块（全）；⑦《南宗抉秘》一卷，存木版十六块（全）；⑧《天台雁荡纪游》一卷，存木版三十二块（全）；⑨《悫思录》一卷，存木版十四块（全）；⑩《灶妪解》一卷，存木版三十二块（全）；⑪《蓬窗附录》二卷，存木版六十八块（不全）；⑫《吟斋笔存》三卷，存木版四十二块（全）；⑬《耄学斋晬语》一卷，存木版八块（全）；⑭《古泉丛考》四卷，存木版四十九块（全）；⑮《金刚愍公表忠录》一卷，存木版四十六块（全）。

12.《王仁安续集》十二卷，王仁安著，民国十五年（1926）金钺刻本。

《续集》收录民国九至十五年（1920—1926）王仁安所作诗词文及笔记，共十二卷。王仁安这一阶段的文风与前集相比，亦有变化，金钺序云“近著益贵，自得悠然适然，朴穆之气溢于楮墨，未尝以奇字险句涂饰面目以惊异于人文，尤矜矜焉。必以义理为归，一洗标榜宗派之习要，可谓能别开蹊径者也。读仁安早年之诗，顾盼自豪，有不可一世之慨，晚年世际变迁，身甘沦隐，销敛锋芒，尽归平淡，一举一动，无不以冲和出之，一诗一文，无不以真实临之，阅历久而学问深，与少壮时迥不侔矣。”

《仁安文续稿》四卷，合前刻计九卷，金钺《仁安文续稿跋》

云："大抵皆触物发抒，因人劝勉，务剀切以有用，薄雕刓而取妍，不矜才，不使气，如白云之卷舒，如飞瀑之奔赴，意澹旨远，味永神逸，洵卓然成一家言者，其文具在世，必不以吾为阿好也。"

《仁安续笔记》二卷，合前刻计六卷。金钺《仁安续笔记跋》云："此书自成体例，与前人笔记多不相同，其书中有谓：余为笔记，拟名之曰"克己录嗣"，以有似于语录面目，仍浑而言之曰"笔记"。盖所记皆读书见理，触类旁通，而接人应事，随在提觉者也。无琐细之载录，存忠厚之旨归，后之学者取以为治身讲学之资，其发蒙振聩之功，岂浅鲜哉。"

13.《屏庐题画》一卷，金钺撰。民国十九年（1920）刻本。详见"第一节金钺诗文集"。

14.《天津县新志人物艺文单行本》六卷，民国十九年（1930）金钺刻本。

卷端第一行题"天津县新志二十一之一"，第二行顶格题"人物一"，人物四卷。

卷端第一行题"天津县新志二十三之一"，第二行顶格题"艺文一"，艺文二卷。

《天津县新志人物艺文单行本跋》云："右《天津县新志人物艺文》六卷，高君彤皆撰。癸亥写定上版，惟全书尚未观成，窃念此二者为文献之所系，版既刊竣，似可单印以行。爰商之彤皆及华君壁臣，咸以为然。钺勉任其事，俾先窥豹一斑，藉稍慰吾乡人之跂望焉。庚午暮冬。"

《天津县新志人物艺文单行本》一部，天津图书馆藏，索书号：F97 有高凌雯题记云："新县志人物艺文单行本一部，系金浚宣先生捐赠，即请登入，此致，广智馆，高凌雯启。"此部系金钺捐赠给广智馆，后入藏天津图书馆。

15.《天津县新志》半部稿，高凌雯等纂修，民国二十年(1931)刻本。

天津县新志半部本跋：《天津县新志》往岁已刊之稿，钺既取人物、艺文二类单印以行，其他亦次第印出，俾便披读。彤皆遂又反复勘校，正讹补阙，命工修理，致力数月乃克，毕役以未可徒劳也。姑即此先为印存若干本，起卷十七之一至卷二十七，连卷首共二十八卷，门类十二，曰幸巡，曰职官，曰吏治，曰科举，曰荐绅，曰人物，曰列女，曰艺文，曰碑刻，曰旧迹，曰物产，曰丛余，此十二类。总纂为彤皆，鉴定则严公范孙，其分任各事诸君子应于全书中胪举而特载之也。辛未仲秋。

16.《金氏家集》四种，民国二十一年(1932)金钺刻本。

《金氏家集》四种，书签题："金氏家集四种"，包括《致远堂集》三卷，(清)金平撰；《善吾庐诗存》一卷，(清)金铨撰；《黄竹山房诗抄》六卷补一卷附《田盘纪游》一卷，(清)金玉冈撰；《芸书阁剩稿》一卷，(清)金至元撰，共四种凡十四卷，皆天津金氏族人著作。

此集金钺多次校订，修改，癸酉年跋云："癸酉又校仍有修正，并付入《家训》一篇于末，此后印本虽不敢即谓无舛，然较初印则改观矣。"

①《致远堂集》三卷，金平撰，存版二十块(不全)。

牌记"戊午年镌，版存家祠"。

二种本与四种本中《致远堂集》书名页等内容及刻书风格均不同，乃二个不同的版本。二种本卷前序题为"王揆致远堂集序""章天相致远堂集序"，卷端金钺署名为"裔孙钺浚宣编校"；四种本卷前序题为“致远堂集序”，卷端金钺署名为“八世孙钺编校”。二种本《致远堂集》序末无金钺按语。四种本金钺按语云：

其中《致远堂集》金钺曾跋文三篇，

庚申八月：先八世祖，子升公，讳平，号惺园，浙江会稽县人，游天津，遂为家焉……公生于崇祯十六年癸未，卒于雍正四年丙午，寿八十四岁，归葬会稽，遵公志也。牌记：庚申冬天/津金氏刊。

丙寅秋月：是集刊成越六年丙寅秋月复校数过，又正讹若干字，并将前所缺遗者，反复推敲，一一酌补，敢谓即成完璧，姑就一时会心已耳。

癸酉：癸酉又校仍有修正，并付入家训一篇于末，此后印本虽不敢即谓无舛，然较初印则改观矣。

②《善吾庐诗存》一卷，金铨撰，存版十五块，全。

书名页“善吾庐诗存贰卷”牌记题“庚申六月刊成”，钤“钺”“金浚宣”二印。

《善吾庐诗存跋》云：“钺既辑吾宗野田公所制印而为《善吾庐印谱》，今又搜得公手书诗稿如干章，皆断纸残笺，理而次之，汇为一卷。公之生平箸作散失殆尽，此戋戋者，益足珍贵，爰亟付梓，以永其传。并辑各书所载公之传略冠诸卷首，而以当时诸贤题识及投赠篇什各手迹录附于后，俾读者知公学行之大要焉。惜乎《续印人传》所载汪讱葊先生曾见之《野田印宗》，其稿今杳不可得矣。庚申暮春。

③《黄竹山房诗抄》六卷补一卷附《田盘纪游》一卷，存版八十七块，不全。

《黄竹山房诗抄》牌记云“壬申暮冬”，书名页题“黄竹山房诗抄，华世奎署签”。《田盘纪游》一卷，存版七块，全。

民国二十年(1931)辛未刻本，六卷。金钺以旧刻《黄竹山房诗抄》为底本，加以校读、厘订，合为六卷。《黄竹山房诗抄跋》云：“原刻十二卷，其卷九为《天台纪游草诗》与《纪事》析而为二，当非真面，钺曾于《屏庐丛刻》中编入《天台雁荡纪游》一种，兹即删去，合十一卷改作六卷，移写授梓，虽吉光片羽，终可藉存梗概耳。”

民国二十二年(1933)癸酉补刻本。金钺《黄竹山房诗抄补跋》云：“《黄竹山房诗抄》校刊既竟，因思再为搜罗，乃于《蓬山诗存》中之《岭南酬唱集》，即所谓《山舟草》者得三十一首，于《金氏家集》中得一百八十首，于张君君寿手钞《粤游草》中得一首，共二百一十二首，辑录一卷，以补刊之。独惜旧本均未按年编次，致先后颇多踳驳，且纪游诸作，大抵皆随境逐序，以相贯注，其标题亦相因而生，选摘之际，意在求约，往往于其衔接者，截而取之，诗虽精妙，题则茫然，使人莫识其端绪矣。原稿于光绪庚子春被毁，今实无从为之考订，尚属一憾事也。又《田盘纪游》一卷，首尾完具，至可珍贵，亦从君寿手钞本移录，以附于后。惟其中之诗，有曾见前刻者，祇得并存。按公游田盘者七，此第六次，癸未所纪是为乾隆二十八年，公年五十三也。癸酉初冬。”

《家黄竹老人山水立轴跋》云：“画端所题一绝，其末句曰“隔篱虫语豆花香”。原刻《黄竹山房诗抄》内“香”字作“凉”，予重刻，据此墨迹易之，见卷三第二十页十六行。”

劫余资料中有《黄竹山房诗抄》手稿一册，共收诗三百九十四首，书中自列一他所到过名山大川名单，计有黄山、雁荡、九华、华岳、天台、岱岳等共一百五十一处。

金钺跋云：“右题画诗八首就予所藏黄竹老人画移录，均不见《黄竹山房诗抄》中，爰附于其后，壬申八月钺记。”八首诗歌，包括《题溪山垂钓图》《题秋山图》《题耶溪一景图》《题指头画双鹭》《题郊牛图》《题湖山寻胜图》《题秋柤图》《题松亭图》。

《黄竹山房诗抄补》牌记云“甲戌春”。

④《芸书阁剩稿》一卷，(清)金至元撰，存版九块，全。

书名页题“芸书阁剩稿”五字，牌记页镌“长洲章钰题 / 天津金氏刊”。卷前陈鹏年《金孺人小传》云：“孺人金氏名至元，字载振，一字含英。河间府金大中女，适宛平查君为仁。”“幼通诗书，通大义，颖慧绝人。女红之外，书算秦管，无不精擅。尤工于诗著。有《芸书阁剩稿》尤拔孤秀，不染粉黛习气。”另有，康熙壬寅年十月益都赵执信序，康熙辛丑七月王时鸿序，康熙辛丑八月胡捷序，雍正辛亥二月莲坡查为仁序。查序云：“首夏曝书，从丛帙中检得零缣断楮，凡若干首，亟录以附予《蔗塘稿》后。呜呼，吉光片羽，孺人岂求世知，予之存此者，盖不忍孺人之淑慧能文竟以夭折终泯灭而无传也。亦藉以写予哀于万一也。”

卷末金钺跋，云：“从《蔗塘外集》中移录重镌”，子升公所著《致远堂集》，芥舟公所著《黄竹山房诗抄》，钺既编校刊行，今复广播斯集，以与后先辉映，且见吾先世无不笃志劬学。

详见本章第一节“金钺诗文集”。

收至元诗作二十三首，附莲坡诗作八首。《春日》《朝来》《古意》《过草亭作》《春尽日》《重过郊外园林》《弹琴》《夜坐》《雨中感怀》《问雁》《庭花》《闻燕语有作》《初夏》《礼斗》《催妆诗次韵》(附莲坡《催妆诗》)《夜话和莲坡主人韵》(附莲坡《与内夜话》)《题花影庵诗集》(附莲坡内子为予题花影诗稿，依韵答之)《自述》《偶成》(附莲坡同作)《中秋坐月》(附莲坡同作)《夜坐寄莲坡主人时客都下》(附莲坡答内子见寄原韵)《水仙花》(附莲坡次韵)《夜合花》(附莲坡次韵)。

⑤《金氏家训》一卷,木版(缺)。

二种本之后,无《家训》。但《家训》与二种本刊成于同一年,传本中亦有二种本附录《家训》者。卷末,金钺跋云:"右为吾宗由浙之会稽始迁天津先八世祖子升公所著《家训》一篇,旧藏家乘,皆传抄本,今敬录授梓,俾便诵习,庚申仲春第八世孙金钺谨识。"

17.《王仁安三集》六卷,王仁安著,民国二十二年(1933)癸酉金钺刻本。

《王仁安三集》包括五个部分,曰《集外杂存》,曰《戊辰海天集》,曰《任自然斋剩稿》,曰《待终草》,曰《拙老人余话》,由门人王赓纶校字,登诸梨枣。

18.《屏庐题画》一卷,金钺撰,民国二十三年(1934)续印本。详见本章第一节"金钺诗文集"。

19.《天津文抄》十卷,民国二十四年(1935)补刻本。

是书刊成之后,书版几经修订,挖改。金钺又作一篇跋文,加以说明。云:"是书刊布后,屡承友朋为之纠讹订误,曾经随时修版,兹复审校一周,仍不免有所勘正,爰亟命工剜改,并再缀数语以志印本流传间有异同之故,而几尘风叶,恐终难廓清无遗也。"

存版一百七十块,不全。

民国二十四年(1935)补刻之《天津文抄》,内容更为可靠。

20.《天津诗人小集十二种》,高凌雯辑,民国二十四年(1935)刻本。

书名页题"天津诗人小集十二种",牌记叶题"丙子夏日金氏印行"。单鱼尾,版心刻书名,页次,版心下镌"天津志局汇刊",高凌雯序。

《天津诗人小集十二种跋》云："《天津诗人小集十二种》乃高君彤皆向纂县志艺文时于征集乡先哲遗书之中爬剔丛残，编次写定者，当经志局汇刊雕工甫毕，校字未终，荏苒至今，已逾十稔，窃念功亏一篑，竟尔弗克成书，若版片长此恝置，将恐虫窒鼠啮，剥脱不完，匪惟有负收拾滗萃之苦心，而名篇佳什沈霾莫显，久或同归澌灭，宁毋甚可惜耶。爰与彤皆商酌，重事董理，一再覆勘修正，既竣，亟印行，以广其传。吾乡自遂闲堂张氏、水西庄查氏，际会承平，扢扬风雅，诗人接踵辈出，其裒然有集，流播海内，为艺林珍重者，颇数见不鲜，兹刻所录仅十二家之作，虽区区未足以尽大观，而二百年间风格之转变与派别之源流，即此亦可藉窥一斑矣。乙亥仲春。"

《天津诗人小集十二种》，高凌雯辑，包括：①《欸乃书屋乙亥诗集》一卷，张霔；②《履阁诗集》一卷，张坦；③《秦游诗》一卷，张埙；④《读书舫诗抄》一卷，胡捷；⑤《卜砚山房诗抄》一卷《后集》一卷，周焯；⑥《炅斋诗集》一卷，胡睿烈；⑦《青蜺居士集》一卷，丁时显；⑧《林于馆诗集》二卷，查昌业；⑨《蕉石山房诗草》一卷，康尧衢；⑩《欲起竹间楼存稿》六卷，梅成栋；⑪《韵湖偶吟》一卷《后集》一卷，刘锡；⑫《醉茶吟草》二卷，李庆辰。

21.《志余随笔》六卷，高凌雯撰，民国二十五年(1936)金钺刻本。

是书由文楷斋刊刻，版心下镌"屏庐续刻"。

高凌雯在编纂天津县志过程中，搜集了十分丰富的资料，但由于志书体例的限制，不能将所有内容收入新志，因此将民间掌故、旧闻等整理出来，加之修志感想、体会等资料编辑成《志余随笔》六卷。

金钺《志余随笔序》云："彤皆曩撰《县志》，于轶事、旧闻采访不遗余力，昕夕从事，垂十年之久，较之迫促，成书未遑，展转搜集者，不可同日语也。是编即其纂辑之余，随笔所札记。此因钺索读，乃手钞清本见示，都四百余条，厘为六卷，虽未尝分门别目，而以类相从，隐有部居，年代先后，秩然不紊，大抵吾乡数百年来流风遗韵颇可考见矣。凡所纠正，灼灼能辨积年故老讹传之误与旧籍载笔失实之疏者良多，而于潜德幽光，尤阐发尽致，即一行之善有足多者，无不表章，以传其人。至所论《修志义例》之宜，酌古准今，及征文考献之在在匪易，悉甘苦有得之言。若夫科名、制举，今虽视同梦幻弃等弁髦，然在当时固属国家抡才重典，士子抱负所学，亦罔弗由此途以登庸建业，世运隆替之机胥，因以系焉。其规制之迁变，风会之转移，一切情景若何，俱应为将来讲掌故者所不可不知，而前尘已杳，耆宿渐稀，惟冀及今有曾身歴其境眷，不厌追思细述，记载成篇，俾为异日稽古之资，斯足幸耳。故此中遇科场事迹，每一再引申，所以饷来学而存文献者，又岂仅有关方隅之见闻已哉。夫志乘文字自世人共喜，康对山之高简，竞效其体，于是语焉不详，致前言往行，转就湮灭者，不知凡几。彤皆所撰志稿内人物、艺文二类，至为精审翔实，迥非旧志疏略可比。钺既为单印以行，则斯笔之流布益不容缓，举付剞劂，或不独乡人士之有以增快也。丙子八月。

22.《王仁安四集》，王仁安著，民国二十六年(1937)金钺刻本。

《王仁安四集》为王仁安七十以后之作，包括"诗稿有曰《八甲游戏集》，曰《乙亥随录》，曰《丙子新梦集》，皆寥寥无几，文乃仅存《雪颒集序》一首，遂由散见各处者，攟摭会萃，次录一卷，谓为《集外文补遗》，附之于后，仍踵前三集之例，校刊以衍其传，题曰四集。俾全终始，以成完璧耳。”

23.《天津政俗沿革记》，王守恂、赵芾撰，金钺校，民国二十七年（1938）刻本。

《天津政俗沿革记》一书不是一触而就，几经纂校、修订。金钺序中叙述详尽，云：“斯编初由王君仁安之门人赵生甫芾起草，生甫固以工古文辞名于时者，君益宗尚陈寿、欧阳修之法，即其藁削繁就简，改窜几十之八九，原本涂乙纷纭，读之如涉荒径，则荆榛在望，举步趑趄。予尝怂凭录副，久而未果。癸酉，君年七十，似已未可再缓，适因避乱，小住于予之心远楼，晨夕倾谈，复商及兹事，旋遂乘兴，亟召钞胥，就君家写定，盖凡旁行斜上，踳驳莫辨者，非由君自行口讲指画，未易移录也。每卒一卷，予即取以勘校，自夏徂秋，三阅月而毕。君并原稿悉以付予，窃惟此箸采掇既广，搜罗甄抉，从事綦难，补阙证疑，或须有待，藏之箧衍。忽又累年，君至病危，犹以此书未获观成，系念良殷。君继室黄夫人于君故后，乃思有以偿其志而完其功，慨然愿节缩衣食为剞劂之费，倦倦以相諈诿，予未可负其雅意，况亦深虑孤本仅存，恐致沈霾弗显也。爰力任之，即以曩所写本，稍事厘订，上版开雕，次第工竟，堪慰九原。”

24.《黄山纪游》二卷，（清）沈青来著，民国二十七年（1938）刻本。

此书有朱印本和墨印本二种行世。

版心下镌“屏庐续刻”。

《黄山纪游跋》云：“《黄山纪游》二卷，吾乡沈青来先生箸。先生精着色花卉，兼善山水，工诗能书，生当承平之世，以风雅见重于瑶华道人，馆其邸第甚久，尝汇录生平所见名画为《养素轩读画记》一书，至足珍贵，惜原本已佚，即传钞亦无从访求矣。去年姚君品侯偶于古肆，得先生手书《青来馆吟稿》十二卷，《题画诗》二卷，《日记》三册，均无卷次，亟以示钺，用共欣赏。钺假读一过，乃于《日记》中钞出嘉庆四年己未八月游黄山往返之一节，而合以同时纪游诗，即吟稿第八卷也，辑为此编，付诸剞劂，姑存全豹之一斑已耳。先生抵歙，居程音田振甲家之别墅三年。程氏固望阀，世所知程易畴瑶田，即其同族。先生之与易畴相过从，亦数见于日记中也。戊寅孟春。

天津社会科学院图书馆藏有十五部朱印本，索书号:06880，其中一部内有日历纸夹条，背面墨笔题记，云:卷下六页后六行二十字“鸣”应是“明”，卷下八页后五行夹注二行四十字，“各”下“口”补上横。

卷上十一页前四行二十字“耕”右上横残。

版心下镌刻“屏庐续刻”。

墨印本“明”及“各”字缺笔均修改、补刻。

其中一部朱印本中夹有数张方签，“明”字处挖空，概修版时所用。

天津图书馆亦藏有朱印本，钤“天津金氏雕印”朱文长房印，索书号:P34017。另一部，卷端钤“琴盦 / 珍藏”白文方印，索书号:P7070。

从所见朱印本数量推断，金钺所印朱印本不仅是用于校稿，亦在刊布流传，为正式发售之图书。

25.《黔行水程记》一卷，（清）孟继埙撰，民国二十七年（1938）

刻《屏庐续刻》本。

孟继埙，字志青，一字治卿，天津人。继坤弟。清同治十二年(1873)举人。授内阁中书，任御史，出守贵州石阡府，改官湖北盐法道。

是书金钺请文楷斋刻印。四周双边，白口，双鱼尾，九行二十一字小字双行同，版心下镌“屏庐续刻”。[①]

《黔行水程记跋》云：“《黔行水程记》一卷，吾乡孟志青撰。善隶书，工画兰，嗜金石碑版。仕至湖北武昌道署按察使，卒于任。是书为其由御史出守石阡时途中之日记。其内容“黔地多崇山峻岭，惜此记祇形波涛汹涌之奇，而未写峦嶂嵯峨之胜。”后附石阡即景诗二十首，“藉以少补山色，且为考边徼风土者”。

26.《屏庐文稿》四卷，金钺撰，民国三十一年(1942)刻本。

详见前“金钺诗文集”。

27.《屏庐文续稿》一卷，金钺撰，1951年蜡刻本。

详见前“金钺诗文集”。

《屏庐丛刻》刊成之后，金钺开始《续刻》的编辑及刊印。金钺致高凌雯信中言：“《续刻》已刊成三册，再得《黔行水程记》付刊即是四册，暂作一段落亦无不可。”即《志余随笔》三册；《黔行水程记》一册，两种四册。他本想刻成四册之后暂停，但高凌雯建议他再多刻几种。在他写给高凌雯的信中说到：“《续刻》册数虽不可少，种数不可太少，诚然，诚然。若能再集小品几种，实为至善。姑即以抄本为限。”今日所见《屏庐续刻》有《志余随笔》《黄山纪游》《黔行水程记》三种，续刻计划以抄本为主，《静喜草

①中国科学院藏本，索书号史540，号1724，卷末护叶朱笔记“莘文斋，1册，80元”。

堂杂录》《保积堂诗稿》《谷斋集》《周易函书补义》有整理初稿已完成的，有誊清本，有写样本，可惜均未付诸梨枣，流传于世。《沈青来年谱》《吟斋尺牍》《严范孙先生年谱》亦曾整理，但或因内容少、精品不多，或因资料不全，或曾有刻本，均未能入选《续刻》。《漫录》与《丛刻》体例不合等，虽在其整理范围内容，惜未能刊刻。

金钺《戊午吟草》中，有“教授子望读《说文提要》《文字蒙求》及予所辑之《古字汇钞》《十三经字课》等书”。此处所提到的金钺所辑“《古字汇钞》《十三经字课》等书”未见刊行。

（四）金钺印书概述

1.《双清书屋吟草》一卷，（清）王樾撰，民国十一年（1922）刻本。

牌记页题“壬戌季夏刊成，后学张寿署端”，王守恂跋。“天津市市立图书馆”登记书签，捐赠者：金钺先生，登记：民国二十一年五月二十九日，天津图书馆藏，索书号：P11636。

天津图书馆藏，索书号：P14664，卷端钤“金氏 / 拓本”朱文方印。

2.《欲起竹间楼存稿》六卷，（清）梅成栋撰，民国十二年（1923）天津修志局刻本。

金钺题书名，钤“金氏 / 拓本”朱文方印。版心下镌“天津志局汇刊”，卷末“癸亥十二月高凌雯识”，天津图书馆藏，索书号：P14652。

3.《补注瘟疫论》四卷，（清）吴有性著，（清）洪天锡补注，民国十五年（1926）金钺印本。

是书板为金钺所购，初次以原版印刷，卷末无金钺跋文，版心下镌"晚翠堂"。后金钺在卷末印跋文一篇,叙述了书板源流及其修板印行的过程。

《补注瘟疫论跋》云:"洪吉人先生《批注瘟疫论》一书原版旧藏华氏,后流落于宝森堂书肆,堆置尘霾,今已有年,肆估每与予道及辄欲举以见售,予喜是书为乡先正之名著,且幸椠片未甚剥蚀,而予又前有戴氏《广瘟疫论》之刻,遂于今夏购得,召史匠剔补而摹印之。俾与戴氏之书并广流传,互资紬绎,庶于吴又可之说阐发无少余蕴,洵可为治疫之准绳矣。惟惜原书非先生自写定编次,既属不精,名之曰《补注瘟疫论》似尤未洽,夫非增益前人之注,何补之有?然行之已久,无如何也。丙寅秋。"

现存木板一百四十五块,不全。

此为金钺购得书板并刊印之书"第一种"。

4.《曝书亭词拾遗》三卷《志异》一卷,(清)朱彝尊撰,民国十四年(1925)金钺印本;民国十五年(1926)金钺补刻本。

民国十四年金钺购得《曝书亭词拾遗》木版,并印刷以广流传。

金钺用原版印刷之本,卷末无金钺跋文,天津图书馆藏,索书号:P25044。

《曝书亭词拾遗跋》云:"是书版刻不知何时佚,自翁氏厂估某偶遇于毕罗店之爨下,方欲析以为炊,询所由来,盖计斤买得者,亟偿其直,辇去。惜阙一椠,乃据初印本刊补完足,某寻以闭肆货之。又逾数年,展转遂归予斋。昔传毛子晋有一孙嗜茗,劈《四唐人集》版作薪煮茶,斯刻若何流落人间,虽莫能悉,而灰烬之劫,几与《四唐人集》版同一浩叹,幸得好事如某,为之脱庋而护持,不致沦胥。予何敢取而自秘,爰称董理,拓以广传,用志因缘,缀旒于后云。乙丑初秋。"

民国十五年金钺将前人补板之叶,重雕,再印,并作跋文加以说明。这篇跋文未收入文稿,仅见于书后。云:"补板乃卷下四五两叶,旧刻字画与原书不一,今重镌易之,丙寅孟冬,钺校勘又志。"

此为金钺购得书板并刊印之书"第二种"。

(五)金钺未刻书

金钺申请入文史馆时候,有一份自述,由王斗瞻代写。其中说道著述、捐赠等内容,"天津人士孤本未刻著作八十五册"。这部分未刊稿入藏后分散在馆藏中,此次整理见到四种十三册,三部入善本,一部入普本,具体如下。

1.《静喜草堂杂录》二种,查善和撰,整理本。

关于《静喜草堂杂录》的整理,金钺曾在写给高凌雯的书信中提到,云:"《静喜草堂杂录》既在手下,若竟不为整理,亦觉歉然。日来取出翻阅,忽思得一编录之法。凡所摘抄者,悉删去,于摘抄之下,有低格按语者,合摘抄为一条;凡所自述者出,将仅记一时起居删去外,其有关学问、阅历与掌故者,概以大字顶格,逐条排比,如此移写,似可爽目矣。"《静喜草堂杂录》整理并不是很容易,金钺在给高凌雯信中说:"《静喜杂录》删去摘抄存已无几,将来或即存其自述数则而已。原本涂乙错综,移抄大费事矣。"

《静喜草堂杂录》共二种:一是《丙申杂记》,二是《东轩年谱》,都是查善和未发表的手稿。金浚宣得到后进行了加工整理。然后请邱学士抄录一过,是在民国三十四年四月。

查善和(1733—?),字用咸,号东轩,又号介仲。莲坡次子,善

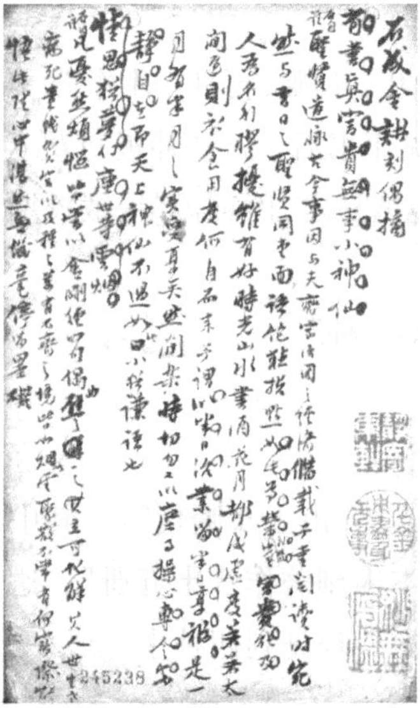

《静喜草堂杂录》稿本卷端

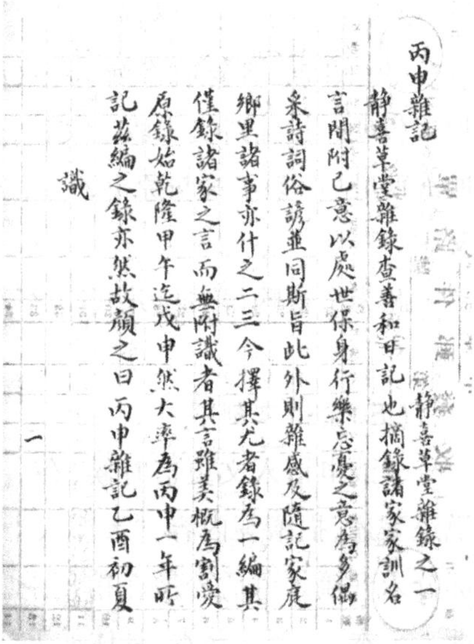

丙申雜記

靜喜草堂雜錄之一

靜喜草堂雜錄查善和日記也摘錄諸家家訓名言間附己意以處世保身行樂忘憂之意為多偶采詩詞俗諺並同斯旨此外則雜感及隨記家庭鄉里諸事亦什之二三今擇其尤者錄為一編其僅錄諸家之言而無附識者其言雖美概為割愛原錄始乾隆甲午迄戊申然大率為丙申一年所記茲編之錄亦然故顏之曰丙申雜記乙酉初夏識

一

《静喜草堂杂录》整理本封面

书。著有《二十四史然疑笔录》《东轩诗草》等。①

整理本，封面墨笔题：静喜草堂杂录二种，丙申杂记静喜草堂杂录之一。卷前题识云："《静喜草堂杂录》查善和日记也。摘录诸家家训名言，间附己意。以处世保身、行乐忘忧之意为多，偶采诗词俗谚，并同斯旨。此外，则杂感及随记家庭、乡里诸事，亦十之二三。今择其优者，录为一编。其谨录诸家之言而无附识者，其言虽美，概为割爱。原录始乾隆甲午迄戊申，然大率为丙申一年所记。兹编之录亦然，故颜之曰《丙申杂记》。乙酉初夏识。"

甲午六月十九日记又记（乾隆三十九年，四十二岁）：七月六日记

丙申三月（乾隆四十一年，四十四岁）：三月十二日记、三月十三

①《天津书画家小传》：天津市文史研究馆.天津文史丛刊，第十期[M]，1989。

日记、三月十五日记、三月十六日记、三月十七日记、三月十六日记、三月十六日记、三月十七日记、三月二十日记、三月二十二日记、七月十日记、八月初十日记、八月十二日记、八月十五日记、八月十六日记、八月十九日记、八月二十日记、八月廿十二日记、八月廿十三日记、八月二十四日记、八月二十五日记、九月初三日记、九月初四日记、九月初九日记(重九记)、九月初十及十二日记、九月十八日记、九月二十一日记、十月初六日记、十月初七日记。

丁酉八月二十一日记(乾隆四十二年,四十五岁)。

丁酉九月十日记:以上三节记于书衣前叶。

《东轩年谱》:《静喜草堂杂录》之二,卷前题识云:“查善和,字用咸,号东轩,雍正癸丑十月五日生。祖日干,字天行。父为仁,字心谷,即莲坡老人也。叔为义,字履方,号集堂。礼字恂,初号俭堂。兄善长,字树初,号铁云。诗书满门,人文极盛,邑志俱有传。是编附《静喜草堂杂录》后,盖自订年谱也。原稿密行细字,书写草率,难于辨识,且增注甚多,次序凌乱,兹为迻写,略加编次。惟斯谱止于丙申,其后诸年则摘采《杂录》以增补焉。”

《年谱》记录其十九岁(乾隆十六年)至五十六岁(乾隆戊申,五十一年)事迹。卷末题“乙酉四月既望邱学士录竟”。《年谱》中以按语的形式,将从日记中增补的地方加以说明。如四十四岁丙申,乾隆四十一年,“按此下自记云:丙申十月十六日东轩自记。又自题其后云:思前忆往,亦人之恒情,尤病夫一大病,特古人年谱往往有之。作此毕后,凡今日以前事,无论是非苦乐,视之如前尘昨梦,不得再生沾泥带水心,纠缠不已,以度眼前岁月,素位随缘,坦然夷然。以尽人听天而已,丙申十月十七日记。”

天津图书馆藏《静喜草堂杂录》，（清）查善和撰，稿本，子部，杂家类，索书号：S3844，一册一函。卷端钤“妙无庐”白文方印，“千金用尽身无事”朱文方印，“静寄东轩”白文方印。卷末钤有“金屏庐长寿”朱文圆印。封面墨笔题“静喜草堂杂录，乾隆甲午六月起。”开篇为《石成金诸刻偶摘》，甲午六月十二录于先君之淡宜书屋。《李九我先生家训》，甲午六月十三摘书时力戒用心，不敢丝毫着相也。《徐芳家乘》等，甲午六月十四日、六月十五早、六月十六日、甲午六月十七日道怡查道人、甲午六月十八日晨末淡宜书屋书，等等。是稿正如《东轩年谱》卷前题识所云“原稿密行细字，书写草率，难于辨识，且增注甚多，次序凌乱。”

金钺致高凌雯信中亦言：“《静喜杂记》每一展卷为之生畏”，足见稿本整理之难。

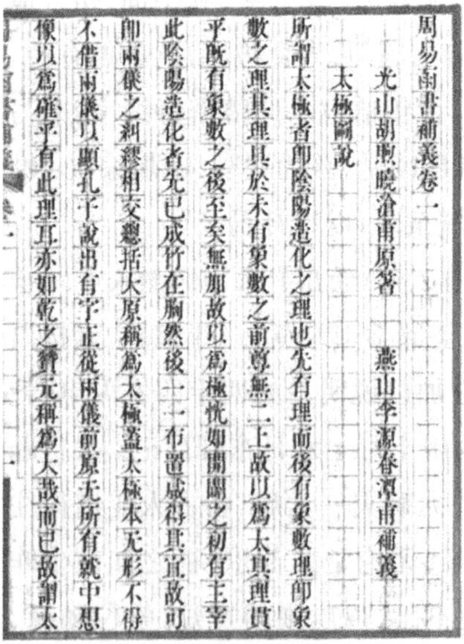
周易函書補義卷一
光山胡煦曉滄甫原著　燕山李源春潭甫補義
太極圖說
所謂太極者即陰陽造化之理也先有理而後有象數理即象數之理其理具於未有象數之前尊無二上故以爲太其理貫乎既有象數之後至矣無加故以爲極恍如闔闢之初有主宰此陰陽造化者先已成竹在胸然後一一布置咸得其宜故可即兩儀之絪縕相交總括大原稱爲太極蓋太極本无形不得不借兩儀以顯孔子說出有字正從兩儀前原无所有就中思像以爲確乎有此理耳亦如乾之贊元稱爲大哉而已故謂太

《周易函书补义》卷端

内夹一纸，金钺题：“此自述一篇，曾移录清本，拟编入《屏庐续刻》而未果。辛巳冬初，屏庐记。（辛卯误作辛巳）”钤“金钺／之印”白文方印。

据此题跋可知《劫余资料》中所存《静喜草堂杂录》二种，即据天津图书馆藏本进行整理而未刊行之书。

2. 周易函书补义八卷，（清）胡煦晓著，李源春补义，写样抄本，天津图书馆藏,索书号:P37482,八册一函。卷首有金钺题记,云:“拟为重刊,据原刻本移写,后搁置已久,讫未上板。”

3.《保积堂诗稿》一卷《杂著》一卷,(清)周人麒撰,清抄本。天津图书馆藏,索书号:S3115,二册一函。

4.《谷斋集》不分卷,(清)朱函夏撰,清抄本。天津图书馆藏,索书号:S3123,二册一函。

二、金钺刻书精神

(一)严于校勘

一是对于校勘的认识。金钺在《说文提要校订序》云:“著书之难,而校书亦正匪易也。”

在其写给高凌雯的信中,曾提到《猗觉寮杂记》的校勘。云:“昨校《古泉丛考》卷一,末则内许天启既系崇祯时臣工,不能用“熹宗”年号二字为名,此必有误,不然即“崇祯”二字有误,原注出《猗觉寮杂记》,君寿注为误作,盖以为崇祯时事不应出宋人著作中,而未虑及天启二字是熹宗年号,亦不应崇祯时人用此为名也。窃按宋徽宗有崇宁年号,但未知《猗觉寮杂记》是北宋人著,是南宋人著,须检阅原书,原注出处或不误也。拟何尊藏武英殿丛书内该种一为核定,乞便中检出,示及为荷。”

劫余资料中有三种书的校样:一是《天津政俗沿革记》,封面题“天津政俗沿革记校样”,朱印本,存七卷,卷五至十一;二是《天津文抄》,存校样四卷,卷一、五、六、七;三是《志余随笔》,存校样六卷,卷一至六。为校对方便,用红色或较浅色印。从三份校样看,校对工夫是十分认真仔细的,都由金浚宣来做,刻字笔画不规范，一点一划都加以修改。如“莽”字应有一点，“戮”字当中作“人”不作“八”，“己”不能作“已”，“羑”从“久”不从“文”等。要改的字都在该处贴上小条，把正确的字写上，所以整个校样到处是小条。《志余随笔》不是全校样，只是哪些地方要改就贴上小条，所以整个校样完全是小条。金钺对刻版字迹，笔画书写要求十分严格，从其与文楷斋的书信中可见一斑。

在为高凌雯校刻《欲起竹间楼诗》时，写信给高凌雯云“《欲起竹间楼诗》校毕，凡笔划残者，旁及眉；标点笔划误者，注于眉。又加签二处，请酌定。”金钺校书十分严谨，笔划残、标点笔划误，都要出签，做修改。

二是对内容的修订。金钺一生仅刊印图书二十余种，但对每一部图书都是严于校刊，每发现讹误及新资料，便修版补印，一书多次修订，以求其善，以期“完璧”、“全书”。

《天津文抄》庚申刊印，乙亥重印。跋云：“是书刊布后，屡承朋友为之纠讹订误，曾经随时修版，兹复审校一周，仍不免有所勘正，爰亟命工剜改，并再缀数语以志。印本流传，间有异同之，故而几尘风叶，恐终难廓清无遗也。”

《金氏家集》中的《致远堂集》庚申年刊印，丙寅、癸酉补印。丙寅跋云：“是集刊成，越六年，丙寅秋月复校数过，又正讹若干字，并将前所缺遗者，反复推敲，一一酌补，敢谓即成完璧，姑就一时会心已耳。”癸酉跋云：“”癸酉又校，仍有修正，并付入《家训》一篇于末。此后印本，虽不敢即谓无舛，然较初印则改观矣。”

《屏庐丛刻》刊印之后，发现《吟斋笔存》原稿，再次修板，续印。《吟斋笔存》癸亥刊成，丁卯再印，跋云：“是书写刻越数年，又辗转假得一传抄之四卷完足本，忻然用以校刊，乃两本颇有不同。完本卷数虽符，其后二卷内驳而不纯，恐多为后人所增订，非原稿也。予既据以纠讹补脱，命工修版，复于其中选录十则，续刊卷尾。及弁言一篇，取以冠首。庶此刻虽非全书，亦已经具见其精要矣。”

《津人著述存目》二卷，金大本辑，蓝格抄本。天津图书馆藏，索书号：S3269。版心下镌“天津金氏写本”。《津人著述存目叙》云：族祖浚宣先生尝汇刊乡先达之遗书行世，名曰《屏庐丛刻》，近复为高彤皆太老姻丈印行所辑之《天津诗人小集十二种》，其阐扬乡贤，启迪来者之功，固难掩没，然而津邑自永乐二年筑城设戍，由衙而州、而府、而县，以迄今日之县市并存，其间四五百年，居民日以众，文风亦日以盛，人文代兴，曷可胜计，故云：从吾所好，尝鼎一脔者，非欤。本自民国二十三年秋，为母校图书馆采访旧籍，先后二年，每得乡人撰著，即为另纸撮记，其效沔阳卢先生之《四库湖北先生遗书提要》而自为《津人著述提要》一书，嗣读新志艺文，始知乡贤著述丰，皆待梓，其稿本之藏于家者，固已秘不示人，而家业凌替者，更不知流落何方，采访既已不易，购求更属维艰。爰改初衷，别辑存目，乃就新年来所见遂成是编。固知疏漏尚多，端待戚里垂教，始付手民先行问世，虽不克继浚宣先生之后，广求桑梓遗书，以阐幽光，而延坠绪，亦聊以便于乡人之检索云而。民国二十六年元旦，金大本志于喜金石录斋。

在此《叙目》上粘有一叶信纸，上题：

近复“为高彤皆太老姻丈”印行“所辑之”《天津诗人小集十二种》；嗣读（天津县）新志艺文；“固已”（又多）秘不示人；

“固知”疏(失遗)漏;“尚”(固知难免)多端待戚里垂教”;“先行问世”(以便检阅);广“求”(传)桑梓遗书;亦聊以“便于”(备)乡人之“检”(按图索骥)云尔。

以上数处,愚见如斯,请再酌定。

末钤“金/屏庐/长寿”朱文圆印。

内粘一印有绿色“天津市人民图书馆”的纸条,上钢笔书写:“津人著述存目,据金大本谈及笔迹,六行信纸乃金钺之笔,书内墨笔毛边纸笺乃高凌雯之笔。慧[①]注,一九八〇年十二月二十五日。”

三是注重刻书序跋撰写。

在金钺刊印图书中,卷首及卷末有其序跋。金钺撰写序跋,注重阐述一书之由来,书的版本源流,及刻书经过、刊书之依据。使人翻其序跋,可知刻书之经过。

(二)精于刊印

一是选择刻印精良的传统书坊刊刻图书。

文楷斋是民国时期北京最为著名的刻书坊,斋主刘春生,所刻书为世人称道,20世纪50年代初歇业。文楷斋最盛时期拥有三、四百工人,写手有三十多人。民国时期著名藏书家、刻书家都在其处刊印过图书,如周叔弢、徐世章、陶湘等人。周叔弢影刻的《寒山子诗》,其中一篇题记中写到“因念《寒山子诗》世无善本,遂用西法摄景,付北京文楷斋模刻。”金钺所刻之书多为文楷斋刊刻。有时是将稿件送在北京文楷斋刊刻,有时则工人到天津,在金钺处刊刻。

①慧,即常慧生,天津图书馆工作人员。

二是纸墨精良。

金钺自己编订了一份《天津金氏屏庐刊印各种书籍价目》，具体如下：

《许学四种》四册一套，宣纸精墨双番印，每部定价二十八元。

又四册，一套，宣纸精墨印，每部定价二十元。

又四册，一套，毛边纸印，每部定价十元。

《屏庐丛刻》十二册，二套，宣纸精墨印，每部定价四十五元。

又十二册，二套，绵连纸精印，每部定价三十五元。

又十二册，一套，粉连纸印，每部定价二十五元。

《黄山纪游》一册，毛边纸印，每部定价一元二角。

《黔行水程记》一册，毛边纸印，每部定价一元四角。

《志余随笔》二册，毛边纸印，每部定价四元八角。

《天津文抄》四册，一套，宣纸精墨印，每部定价十五元。

又四册，一套，粉连纸印，每部定价十元。

又四册，毛边纸印，每部定价六元。

《天津诗人小集十二种》十册，粉连纸印，每部定价十七元。

又十册，毛边纸印，每部定价十三元。

《欲起竹间楼存稿》二册，粉连纸印，每部定价三元。

《天津县新志人物艺文单行本》四册，一套，粉连纸印，每部定价十元。

《天津政俗沿革记》四册，粉连纸印，每部定价十元。

《王仁安初集》十二册，二套，宣纸精墨印，每部定价三十六元。

《王仁安初续集》十六册，二套，粉连纸印，每部定价三十四元。

《王仁安三集》二册，粉连纸印，每部定价四元五角。

《王仁安四集》一册，粉连纸印，每部定价一元五角。

《金氏家集四种》六册，一套，绵连纸精印，每部定价十五元。

《辛酉杂纂》四册，一套，粉连纸印，每部定价八元。

《广瘟疫论》二册，粉连纸印，每部定价四元。

《洪吉人补注瘟疫论》四册，粉连纸印，每部定价八元。

《曝书亭词拾遗》一册，粉连纸印，每部定价二元。

《善吾庐印谱》一册，宣纸盖印，每部定价三元。

辛巳冬月金氏屏庐订

由书价单可知，金钺刻书用纸不只一种。有宣纸、毛边纸、绵连纸、粉连纸，用墨也很考究，同一种书宣纸最贵，绵连次之，粉连再次之，最后是毛边。

(三)视刻书为己任

《屏庐续刻》刊出二种四册之后，因选题等原因，金钺想暂缓刻书活动。高凌雯建议他《续刻》二种四册，在种数、册数方面均显太少，于是他决定将整理抄本作为《续刻》刊印的主要内容。先后整理了《严谱》《沈谱》《吟斋书牍》，在他给高凌雯的信中说道："总之，此事及今不图恐即竟成绝响，若曰留待后人，则今世未免太杳茫矣。”

自《戊午吟草》迄《屏庐文稿》，在二十余年间金钺即刻自己著述，亦校刻友人著书；即重视乡邦文献整理，又注重前人刻印图书之流传。五十之后仅有《屏庐文续稿》一薄册，虽有刻书之志，因时局变迁，只能将整理之稿加以保存，待有后人刊印。

三、金钺刻书意义

金钺是民国时期天津著名的刻书家，其刻书活动受到人们的广泛赞誉。

高凌雯在《志余随笔》中称：“天津有藏书之家，无刻书之人，近惟浚宣喜为此。网罗旧籍，日事铅椠，十余年未尝有闲。由其先人撰述，推及乡人著作，已刊行二十余种。”

近代著名藏书家周作人曾购买了《屏庐丛刻》《天津文抄》《天津诗人小集》，还有一段中肯的评价，“近年木刻书不多，但如天津金氏之《屏庐丛刻》及《天津文抄》等，刻印均颇佳，与水竹村人各集相似，或是同一系统。”

近代藏书家伦明《辛亥以来藏书纪事诗》云：“乡贤著作网罗勤，铅椠连年自策勋。韵事鲍金今再见，共惊空谷足音闻。”诗按“天津金浚宣钺，性喜聚书，尤好搜集乡贤遗著，选录刊传”。

王謇《续补藏书纪事诗》云：“输金刊书毋昭裔，析津方志供商榷。惟君为富亦为仁，不与世接何伤哉。”诗按“金浚宣（钺），天津人。家富有，不与世接，惟收津市文献更传刻之。往岁重修津志，浚宣供资材，助刻费为最多。”

金钺注意地方文献的刊刻、收藏与保存，具有史学家的眼光。这种思想在他刻书序跋中多有体现。如《天津诗人小集十二种跋》云："《天津诗人小集十二种》乃高君彤皆向纂县志艺文时候于征集乡先哲遗书之中爬剔丛残编次写定者。当经志局汇刊，雕工甫毕，校字未终，荏苒至今已逾十稔，窃念功亏一篑，竟而弗克成书，若版片长此契置，将恐虫穿鼠啮。"

《天津县新志人物艺文单行本跋》云："右，《天津县新志人物艺文》六卷，高君彤皆撰。癸亥写定上版，惟全书尚未观成。"

《天津县新志半部本跋》云："天津县新志往岁已刊之稿，钺既取人物、艺文二类单印以行，其他亦次第印出，俾便披读，彤皆遂又反复勘校，正讹补缺，命工修理，致力数月乃克毕役。"

《天津政俗沿革记序》云："癸酉，君年七十，似已未可再缓，适因避乱，小住于予之心远楼，晨夕倾谈，复商及兹事，旋遂乘兴，亟召抄胥就君家写定……每卒一卷，予即取以勘校，自夏徂秋，三阅月而毕，君并原稿悉以付予。"

金钺将其刻书分赠友人、图书馆等处，如南开大学图书馆藏《金氏家集四种》《屏庐丛刻》《屏庐续刻》，均贴有蓝色书签，上印"金浚宣赠南开大学图书馆"。

第二节 金钺藏书研究

一、金钺收藏信札

金钺藏书思想与其刻书一脉相承，注重乡贤著述及资料的搜集。据目前所知,其收藏装订成册的信札可见一斑。

(一)金钺友朋往来书札

王仁安手札,一册,王守恂致金钺书札,二十六通(见"劫余资料"九);

高凌雯致金钺书札,十七通(见"劫余资料"十);

元博生致金钺书札,六通(见"劫余资料"十一);

金兴祥致金钺书札,一通;

翁之熹致金钺书札,一通;

周善培致金钺书札,一通;

张颐致金钺书札,一通;

陈中岳致金钺书札,二通;

沈曾迈致金钺书札,四通;

徐世章致金钺书札,四通;

赵元礼致金钺书札,五通;

姚彤章致金钺书札，二通；

王吟笙致金钺书札，一通；

罗振玉致金钺书札，四通（见“劫余资料”十二）；

王赓纶致金钺书札，四十七通（见“劫余资料”十三）；

王彦超致金钺书札，二十三通（见“劫余资料”十四）；

巢章甫致金钺书札，十五通（见“劫余资料”十五）；

张次溪致金钺书札，八通（见“劫余资料”十六）；

李琴盦致金钺书札，八通（见“劫余资料”十七）；

王斗瞻致金钺书札，二通（见“劫余资料”十八）；

黄邦正，一通；

金墉致金钺书札，一通；

苏春庭致金钺书札，一通；

张晋侯致金钺书札，二通；

徐宗浩致金钺书札，一通；

杨京勋致金钺书札，一通；

张子彬致金钺书札，一通；

耿韵槐致金钺书札，一通；

李二爷致金钺书札，一通（以上见“劫余资料”十九）；

文楷斋致金钺书札，六通；

金钺致文楷斋书札，八通（见“劫余资料”二十）；

钤致金钺信札，十通（见“劫余资料”三十八）；

章钰致金钺信札，一册，十通（天津私人藏书家收藏）。

(二)友朋致卢慎之手札

1.胡宗楙给卢慎之信札，四通；

2.金梁致卢慎之信札，七通；（以上见“劫余资料”二十九）

3.李琴湘致卢慎信札，三通。

二、金钺收藏诗文稿

金钺作为一名知书饱学之士，与当时文人墨客及名流之士多有往来，所藏津门名士之手札、诗文稿或残件颇多，从中可以窥见当时津沽一流文士的文化活动，亦可窥见金钺交友之情形。金钺留心搜集保存乡人书札手稿，《叙录》中介绍了许多，但有些仅仅有所提及，却不尽详细，这些藏件皆是当时名家之作。

（一）《癸酉展重阳水西庄酬唱集》

夏历癸酉祉光题名，钤“楼曾熙印”白文方印。卷首“癸酉展重阳天津水西庄秋禊留影，前坐者四人：赵幼梅、杨味云、查际

1933年水西庄雅集合影

午、高彤皆；后立者六人：严跐玥、许琴伯、陈筱庄、李琴湘、俞品三、陈诵洛，均由右至左。”

癸酉诗友于水西庄遗址雅集，以沈文和公诗句：“客到习闻渔父唱，诗成妙付雪儿歌。”十四字分韵，并依次录诗，形成是集。共有十四人，包括无锡杨寿枬味云、天津王守恂仁安、侯官郭则沄啸麓、航县许以栗琴伯、天津高凌雯彤皆、绍兴陈中岳诵洛、天津李金藻琴湘、江宁查耀际午、天津六潜芸生、天津严智怡跐玥、大兴俞祖鑫品三、雄县张同书玉裁、天津赵元礼、天津陈宝泉筱庄。卷末有祉光跋文，钤“祉光”朱文方印。李世瑜曾将此酬唱集和胡宗楙的诗合在一起写了一篇《读〈癸酉展重阳水西庄酬唱集〉及其他》，见《天津文史》1997年第20期。

(二)李琴湘诗稿

李琴湘(1871—1948)，又名金藻，字芹香，别号择庐，天津人。早年赴欧美及日本考察教育，曾任江西及河北省教育厅厅长、天津市教育局局长等职，晚年致力于社会教育与戏曲改良活动，著有《择庐诗稿》《择庐联稿》《天津乡贤赞》等，当年常与津门文人往来，组织或参与耆老诗会，与金钺亦较密切。金钺收藏其文稿多为蜡刻散叶，不成册，亦不成体系。概每次集会之后，诗作刻印赠送好友。金钺得一份，并将其保存起来。劫余资料见其诗稿共六叶，整理如下。

1.《乙亥重阳大风择庐例会移在水西庄分韵得“山”字》，蜡刻，油印本，一叶。云“析津无地可登眺，天风恨不飞来山。出我择庐六七里，移樽一酌荒园间。故人预约那可负，泪痕化作新诗斑。(移地作会，系去年持约之约)劝君莫问水西水，幸天所课闲中闲。(是日星期山谷句无暇天所课)敬请大吟坛教正。择庐未是草,重阳后一日。"是诗作于民国二十四年。

2.《再赋重阳一首前韵》,蜡刻,油印本,一叶。"故人昔兆须弥梦……此地及时要行乐,诗心不复去年间(省治迁保,人心不宁。去年重九,省幕同仁查际午、侯疑始、陈劼钦咸来作会,今之视昔,已不可得矣。)"尾题"择庐又草,重阳后七日"。是诗作于民国二十五年。

3.《慎之诗叠山韵奉和》,蜡刻,油印本,一叶。"自古好诗在诗外……如来法语吾能说,不及禅师一偈间。择庐呈稿,十二月卅一日。"是纸,墨笔题诗一首。《和择庐论诗再叠山韵》:"一自建安夸绮丽,伟长活淡志箕山。步兵放荡形骸外,靖节清超晋宋间。诗杂仙心成锦绣,语参妙谛证斓斑。浮生自笑多情累,指事驱辞总不闲。"是诗作于民国二十六年。

4.《章一老作古稀会慎之先生以诗来告奉和一首》,蜡刻,油印本,一叶。朱栏,版心下镌"松云阁"。云:"夏历岁丁丑七十古稀有乃今文潞公(耆英会中作七十七岁)作会……愿质诸大老,未审意然否?择庐呈稿,丁丑一月。"同纸,另有《丁丑春日洛声社长七十寿,用章一老公祝诗征和原韵》,云"众主一宾寿虎头(取黄句),耆英韵事溯源流。于今变例无司马(宋耆英会十二人,年都七十余,惟司马公六十四岁,本会袛十一人,限七十也)……并算几盈九百筹(人间韵事并遐算,一席几盈九百筹。刘几耆英会诗)。择庐存稿,二月一日。"是诗作于民国二十六年。

5.《余赴保阳镜忱瑾存以贺诗来赋谢即以留别》,蜡刻,油印本,一叶。云"我亦浮云耳,无心又出山。境迁四百里,事隔廿年间(余离本省教长职在民国五年)。有似拽牛鼻,真教攉虎斑。劳劳复尔尔，宁得一诗闲。择庐留草，一月十八日。”是诗作于民国二十六年。

6.朱栏，稿本，一叶。上题：因寿征文，身述吁，噫。吾意且蹉跎，于之就世……那复闲情哭当歌。择庐呈稿，庚辰生日。”是诗作于民国二十九年。

(三)胡宗楙诗文稿

胡宗楙(1867—1938)，字季樵，浙江永康人。家富藏书，书楼名“梦选楼”。早年办实业，任直隶知州，银行秘书。辛亥后寓居津门，潜心典籍，搜集金华文献，刊刻《续金华丛书》。胡宗楙写给卢慎之信，关于《续金华丛书》刊刻及受赠《先正遗书》事。民国二十五年用蓝色晒图纸印《丙子重阳择庐招饮水西庄分韵得便字》《丙子秋日洛声招饮新村赋此奉酬》等诗。分赠友好。

金钺劫余资料中仅见此稿三叶，存诗十二首。

1.《丙子秋日洛声招饮新村赋此奉酬》，末题：永康胡宗楙。一叶共诗十首。间有小字，题“丁亥夏余有《天津竹枝词》云：双双人影坐齐肩，八里台前水拍天。为畏夜深风露冷，夕阳如画趁回船。”丙子即民国二十五年。

2.《丙子重阳择庐招饮水西庄分韵得便字》，末题：永康胡宗楙。

3.《慎园小集和卢慎之》，末题：宗楙。诗云：“灵生入海求神仙，未知何日竟潜还。……月光满地踏如水。”是日集会五人，还有章一山、金息侯、管洛声、周斗卿。

金钺劫余资料中另见文稿，《兰娘》，蓝印本，一叶，署名“梦选楼主再稿”。

(四)卢弼诗稿

卢弼(1876—1967),字慎之,号慎园,卢木斋弟,人称"慎老",天津近代藏书家,解放后经友人推荐,为天津文史馆馆员,其《九十自述》云"知交怜我老而贫,大庇欢颜逮冷人。垂白终朝仍握管,不孤推荐意谆谆。"著有《三国志集解》《三国志注引目录》《慎园笔记》《慎园词》等,与兄木斋合刊《慎始基斋丛书》《湖北先正遗书》等数十种。先后将《吴星阶师遗稿》《经心书院题名记》等书寄赠湖北图书馆,并先辈文字、各种碑铭墨迹,暨周退舟遗稿寄赠楚学精庐,移交湖北图书馆。

"文革"时期金钺被抄家,无人敢到金家去,卢慎之仍与其保持密切往来。金钺劫余资料中,仅存几件刻印诗稿、文稿,未见其书信往来。片纸之言,经过历史演变仍能保存下来,弥足珍贵,亦保留了一些历史的痕迹。

1.《预作九十自述(已见七十一自述八十续述者不咏)》,卢弼撰,1964年蜡刻,油印本,二叶。题目下钤"慎之九十词翰"朱文方印,尾题"一九六四年甲申春日,卢慎之书于天津和平区大理道三十号"。共有七言古诗十六首,采用一诗一注的形式,主要介绍其著述刊印情况。如:顶格题"陈裴笺释早成编,世事迁延二十年。幸获明时先付梓,名山事业已流传。"换行,低一格题:"拙著《三国志集解》六十五卷,《续集解》二卷,与商务印书馆议定付印,忽值七七事变,全稿排好,打成纸型,阅二十年,中华人民共和国成立后,古籍出版社印行二千一百部,扫卖一空。此为人民政府印行古籍第一部书。"

2.《记樊樊山遗稿事》,卢弼撰,1965年蜡刻,油印本,一叶。

十行二十一字，左右双边，白口，版心上镌“樊山诗集跋”。字体廋硬。末题“一九六五年春日，沔阳卢慎之记，时年九十”。

《忆江南（题慎之世丈记樊樊山遗稿事）》，杨通谊撰，1965年蜡刻，油印本，一叶。云“无双士诗比剑南，多故国江乡、添藻，麓风、尘鞅掌发高歌，晚境怅蹉跎（繁山叟）……经桑害著述等，龙门谐趣横生，心火热天留，老眼看斯文，长爱柳苏新（慎之丈）搜遗著三老起金声……（三老搜访樊山遗稿，余兄弟为促成先君未竟之志，亦尽微力。）已久，六五年春日，锡山后学杨通谊。”

3.《樊山诗集跋》，卢弼撰，1965年蜡刻，油印本，二叶。行款版式同《记樊樊山遗稿事》。朱笔句读。末题“一九六五年乙巳首夏，乡后学沔阳卢慎之跋于天津寓庐，时年九十”。

4.《乙丑介眉集之七·诗史阁主人六十寿序》，卢弼撰，铅印本，一叶。

按：孙雄（1866—1935），原名同康，清光绪二十九年改名孙雄，字师郑，号郑斋，晚号铸翁、味辛老人、诗史阁主人，江苏昭文（今常熟）人。光绪二十年进士，翰林院庶吉士，官吏部主事，京师大学堂文科监督等职，民国藏书家、文学家。平生嗜书成癖，收藏图书十万余卷，“眉韵楼”为其收藏之所和著书之地。著有《眉韵楼诗》《诗史阁壬癸诗存》《眉韵楼诗话》《眉韵楼诗话续编》《郑斋汉学文编》《郑斋文存甲集》《郑斋类稿》《引日京文存》《诗史阁诗话》，编有《道咸同光四朝诗史一斑录》《道咸同光四朝诗史》等。

（五）陈中岳诗稿

陈中岳（1897—1965），字诵洛，一字嵩岩，浙江绍兴人。著名诗人。曾游杭州西湖，留有杂诗十五首，题为《侠龛丙寅杭游杂诗》,铅印成件,分赠友好。

《侠龛丙寅杭游杂诗》,陈中岳撰,铅印本,一叶。收录诗作十五首,包括《湖心亭》《孤山》《三潭印月》《钱武肃王祠》《岳鄂王祠墓》《清涟寺五色鱼游人每投饵观争食为乐》《楼外楼》《灵隐道中徧揽冷泉亭壑雷亭飞来峰诸胜》《武松坟》《湖上书所见》《西泠印社内题襟馆观乐栖楼有出纸索题者同游胡秀漳姻伯为写墨梅予亦赋诗以纪》《十月初三日在杭同学三十一人以黄志雄及予先后南归约餐摄影志雄赋诗予依韵为和》《志雄忽解职将作北游复赋此以壮其行》《渡钱塘江作》《三十岁初度作》。末题:陈中岳诵洛,甫待正稿。再贱著《侠龛诗存》《侠龛随笔》二种,客中所携无多,同好见索,请函天津日租界协昌里五十五号,本厲,即行寄奉。

(六)宋小濂文稿

宋小濂(1860—1926),字铁梅,又字友梅,晚号止园,祖籍天津宝坻,后迁至奉天义州(今辽宁省义县)。因其父宋永瑞行医,全家迁至吉林。是中国近代杰出的爱国主义者,工诗善书,与徐鼐霖、成多禄合称"吉林三杰"。曾任黑龙江铁路交涉局总管、呼伦贝尔副都统、署理黑龙江巡抚,后任黑龙江都督,中东铁路督办。在抗击沙俄,扞卫国家领土完整方面做出了重要贡献。民国十一年一月四日,辞去铁路督办职务,回北京过隐居生活,著有《晚学斋诗草》十二卷,《北缴记游》《呼伦贝尔边防报告书》等。

存《止园落成有序》,铅印本,一叶。即其迟官回北京生活时,购买一住处,修缮之后,以"知止止水"之意取名"止园",并成一钺藏书未见目录，仅能从现存资料中对其藏书情况加以勾勒。

(一)写于“诉讼用纸”上的藏书目

“诉讼用纸”所列书单，共二份，每份二纸。共有三十六部书，包括书名、册数、版本，一份部分书名前标红色“△”“☆”符号，另一份部分书前标“√”。部分版本项目不详，著为“待查”。这份资料没有开头结尾，看上去像是一份书目清单，但书写者不是金钺，具体书目如下：

1.《元曲三百首》一册，上海民智书局，民国十九年十二月初版

2.《说部精华》六册，待查

3.《三苏全集》四套，四十册，民国十年上海扫叶山房

4.《韩昌黎诗文全集》二套，八册，民国十七年

5.《全图儒林外史》一套，五册，民国十七年

(△)6.《半厂丛书》二十册，清光绪乙丑年九月(√)

(△)7.《醉茶志怪》一套，四册，清光绪乙丑九月(√)

8.《野语》一套，四册，待查

9.《三国志全图演义》上下，二套，八册，清光绪九年三月(√)

(△)10.《坚瓠集》十五册，八十一翁增祥题，待查

(☆)11.《史记索隐》全套，四册，宋本校正汲古阁藏板

12.《朱批增注聊斋志异》上下，二部，十六册，清同治年向华城吉公楼藏版(√)

(△)13.《涉园墨草》上下，二部，共十四册，待查

14.同文原版《西游记》上下，二部，十六册，清光绪十四年(√)

15.《清朝全史》上下，二册，中华书局，民国四年

16.《耒瞿堂来注易经图解》一套，八册，待查

17.《两般秋雨庵随笔》一套，四册，民国七年

18.《精本全图译注孔子家语》一套，四册，民国十三年

（以上一纸）

（△）19.《梦园丛说》十六册全，清同治十三年出版

（△）20.《说铨》三十二册，清道光五年重镌

（△）21.《说铨》后集下，九册，清道光五年重镌

22.《周易注疏》卷一至卷四，八册，清光绪丁亥年重印

23.《周易注疏》卷一至卷二六册，清光绪丁亥年重印

（△）24.《斯陶说林》十二册全，清光绪壬辰印制

25.《历代名臣言行录》十二册全，清光绪十二年

（△）26.《四书释地》四册，周道先珍藏

27.《孟子注疏》卷一至卷四，全一册，清光绪丁亥年重印（√）

28.《论语注疏》《孝经注疏》全一册，清光绪丁亥年重印

29.《毛诗注疏并校勘记》卷一至卷八，三册，清光绪丁亥年重印

（☆）30.《仿宋胡刻文选》上下，二部，共十六册，宋淳熙本重雕鄱阳胡氏藏版

31.《礼记注疏》三册，清光绪丁亥年重印

32.《春秋左传注疏》三册，清光绪丁亥年重印

（△）33.《遣愁集》二套，十二册，待查

34.《评选六朝文絜笺注》四册，汪次达题，上海扫叶山房印民国十五年

（△）35.《郑堂读书记》全套，六册，商务印书馆民国二十九年出版

36.《元曲别裁集》，上海开明书店印，民国十七年初版

（以上一纸）

民国二十八年，金钺与金石氏等有家产之争，此书目概当时诉讼所用。

（二）退还查抄时所见藏书目

金钺藏书总体情况因材料有限，未得全考，在李世瑜先生捐赠资料中，有一份“查抄留底”，共九叶稿纸。第一页：十种，共一百九十七册，一百二十二元五角。第二页：二十种，一百八十四册，四十九元五角。第三页：二十种，一百五十八册，五十五元一角。第四页：共二十种，一百八十三册，五十一元五角。（按：原记录为二十四元，实际当为五十一元五角）第五页：十八种，一百八十二册，五十五元七角。第六页：共二十种，一百一十九册，三十元五角。第七页：共二十种，六百零二册，一百四十九元。第八页：粗略记录九种书目信息，为概数。根据以上八页资料记录统计共一百四十七部，一千六百七十九册。第九页：仅书书名，三列，共五十九种，为李世瑜先生退还时抄录书目。纸头印有“最高指示，领导我们事业的核心力量是中国共产党。指导我们思想的理论基础是马克思列宁主义。”上题书名、册数、价格，此中价格为李世瑜先生帮助退还时，卖与书商的价格。借此，可管窥金钺藏书情况，兹照录如下：

1.《前汉书补注》《后汉书集解》；六十二册；六十元

2.《许氏说文四种》；四册每三元，五部；十五元

3.《屏庐丛刻》；十二册；七元

4.《周易证解》；四册；二元

5.《六书通》；五册；一元五角

6.屏庐文稿;二册六部;六元

7.钱文端遗书;八册;三元

8.郑征君遗书;八册;四元

9.天津文抄;四册;三元

10.金氏家集;六册;四元

11.有正味斋骈体文;十二册;一元

12.昭味詹言;六册;一元五角

13.辽居集;三册;一元五角

14.四当斋集;四册;一元

15.小谟觞馆骈文;三册;一元

16.疆本堂四编;四册;一元

17.鸿苞节录;十册;四元

18.春渚纪闻;四册;二元

19.辛酉杂纂;四册;二元

20.云在山房类稿;六册;二元

(以上第一页)

21.思旧集;六册;三元

22.铁桥漫稿;四册;二元

23.金氏家集;四册;四元

24.何义门读书记;十二册;四元

25.二曲集;十册;二元

26.代(戴)东原集;六册;一元

27.陶庐文抄;六册;三元

28.困学纪闻;十二册;二元

29.张文忠敏公遗集;六册;一元

30.石笛山房文集;八册;三元

31.道德真源;四册;一元

32.曾南丰集;十二册;三元

33.昧余书室全集;三十二册;四元

34.唐文粹;十六册;五元

35.惜抱轩集;十六册;三元

36.履园丛话;十二册;四元

37.绝妙好词笺;四册;一元

38.洞云小志;四册;一元

39.欧北诗抄;六册;一元五角

40.烈仙传;四册;一元

(以上第二页)

41.紫阳家塾诗抄;六册;一元

42.竹叶亭杂记;二册;五角

43.筠心堂存稿;四册;一元

44.两般秋雨庵随笔;十六册;三元

45.史通削繁;四册;一元

46.校碑随笔;四册;一元

47.贞松老人遗稿;六册;四元

48.韵诂;七册;四元

49.篆文大观;六册;四元

50.四六文抄;四册;六角

51.治晋斋集;五册;一元

52.寄园寄所寄;十六册;二元

53.永丰乡人杂著;十册;五元

文，末题“壬戌九秋，赋奉鉴正，宋小濂草”。

按：壬戌即民国十一年，金钺三十一岁。

（七）周学熙诗文稿

周学熙（1865—1947），字辑之，号止庵，安徽人。近代著名实业家，先后创办开滦煤矿、启新洋灰公司、华新纺织公司、耀华玻璃公司等，劫余资料中所见诗稿共五叶，系周氏闲逸观景、吟诗自遣之作，奉卢慎之鉴赏，反映了周学熙晚年生活的片段。

1.《七十有八自寿四首》，油印本，一叶。末署“先生大吟坛诲正，壬午冬月，止庵狃草。”

按：壬午，民国三十一年。

2.《自广》《得雨为饥民庆》，稿本，一叶，墨笔题“终日索居无聊，小诗自遣，录呈慎之大吟坛教正，癸未四月，止庵狃草。

按：癸未即民国三十二年。

3.《第三公园散步观晴雪》《中原六楼望晴雪日暮始归》，稿本，二叶，朱栏。并题：“雪后清景绝佳，因天寒未敢奉邀，时独游，作拙句二首，录呈吟坛诲正……止庵，十二月廿四日。”

按：二首诗作作于民国三十二年。以上诗作收入《止庵诗存》下卷。

4.周学熙致卢慎之信札一通。一叶，朱栏。

奉读《重九》观菊两次和章，钦佩之至，抛砖引玉，何幸若之，兹遵示，将拙稿录上，奉生迟钝，不值一笑，弟复教请慎之先生吟安。止庵启。

（八）章梫、李琴湘、迟庐、高凌雯等人诗稿

金钺收藏洛声社长新庄园落成，请诸友赏玩，作诗雅集。诗作由郭则沄整理。此稿为蓝色印本，五叶，不全。包括章梫诗作三首，李琴湘诗作一首，迟庐诗作三首，高凌雯一首，郭则沄尾题。具体情况如下：

1.《同声社洛声观察为主人慎之庭长戏作长歌和之》《又和慎之二截句》，章梫撰，蓝印本，一叶。

2.《戏和一老长古韵》，迟庐撰，《读慎之诗率和一首为一老辩即以折慎之》，李琴湘撰，蓝印本，一叶。

3.《再用金少保韵作一首意主排解殆步择庐后尘也》《步岑泉居士韵作打油诗》，迟庐撰，蓝印本，一叶。末题"丁丑六月雨中戏作，迟庐"。

按：丁丑即民国二十六年。

4.《和慎之戏作》，高凌雯撰，一首，《和彤皆学部旧作韵》，章梫撰，一首，一叶。

5.尾题，郭则沄撰，云："五月十三日，偕一山寿人，孝怀踽公，集于洛声社长新庄园，窗槛通明，俛临溪渌柳赏雨烟……郭则沄录草。"

（九）骆寿先手稿

骆寿先，生卒年不详。二首，手稿，末题"浚宣师辈哂存"。据崇化学会讲习科己巳(民国十八年)冬季学力、考勤奖金清单，知其为获得学力奖金的学员之一。

（十）徐镜波诗文稿

徐兆光(1883—？)，字镜波，近代天津人。幼习举子业，后潜心经世之学，于古文辞攻之尤力。民国十五年时已年逾四十。二十年代曾任天津劝业员，二十五年为城南诗社新增成员。著有《中国历史撮要韵语》三十六卷，《镜波公牍》三卷，《镜波文艺选存》二卷，《镜波文存》四卷，《水香洲酬唱集》四卷，等等。

镜波长金钺八岁，以文字交往“久而弥笃”，每成一篇必示金钺，虚心讨论。在金钺四十八件手稿中有十件与徐镜波相关，先后有《徐君镜波五十寿序》《镜波手录所作制艺题词》《徐君镜波五十述怀唱和集题词》《镜波手录诸家制艺题词》《题徐镜波藏徐震生画梅册》《徐镜波先生六十晋二寿秩》等。民国二十二年金钺给《镜波文存续编》题词，称“其文存之刻，久已名重于时，而为流辈所推许”，谓“初学之士，若取镜波之文熟读而深思之，然后再上追唐宋诸大家之文，当知锁钥在手”。鉴于中国史事浩瀚，难以掌握，徐镜波乃著《中国历史撮要韵语》三十六卷，自盘古开天迄民国，以提纲挈领，以韵语的形式编辑并注，文表相应，朗朗上口，以启迪蒙学，培养“人人具有爱国之忱，发强国之愿”，徐氏编纂“方有端绪”，金钺就“读而善之”，并题词作序，希望“早告厥成”，流传海内，以惠后学。

《六九述怀》二首，敬乞浚宣吟坛郢改。

其一

文字结交卅载余，光阴似箭两垂须。但求温饱无他志，聊寄蜉蝣莫笑愚。踪迹虽疏情愈密(君昔居城内与余相距数区，暇时辄晤，自君移居六区新宅，过从遂疏)，家庭多累意难舒。感君不作炎凉态，慨解私囊权济余。

其二

五旬初度勉为诗(曾为述怀十首，承友朋赐和)，六九生长又届之。

回首廿年戊辰事，偏观前用竟如斯。宏文两赠增余愧（君曾两次为文寿余，愧无以极），群籍频颁作我师（君频年出私资刊刻先乡贤诗文集多种，以彰潜法而广流传，每印就必赠，余获益良多）。一富一贫交乃见（古云：一贵一贱交情乃见），心心相契久相知。

辛酉君刊吾师《王仁安集》，余曾为跋文，君谓为知言，并云：茫茫千古心契良难，世有知言足资幸已。是为君与余相知之始。公元一九五二年六月八日，即壬辰五月十六日。弟徐兆光贡草。

《中国历史撮要韵语》，稿本，四册。封面墨笔题："中华民国廿三年十二月十九日装订，第一册，卷一至卷九，镜波徐兆光编辑并注。"钤"徐兆光印"，朱文方印。书名页题"甲戌冬仲/中国历史撮要韵语/黄寿昌"。甲戌即民国二十三年。

（十一）沈观诗稿

沈观，生卒年不详，待考。诗五首，油印本，一册。《书感》《辛亥中秋》《中秋日晨间雨雪至晚更晴》《醉中放歌》《食蟹》，末题"沈观初草"。

（十二）章世钊诗稿

章士钊（1881—1973），字行严，笔名黄中黄、青桐、秋桐，湖南省善化县人。曾任北洋政府段祺瑞政府司法总长兼教育总长，国民参政会参政员。中华人民共和国全国人大常委会委员，全国政协常委，中央文史研究馆馆长。清末任上海《苏报》主笔。

稿本，一叶，诗作二首，即《行严馆长惠诗赋和》《原作章世钊行严》。

另外，金钺收藏了一份亲笔书写的名单，上面记录了十九位人物的名与字、籍贯出身、曾任官职等。除金息侯、侯藜仙、沈增迈、翁之熹、陈涌洛等与金钺有文字往来藏件外，其余如邓秋枚、王兰溪、范鼎卿、张元骥、王季烈、顾寿人等未见藏件，而他们的事迹亦可见传世。

三、金钺藏书目录

从《戊午吟草》钤印本中照片可看出，金钺二十七岁时已经具有一定量的藏书。书中有其《自序》及《屏庐读书歌二首》描述其藏书情形。《自序》云："随我所在，书籍满前。纸笔狼藉，獭祭无闲。自惭寡陋，因肆凿穿。兴之所至，尤好诗篇。枯肠搜索，无乃可怜。挑灯伊吾，夜半不眠。气凌河岳，体夙弱孱。一编抱读，偻背耸肩。与古为亲，孤寂若禅。校勘考订，磨墨研铅。触疑依依，寝食忘焉。挂一漏万，仰媿前贤。酒酣挥洒，不计媸妍。法书名画，四壁云烟。虚室生白，相对周旋。奇文欣赏，其乐陶然。人各有好，我好殊偏。欲求解脱，积重流连。文人俗态，于焉斯全。问此为谁，金氏浚宣。"《屏庐读书歌二首》云："湛然一室，图书满楹。"据其孙金钟生描述，相片中的长案，今天依然完好的保存在其家中。巢章甫在致金钺信中写到："昔之无力置书者，尚可于朋友通看，今且不可得，若丈之藏书盈室者，承若星凤矣。"

陈中岳致金钺信中，赋诗云："先生雅致世共知，藏庋更得嫏嬛奇。"但金钺藏书"文革"时期散佚，今天仅见部分劫余资料。金

54.杜诗详注;二十四册;八元

55.爱日笔记;八册;四元

56.豸华堂文抄;八册;二元

57.称谓录;八册;六元

58.六书分类;十二册;三元

59.丙寅;四册;二元

60.天津县人物志;四册;二元

(以上第三页)

61.屏庐文稿;二册二部;二元

62.淳化阁帖;四册;一元

63.音学五书;十二册;三元

64.天岳山馆文抄;十六册;四元

65.续古文辞类纂;十二册;二元

66.天津文抄;四册;三元

67.屏庐文稿;二册;一元

68.杨忠敏文集;四册;一元五角

69.音韵四书;二册;五角

70.澄怀园文存;八册;一元

71.叠雅;四册;一元

72.四书反身录;四册二部;一元

73.黄竹山房诗抄;四册四部;二元

74.续汇刻书目;十册;三元

75.季氏译诗;四十八册;二十元

76.左传事纬;十册;一元

77.通鉴地理今释;三册;一元

78.画史汇传;十二册;一元

79.李氏音鉴;四册;五角

80.永康人物记;八册;二元

（以上第四页）

81.屏庐文续稿;十八册部;二元七角

82.周易折中;十二册;一元五角

83.屏庐丛刻;十二册;四元

84.习苦斋画续;六册;二元

85.明人尺牍;四册;一元

86.涧子集;六册;二元

87.林文忠公政书;十四册;二元

88.国朝畿辅诗传;十六册;四元

89.庄子集解;三册;一元

90.带经堂诗话;八册;三元

91.高邮王氏遗书;八册;五元

92.李氏五种;十六册;三元

93.韫山堂稿;八册;一元

94.粤匪记略;十册;三元

95.词林典故;三十四册;十元

96.丛书子目索引;一册部;六元

97.诸朝全史;二册;三元

98.庚辰丛编;四册;一元五角

（以上第五页）

99.桐阴论画;八册;一元五角

100.洗冤录;四册;一元

101.金氏家集;六册;四元

102.四书;四册;一元

103.天津政俗沿革记;四册;一元五角

104.尔雅;三册;一元

105.正谊堂文集;六册;三元

106.砚林脞录;四册;一元

107.孙文定奏疏;十二册;四元

108.三续疑年录;四册;二元

109.清人说荟;六册;二元

110.春晖堂印始;八册;一元五角

111.墨缘汇观;四册;五角

112.苏黄诗词;四册;五角

113.读书敏求记;四册;五角

114.复初斋诗集;十六册;二元

115.虞初志;四册;一元

116.国语;六册;一元

117.验方新编;八册;一元

118.竹窗楹语;四册;五角

（以上第六页）

119.骈字类编;四十八册;十五元

120.明鉴;十册;二元

121.天津诗人小集;十册;三元

122.班马字类;四册;二元

123.求阙斋读书录;四册;二元

124.剪灯丛话;六册;一元

125.说文繫传;二十四册;三元

126.养和堂遗集;四册;五角

127.文学大观;十册;一元

128.水竹村人诗选;四册;一元五角

129.王子安集;六册;一元

130.宜书类稿;八册;二元

131.六如居全集;八册;一元

132.墨稼类稿;四册;一元

133.曾文正日记;四十册;六元

134.广群芳谱;四十八册;十元

135.昭代名人尺牍续;二十四册;四元

136.画册;四十册;十二元

137.说文诂林;六十五册欠一册;六十元

138.知不足斋;二百三十五册欠五册;二十元

（以上第七页）

139.贞观政要等;五册;三元

140.西游录等;三册;一元

141.戊戌奏稿;一册;五角

142.善吾庐印谱等;七十一册;七元一角

143.别号索引等;二册;八十七元

144.盛京故宫书画录;八册;五元

145.酬字编,残;五元

146.芒落[1]冢墓遗文等三种;二元

---

①罗振玉辑.芒洛冢墓遗文三编,民国间罗氏刻本。

147.残书;三百八十元

（以上第八页）

148.李文忠公全书;
149.四库全书总目
150.烟霞万古楼诗集
151.徐霞客游记
152.樊山判牍续编
153.太平天国轶闻
154.曾国藩判牍
155.樊山判牍
156.过云集思闇书端
157.清朝野史大观
158.明儒学案
159.汉两堂题跋
160.胡文忠公遗集
161.十八家诗抄
162.曾文正家书
163.通鉴纲目
164.读书杂志
165.李子香寿宫
166.观山快览
167.石雪斋诗稿
168.梦仙诗稿
169.绿庄严馆诗存
170.严仁波先生遗著

171.天津市图书馆书目录

172.王文勤公奏稿

173.王文勤公年谱

174.瓯香馆集

175.闻妙香馆诗序稿

176.靖节先生集

177.敬乡笔录

178.织蔗书屋诗抄

179.船山遗书

180.左传评

181.杨园先生全集

182.皇朝经世文编卷

183.己畦诗集卷之三

184.斯文精华

185.栾城初集

186.曾文正公杂著

187.戊午吟草弍卷

188.滕县汉石画记,王襄著

189.漫简

190.珠光阁诗话

191.为一斋文抄

192.北堂书抄卷

193.海西草堂题画诗

194.严范孙先生古今体诗存稿

195.因树春屋诗稿

196.瀛唐诗集卷十五

197.青来馆吟稿

198.胡刻通鉴正文校宋记述略

199.绿庄严馆漫录

200.泊园居士遗怀诗

201.芥舟老人题画遗稿

202.游盘合录

203.欲起竹间楼精选七律吟集

204.耨学记

205.经史百家杂抄

206.留青新集

（以上第九页）

（三）藏书目拾遗

1.嘉庆丁巳科县学第一名试艺题，朱灿如撰，清刻本，一册。

按：朱灿如，江苏嘉定人。

2.宣统己酉科拔贡第一名，保和殿履试二等第十二名朱卷，姚得骏撰，清刻本，一册。

按：姚得骏（1898—？），字英宸，号雪岩，光绪戊戌年九月十一日生，直隶天津府青县县学优廪生，民籍。作《元代用兵远及欧洲论》《近代殖民政策得失论》《天聪明自我民聪明义》三文。

3.宣统己酉科优贡，庚戌科恭应朝考朱卷，葛昌楣撰，散叶。

按：葛昌楣（1987—？），浙江嘉兴府平湖县人。

4.李文正公手简，李文正撰，朝考卷题为《人道敏政地道敏树义》。

按：金钺《李文正公手简跋》云：右，高阳李文正公手简一通，共三叶，装成一册。姚君品侯家旧物也。品侯故后流落市间，兹由估人持来见视，予以其有关吾乡掌故，遂收得之。

5.仁安存函，王守恂撰，稿本。

按：《仁安存函跋》云“此仁安存函，为其手自题端而黏贴者，共三十五册，外附原函未黏者计四十余通。自其通籍以前迄于宦游二十载复归乡里后，凡一生之戚友及诸师长悉见于斯，即下走亦忝厕其间。首尾完具，历年无缺，若选其精者，将来饰以装潢，而宝藏之，洵巨观也”。(《屏庐又续稿》)

6.朱白民墨竹卷。

《朱白民墨竹卷跋》云：明人以写竹名家，其空灵峭逸，泊然尘外，堪称无肉食相者，端推白民高士为最。此卷分五段写成，复别纸自跋于后，欵题甲寅冬十月。按：钱谦益《牧斋初学集》卷七十一，朱鹭传云：崇祯五年年八十作辞世偈，沐浴更衣而逝。则甲寅当为万历四十三年年六十三，迄今历踰三百年，纸墨不渝，仍簇新悦目，加以赵寒山篆书引首，曰：髯仙妙墨，诚为精绝矣。计归予斋已垂十稔，每一展对，清爽之气可沁心脾，世有斯人愿执鞭焉。乙酉孟冬。(《屏庐又续稿》)

按：乙酉即1945年，十年前金钺收得《朱白民墨竹卷》。

7.沈青来先生手稿，沈青来撰，十余册，稿本。

按：往年姚君品侯偶得沈青来先生手稿十余册，持以视予。予假读一过，欲择其精粹者，为之刊传，而诗稿丛杂，尚待整理，仅先于日记中钞出游黄山之一节，复取同时纪游诗合编成帙，题曰《黄山纪游》，付诸梨枣，既竣专原稿奉还姚君。未几，姚君谢世，此十余册者，展转即归予斋。

8.名家挽联，抄本，七副。

按:从四十年代出版的天津《庸报》《大公报》及某处钞录。如《李文忠公挽乳母联》《林文忠公挽郑夫人联》《吴佩孚将军挽岳武穆联》《清慈禧太后挽曾文正公联》《袁寒云挽名伶汪笑侬联》《曾文正挽名妓春燕联》《左宗棠自挽等。是徐镜波抄录呈给金钺的。见"劫余资料"第四十三。

9.《雪翁鬻书润例》,民国十五年(1926)铅印本,一页。

按:雪翁即罗振玉,二十世纪二十年代初罗氏居住天津法租界31号嘉乐里,曾开展"鬻书助赈"活动,各地求书者颇多。民国十四年秋结束了在津鬻书活动,然"南中未知,友人多有远道邮乞者",虽勉为应诺,则"往返稽延繁费殊甚"。十五年因事至沪,同人请为此间乞书者破例一月,将此次润资为"博爱工厂"教养工徒经费,丙寅四月金兴祥为之谨启润例:篆隶书直幅四尺对剖……十元。其哲嗣子期,工刻印"古隽深厚,得汉人拨腊法正宗",为"中国大儒"兼大书法家沈子培(寐叟)赏识,民国十一年曾为其代订润例。此次随侍,一月内亦可奏刀,故后附《罗子期刻印润例》,罗氏父子书印相得益彰,这份润例,是反映罗氏父子书法活动的重要资料,对研究近代书法史有一定的参考价值。见"劫余资料"第四十四。

10.《君子留真谱》,李浚之撰,抄本。

按:刘春霖(1872—1944)题写书名。金钺所藏是书为缮写本,残缺。李浚之(1868—1953),号响泉,清朝画家、美术家,山东宁津县人。爱石成癖,从刘位坦处购得"君子"馆砖。民国二十二年李浚之将各地名士为河间君子馆汉砖题写的诗文集成一册。书前拓有"君子长生"砖图。该书收录清嘉庆题仁阁大学士祁寯藻、嘉庆工部侍郎沈维鐈、道光举人御史宗稷辰、道光乙酉拔贡第一张际亮、道光进士侍郎黄爵滋、及黄钊、杨翰等歌诵汉河间献王君子馆及唐开元君子砖的诗文,并对苗学植、刘铨福、高继珩相继搜罗拓片情况有所说明,还有曾国藩撰苗先簏墓志铭等,以及“君子馆砖馆宁津李响泉编印书籍价目”广告等。见“劫余资料”第四十五。

11.《赵母郭夫人传》,赵芾撰,铅印本,一册。

按:郭氏系赵元礼夫人(1867—1929),父郭玉荪,赵、郭均为天津大族,严修为之主姻。夫人“庄慎先德,一宗皆倾”,育有子七人。赵芾为赵幼梅别宗,彼此以兄弟相称。见“劫余资料”第四十六。

12.《先府君行述》,任传藻撰,铅印本,一册。

按:任传藻,字谨存,号剑庐。历任直隶广平、曲周、肥乡、大城、定兴等县县长,该稿记述其父先府嘉言善行。其父任鳳翔(1853—1928),字仞千,晚号隐叟,江西丰城人,性聪颖,“以文学见播当世”,著有《是亦为政斋诗文集》二十卷,《广游吟》一卷《续修藁城县志》十二卷。

13.《瑶华诗抄序》,傅增湘撰,民国三十一年(1942)铅印本,一叶。

按:瑶华道人为诚恪亲王允孚子,善画。其诗风格高骞,意兴清远,无纨绮之习。诗集为光绪初付梓,摹印不多,傅增湘多年访求未获。后从门生韩敏修得知冯集生因拆房屋得其书版,拟为重印,傅增湘十分高兴,故为之序,此为样件,由他人转交金浚宣。

14.《南宗抉秘》,(清)华琳撰,金钺刻本,一册。

按:华琳(1791—1850),字梦石,天津人。此书系《屏庐丛刻》之一。该书成于1843年,是一部山水画论著,专论南宗山水画法。另著有《画论丛刊》等。

15.《金荣轩先生自述》附哀启，刻本，一册。

按：金荣轩，生卒年不详，世业盐，从父师刘楚帆，天津兴学，任城小学教员，曾以小学监学往日本参观学习，归国后任小学校长，从事教育二十载，民国八年其父去世，因难以兼顾校务，辞职，晚年圈阅或注释古文诗词数卷。《哀启》系其长子金泰作。孙金大本，系金钺宗族后代，编有《津人著述存目》，金钺签注甚多，也曾请教过赵元礼，赵建议按经史子集分目较为大雅。见“劫余资料”第五十号。

16.《戴节母刘太夫人七十寿征文启》，沈曾迈等撰，铅印本，一册。

按：戴紫元，生卒年不详，合肥实业家。戴紫元母刘太夫人，持家有德、勤俭乐善，为人称赞，值太夫人七十寿，紫元承母之意，将祝寿之资，捐助邑人兴学、医院及慈善设施等，嘉惠乡里。同邑沈曾迈、范皞民、丁立坤、杨力等作此启文，旨在彰扬太夫人之懿行。见“劫余资料”第五十四号。

17.《姚氏家俗记》，姚晋圻撰，刻本，一册。

按：姚晋圻(1857—1916)，字彦长，号东安，湖北罗田人，教育家、学者。黎元洪以其“学术精通，道德纯备”，明令国史馆为之立传。著有《三家书义发微》《春秋备疏》《经论》《礼经杂记》《汉志矿地记》《小学教育法》等二十余种。在音韵学、词章、考据、训诂上造诣很深，且对医学亦有研究。是书收于《湖北先正遗书》子部，系沔阳卢氏慎始基斋据姚氏家藏精抄本影印。见“劫余资料”第五十一。

18.《一纸再生题咏集》，印本，一册。

按：开白老人题署，张嘉璈序。是书为朱志一(苏吾)搜集先大父朱少农早年所得讲书小票、咸丰年清军从太平军手中收复南京时，发给他的免死票及军用银票等事迹，并请世林题词，包括曾国藩侄女曾纪芬、吴兴王树荣、湖南雷光曙和汪龙溪、杨了公、陈珍敬等十余人的题咏，汇为一册，付梓纪念。

19.《本生先祖父宇香公事略》，严修著，石印本。

20.《先父仁波公事略》，严修著，石印本，一册。

按：严修(1860—1939)，字范孙，号梦扶，近代著名教育家、天津著名士绅。曾任贵州学政、学部侍郎。热心兴学，是南开学校“校父”。民国后退居津门，热心公益事业，与乡贤文人倡办城南诗社、崇化学会，著有《严修丛脞》《严修日记》《蟫香馆使黔日记》等诗文、函札、日记多种。

21.镶黄旗满洲头甲喇第四佐领下人茔地富察氏——崇字受田记，手稿，六叶。

按：是文记录富氏族坟的分布及管理等事宜。

22.《蓉渡词》，刻本，四叶。

按：存卷下“长调”残卷。

23.《四进士》说唱本，蓝格抄本，一册。

按：残本。

24.《癸酉展重阳水西庄酬唱集》，民国二十二年(1933)稿本，一册。

25.《朱笥河先生年谱》，罗继祖撰，民国二十年(1931)铅印本，一册。

按：题“辛未五月贞松由旅顺寄贻屏庐”。钤盖“浚宣”朱文方印。见于孔夫子网。

（四）天津图书馆藏金钺藏书目

1.《保积堂诗稿》一卷《杂著》一卷，（清）周人麒撰，清抄本。

2.《谷斋集》不分卷，（清）朱函夏撰，清抄本。

3.《静喜草堂杂录》二种，（清）查善和撰，整理本。

4.《静喜草堂杂录》不分卷，（清）查善和撰，稿本。

5.《周易函书补义》八卷，（清）胡煦晓著，李源春补义，写样抄本。

（五）金钺与友朋信札中所述藏书目

1.啸亭续录，一册

2.学者象传，一册

3.题画百咏

4.墨缘汇观

5.墨缘汇观撰人考

6.读画诗

7.黄竹山房诗抄，一册

8.范伯子诗集

9.黄竹老人画

10.世补斋医书后集

11.广瘟疫论，抄本

12.诊痴诗稿，隋恩湛撰，民国二十一年（1932）刻本，一册；

13.宋四家墨宝，北平故宫博物院编，民国二十一年（1933）北平故宫博物院古物馆影印本，一册。

14.眉山苏氏三世遗翰，北平故宫博物院编，民国二十一年（1933）北平故宫博物院古物馆影印本，一册。

金钺藏书亦藏墨，据巢章甫致其信云：“尊藏墨有无目录，颇思一读。”可知其藏墨亦具有一定数量，可惜未知其详。

金钺作为收藏家，收藏内容除劫余资料所见信札、图籍，还涉及书画、金石、墨拓，其在《章君式之六十寿序》中曾自言：“顾吾两人性皆疏阔寡交接，彼此辄累月经年不相见，然每见必倾怀吐素，各出所蓄图籍、书画、金石、墨拓诸物，发箧启椟，罗列满前，相与质疑、问难、审辨，微茫欢愉，鼓舞尽日而犹不忍去，去则再会又不知历几何时。”是年章钰六十岁，金钺三十三岁，其金石书画收藏已具规模，可惜未有藏书目流传，其藏书整体情况难以一观。

第四章　金钺社会文化活动研究

第一节 金钺与《天津县新志》的编纂出版

民国六年成立天津修志局，王守恂、高凌雯分任总纂。高凌雯负责职官、吏政等十二个门类，由张君寿任其分纂；王守恂负责舆地、河渠等十六个门类，由赵芾任其分纂。

在《天津县新志》的编撰出版过程中，共正式出版了五部有关的著作。

1.《天津县新志》半部稿二十七卷首一卷

是书由高凌雯撰，其稿经严修鉴定，由天津志局于民国十二年刻印，即半部《天津县新志》。民国二十年金钺个人出资又将其重新刻印，分订十六册。

2.《志余随笔》六卷

此为高凌雯编纂《天津县志》时，收集整理的四百余条旧闻、掌故，与正志体例不合，但于乡邦流风遗韵颇有可考。金钺助而刊之。

3.《天津政俗沿革记》十六卷

《天津政俗沿革记》十六卷，系王守恂纂修县志时门人赵芾起草，经删繁就简，原本“涂乙纷纭”，金钺“尝怂恿录副，久而未果”。民国二十一年王守恂避乱，在金钺的“心远楼”小住，两人“晨夕倾谈，复商及兹事”“旋遂乘兴，亟召钞胥，就君家写定”，每完成一卷，金钺“即取以勘校”，之后王守恂将原稿完全交付金钺。王守恂去世后，民国二十六年金钺受其继夫人黄氏之托，“爰力任之”，厘订镌刻。

4.《天津县新志人物艺文单行本》六卷

高凌雯修志主张“志以事迹翔实、文字详赡为优”，强调采访资料要丰富，在撰写志稿的过程中不断加入新资料、反复修改，以达到内容详赡的目的。高凌雯先完成了人物、艺文两类，金钺称其“至为精审”，且是“文献之所系”，并于民国二十七年刊行《天津县新志人物艺文单行本》。

5.《天津县新志》合编本

金钺将高凌雯、王守恂志稿合为一编，虽体例不同，但内容上是一个整体。两书合璧，使民国时期所修《天津县志》能得以完善，功在金钺。

金钺刻书，除自己著述及家集外，均与天津县志局开局，编撰刊印天津县志有关。金钺虽未直接参与天津县新志的编撰，但在整个编撰、出版过程中，金钺担任着校稿、出资、联络沟通等多种角色，在完成县志出版的同时，刻印了相关文集等乡贤著作。为弘扬天津文化做出了巨大的贡献。在天津近代文化发展与研究中，具有重要作用。

第二节 金钺与崇化学会

崇化学会创立于民国十六年，于1953年停办，在学会存在的二十七年间，金钺对学会一直是关心、支持，并从财力上给予资助，使学会的教学工作得以开展，为社会培育人才。

1. 金钺与崇化学会的创办

金钺是学会创办者、捐资人之一。民国十六年严修“鉴于国学日微，将有道丧之敝惧”，倡议成立一个教授国学的团体，这个倡议得到天津有识之士的支持。是年八月二日，河北省政府教育厅准予备案，取汉诏“崇乡党之化，以厉人才”之意，冠以“天津崇化学会”之名，天津崇化学会正式成立。严修被公推为首席董事，其余倡导者任董事。倡导者有文化教育界名人林墨青、李琴湘、赵元礼、华世奎、高凌雯、刘嘉琛、徐世光、王守恂、金钺，实业界名人杜克臣、赵聘卿等。学会筹建之初，由严修垫付开办经费，为了学会的长期发展，向社会各界筹募基金。捐启发出后，各方纷纷捐款。在严修民国十六年日记中有致送崇化学会捐启名单，一共有二十一人，第十二位即为金钺。学会在创办初期设有奖学金制度，每季评定一次，依据学员的学力及考勤的积分，分等级酌给奖金。寄托了学会的各位董事对学员的鼓励与期望之情，也体现了天津乡贤“崇乡党之化，以厉贤才”的良苦用心。

金钺是学会常川董事之一。民国十六年七月二十四日，严修日记中记载：“是日崇化学会假学界俱乐部开会选董事，到者华壁臣、赵幼梅、赵聘卿、虎臣、徐友梅、李琴湘、王莘农、幼丹、鸿卿、扬子若、王斗瞻、子青及余凡十三人。举常川董事十三人，严、华、赵、徐、李、王仁安、王莘农、金浚宣、高、刘、林、杨、周熙民。又基金会董事二人，赵、杜。”民国三十四年夏，崇化学会国学讲习科开始日班。董事会成员共计十六人，董事长为李金藻，副董事长王新铭，董事十四人，金钺位列其中。

金钺参加学会日常活动。一是敦请讲师事宜。民国十六年八月十二日，严修日记中记载了学会成立会，邀请章式之为主讲席一事。日记中写道：“崇化学会假明湖春开成立会，敦请章式之先生主讲席。到者徐友梅、周熙民、华壁臣、林墨青、蔡虎臣、刘幼樵、高彤皆、王仁安、王莘农、赵幼梅、李琴湘、金浚宣、扬子若、王斗瞻十四人。”

民国三十年金浚宣与李琴湘一起主持学会事务。三十二年夏，崇化学会开设晚班，招收的学员主要是中小学文史教员和文史爱好者。六月一日开课，向学员发布了《董事勖辞》。云：“今日讲习科开课，学员名数溢出原额，足见我津不乏向学之人，及时领导，不容缓也。当议立此班时，因同人于昼间多有职业，未能舍彼就此，乃酌为夜课，庶可两不相妨。延聘诸位讲师，皆一时名宿，商订课目，务期深浅适宜。凡所以为学员筹者，周且挚矣。惟望诸君视学会如学校，以听讲为补习，谨守规章，虚心领受；勿半途中止尽弃前功，勿一曝十寒永无实获。大抵学问之道，日久则效生，心专则进猛。将来如欲深造，尚可组立正班，规复旧制。前修未远，后望良奢，聊赠数言，用资策励，幸听纳焉！壬子六月一日。”

民国三十六年孟冬，金钺作《勉学会诸生“宏毅”二字说》。

制定学会章程，《崇化学会国学讲习科规则》，对学员提出了具体要求。

2. 金钺与崇化学会藏书

民国三十六至三十七年天津近代藏书家胡宗楙、蔡成勋、金致淇捐赠崇化学会大量珍贵藏书，金钺撰《梦选楼所藏书尽赠崇化学会记》《希郑轩所藏书尽赠崇化学会记》《金君致淇所藏书尽赠崇化学会记》三文，收入其 1951 年的《屏庐文续稿》，对捐书事项作了详细的记载。作为崇化学会董事，著书、刻书、藏书家金钺，在三篇文章中对学会的学员和执事诸君子提出了希望。

在《希郑轩所藏书尽赠崇化学会记》中要求学员“宜善体希郑主人所以慨赠之意义，黾勉孟晋，以求造乎博雅之域，所谓天下虽乱吾心自治，而于风雨晦冥中逾期其不疑不惑，笃志不渝。”

在《金君致淇所藏书尽赠崇化学会记》中，云“今置是书于学会，用供研求，以资造就，则有益者更为广大，盖此举不啻如承先吾之遗志焉。甚愿后之学者取而诵读，勿徒侈架上之胪列，斯为幸已。”希望：“会中莘莘学子试味君言，宜如何奋励罔懈，庶继今以往而果巨材令器之层见累出者乎！不然既无以副君所跂望，亦愧对立斋先生之道范也。”

在《梦选楼所藏书尽赠崇化学会记》中，对学员与执事诸君子分别提出了希望：“后之读者晏然而享坐拥百城之乐，讵可不识其经营伊始之苦心？予故溯厥渊源，揭以示之，宁勿肃然起敬，义重先河，而更兢兢焉，仿佛前贤之灵爽式凭乎？至一切薄录管钥之责，宜如何详审周密，俾无负胡君之厚望，是又在执事诸君子理而董之以蕲尽善，应共相饔勉于无斁者也。”

在民国三十七年末，解放军包围了天津，而国民党军队企图负隅顽抗之际，学会的藏书受到威胁。1949 年元旦，平津战役的最后阶段，天津文庙与崇化学会被占领，而学会中的三个藏书室——希郑轩、立斋、梦选楼收藏着数量众多的珍稀版本的图书。为了保护这些图书，王斗瞻、郭霭春、龚望等十六人与驻军“颇费周折”地交涉后，三个藏书室才未被占用。

王斗瞻于炮火声中致函金钺，一方面向学会执事者报告学会情况，另一方面希望金钺在经济上给予协助。正是在金钺的帮助和学会同仁竭尽心力的保护之下，学会的藏书免于战火，得以完好地保存并流传下来。

二十世纪五十年代初期，学会图书面临失窃的问题。金钺和王新铭从李澍培处获知部分藏书被窃，分别写信给崇化中学“三反”运动检查委员会请求查明真相。金钺写道“惊闻之下，如追迷雾之中”，认为“似此意外奇变……未曾报告董事会，情节支离，不无可疑”。希望委员会“查究原委，以期水落石出，俾责有攸归，而申公义。”

1953 年，崇化学会藏书捐献给天津市人民政府，由市文化局接收，今入藏天津图书馆，成为天津图书馆藏古籍的基础。在藏书中，可见钤有“蔡虎臣先生捐赠崇化学会藏书”“希郑轩捐赠崇华学会藏书”朱文长方印。

金钺作为刻书家，每刻一部图书，均赠崇化学会收藏。

第三节　金钺与保婴会

作为津门耆宿，金钺对文教事业和社会活动十分关切，积极参与，或建会、创社、或讲学护宝，或捐赠书版图书等，体现了一个文化人对社会文化公益事业的一份热心与责任。

当时在法租界西开和英租界的荒郊，常常发现弃婴，民国二十八年七月，由金息侯、陈一甫、章一山、孔赐安、丁佩瑜、王采丞、金浚宣、王伯龙、胡珍甫、胡频白等十人发起创办天津保婴会，“以服务社会维护儿童幸福为宗旨”，专门收容弃婴的慈善组织，设于英租界十九号路(今河北路)。该会半年就接收了十四个弃婴，引起社会关注，时任卫生局局长傅惕生两次参观该会，予以勉励推广。可以推想，金钺即为创办人，又是董事，又兼基金保管委员，对该会的筹建与发展付出了不少心力。

第四节 金钺与俦社

俦社是九一八事变后，由金梁、金钺等人发起，由流寓津门的清朝遗老组成。起初，他们的政治愿景是想让清朝复辟，口号是“拥徐（世昌）迎驾（溥仪）”，在当时社会上有一定影响。金钺加入俦社是因为辛亥革命前他曾做过民政部郎中，也算是一名“遗老”。

到了晚期，俦社在政治上已无大的作为，基本上与一般的诗词结社相同。其活动与城南诗社相得益彰，偶尔聚在一起吟诗赋词、说文论画，也是民国时期津沽高雅文化活动缩影之一。

俦社成员据《劫余资料》中的一个表格记载，有章一山、杨味云、孙保滋、丁佩瑜、陈葆生、林芷馨、许佩丞、蒯若木、金息侯、李又尘、林茂泉、金浚宣、王彦超、王伯龙、张一桐、林笠士，共计十六人。这个名单是民国三十一年，有些人未见于单中。

1.民国三十一年俦社同人年龄、生日、住址表

姓名	年龄	生日	住址
章一山	八二	十一月初七日	特政区三十五号路二六二号
杨味云	七五	八月廿一	特一区十八号路三号
孙保滋	七二	十月廿二日	特政区耀华里二号
丁佩瑜	六九	二月十四	法中街六国饭店
陈葆生	六九	十一月十九日	法界张庄大桥兴恕里七号
林芷馨	六八	十二月初三日	特政区伦敦道三八四号
许佩丞	六六	十月二十日	特政区三十五号路怡寿里一号

续表

姓名	年龄	生日	住址
蒯若木	六六	十二月十七日	特一区十八号路三号
金息侯	六五	三月十九日	特政区三十七号路十号
李又尘	六二	六月二十日	特政区三十六号路平安里八号
林茂泉	五九	三月十二日	特政区三十五号路一二六号 三、四四七四
金浚宣	五一	正月廿七日	特一区通州路二号
王彦超	五十	十月廿五日	法界北丰路好乐里三号
王伯龙	四四	七月初八日	特政区三十七号路大兴村廿号
张一桐	四二	五月初十日	特政区六十六号路六十六号
林笠士			新华南路庆云里十一号

2.生日顺序表

正月	二七,浚宣	七月	初八,伯龙
二月	一四,佩瑜	八月	二一,味云
三月	一二,茂泉;一九,息侯	九月	无
四月	无	十月	二〇,佩丞,尔耳,保滋;二五,彦超
五月	初十,一桐	十一月	初七,一老;一九,葆生
六月	二〇,又尘	十二月	初三,芷馨;一七,若木

民国三十八年俦社、城南诗社、同声社三社联盟举行雅集活动,有诗作。

己卯暮春,一山、味云、寿人、润琴、息候、伯龙诸公作展上巳之雅集,叨陪盛会,即席分韵得宝字。金钺诗作云“暮春三月春光好,迟迟春日催人老。兰亭觞咏足千秋,感今思昔心懆懆。今年己卯值家辰,三社联盟豁幽抱(谓俦社、城南诗社、同声社)。

第五节　金钺与天津图书馆

金钺第一次捐赠图书给图书馆，是在民国十三年。他捐赠了《辛酉杂纂》三册、《广瘟疫论》二册，共五册。直隶省立第一图书馆在《大公报》二月二十九日第二张上发文致谢。

1951 年 10 月，金钺将其所刻部分书籍及木版捐赠给当时的天津市立第二图书馆。2007 年，李世瑜先生捐赠给天津图书馆的《金浚宣先生劫余资料》中有一份由天津市立第二图书馆开具的收据："兹承慨赠图书墨板等件，充实本馆，便利读者，良用感佩，除将木板妥为保存，图书分类编目，以供市民阅读，谨函申请谢。并候文安，此致。浚宣金先生。天津市立第二图书馆启，一九五一年十月十四日。"

另附一纸："计收：《天津文抄》一函四册，《金氏家训》一册，《善吾庐印谱》一册，《天津诗人小集十二种》十册，《曝书亭词拾遗》二册，《屏庐丛刻》二函十二册，又《续刻三种》共四册，《天津县新志人物艺文单行本》一函四册，《王仁安全集》三函又一册共十九册，《金氏家集四种》一函六册，《补注瘟疫论》四册，《许学四种》一函四册，《广瘟疫论》二册，《辛酉杂纂》一函四册，《屏庐文稿》二册，《妙莲花室诗词抄》一册，《屏庐题画》一册，《双清书屋吟草》一册，《欲起竹间楼存稿》三册，《感应篇引经笺注》一册，各书木板四十八箱（箱皮退回）。具，一九五一年十月十四日。"

一个月后，即1951年十一月十五日，天津市第二图书馆馆长杨思慎向天津市文化局提出申请，希望市人民政府对金浚宣捐赠行文加以表彰或题词。呈文内容如下：

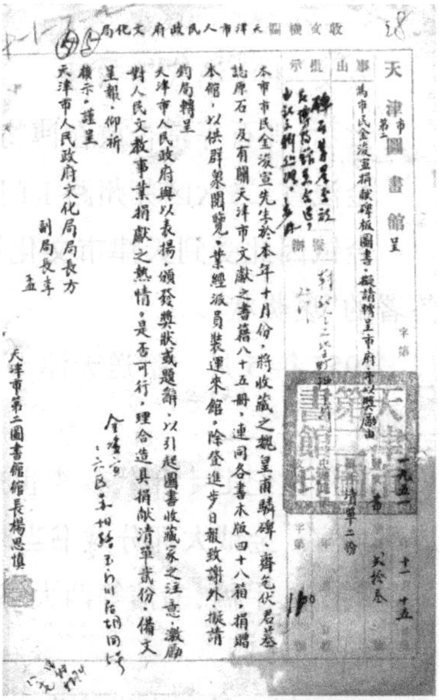
天津市第二圖書館呈
事由 為市民金浚宣捐獻碑板圖書，擬請轉呈市府予以獎勵由
本市市民金浚宣先生於本年十月份，將收藏之魏皇甫驎碑、齊乞伏君墓誌原石，及有關天津市文獻之書籍八十五册，連同各書木版四十八箱，捐贈本館，以供群衆閱覽，業經派員裝運來館，除登進步日報致謝外，擬請鈞局轉呈天津市人民政府與以表揚，頒發獎狀或題詞，以引起圖書收藏家之注意，激勵對人民文教事業捐獻之熱情，是否可行，理合造具捐献清單貳份，備文呈報，仰祈核示，謹呈
天津市人民政府文化局局長方
副局長李 孟
天津市第二圖書館館長楊思慎
一九五一 十一 十五

杨思慎给天津市文化局的申请

本市市民金浚宣先生于本年十月份，将收藏之魏皇甫驎碑，齐乞伏君墓志原石，及有关天津市文献之书籍八十五册，连同各书木版四十八箱，捐赠本馆，以供群众阅览，业经派员装运来馆。除登《进步日报》致谢外，拟请钧局转呈天津市人民政府与以表扬，颁发奖状或题词，以引起图书收藏家之注意，激励对人民文教事业捐献之热情。是否可行，理何造具捐献清单贰份，备文呈报，仰祈核示。谨呈天津市人民政府文化局局长方，副局长李（霁野）、孟（波）。天津市第二图书馆馆长杨思慎。

钤印："天津市/第二图/书馆印"，朱文方印。文末钤"杨思慎印"朱文方印。

收文机关：天津市人民政府文化局。

事由：为市民金浚宣捐献碑板图书拟请转呈市府予以奖励

由。

发文:书字第式十三号。

批示:碑石等是否放在博物馆更合适?由社文科处理。孟波。

金浚宣,二六区苏州路玉门川居胡同5号。

金钺因此受到天津市文化局局长方纪、副局长李霁野、孟波签署的“褒奖状”。

1955年5月，赠送天津市历史博物馆屏庐刻书十二种七十二册。

二十世纪七十年代，李世瑜先生到北京帮助金家处理图书退还事宜。金钺大部分藏书当时即卖与收书人,李世瑜仅仅收集了金钺个人手稿、书信等两大书包。经其整理,形成《金浚宣先生劫余资料叙录》。

2007年9月，李世瑜先生将金钺劫余资料捐赠给天津图书馆。其中包括《叙录》中提到的1—42号,以及其后整理的43—56号。捐赠时候,所有资料均按序号顺序有序排列,装于透明朔料袋、活页夹、信封之中,放于一个纸箱内。李世瑜先生对于《叙录》中提及,但在捐赠给图书馆前仅存复印件的30、34号,以及缺失的41号的具体情况加以说明,或因友朋借阅后出售,或因其他单位展览后留下原件仅归还复印件,或友人借阅无法归还。此次入藏天津图书馆金钺劫余文献情况如下:

1.《黄竹山房诗抄》原稿

2.《静喜草堂杂录》整理稿

3.校样

4.金浚宣手稿

5.天津金氏屏庐刊印各种书籍价目

6.《附养族谱》卷六

7.金浚宣藏金野田墨宝

8.金梦鱼手札

9.王仁安手札

10.高凌雯手札

11.元博生手札

12.杂订手札

13.王赓纶手札

14.王彦超手札

13.巢章甫手札

16.张次溪手札

17.李琴盦手札

18.王斗瞻手札

19.一般书信

20.文楷斋书札

21.检举信二封

22.《癸酉展重阳水西庄酬唱集》

23.李琴湘诗稿

24.卢慎之诗稿

25.陈中岳诗稿

26.胡宗楙诗稿

27.杂诗稿

28.徐镜波著《中国历史撮要韵语》原稿

28.金浚宣藏致卢慎之手札

30.金浚宣藏金息侯文稿(溥仪赐字仅存照片及复印件)

31.各种章则

32.捐赠收据

33.金浚宣藏王守恂委任状及呈文

34.金浚宣藏科考试艺题(存复印件)

35.账簿

36.本住宅楼房全份根契照抄留底(玉川居胡同5号楼房)

37.修房呈文

38.房屋出租情况

39.批八字评语

40.“诉讼用纸”所列书单

41.金浚宣习作对联集(未入藏)

42.金浚宣画朱竹

43.金浚宣藏名联,五叶,七则,是金钺从《庸报》上抄录的挽联

44.罗振玉、罗子期润笔单,一叶

45.君子留真谱,1册

46.蓉渡词(残本),五叶

47.祖茔,三叶

48.赵母郭夫人传、任凤翔行述、瑶华诗抄序、药方

49.南宗秘诀,一册

50.金荣轩自述(姚彤章署检),一册

51.姚氏家俗记(卢慎之刻本),一册

52.一纸再生题咏集,一册

53.本生先祖父宇香公事略,一册

54.戴节母刘太夫人七十寿征文启,一册

55.四进士,一册

56.查抄留底(部分),九叶

同时,李世瑜先生在说明末提到“我记得我从北京敛同来的东西还可能有来往函札,我继续查找,找到我再交给馆里。”

2009年4月,李世瑜先生捐赠了图书一册。

57.《天津政俗沿革记》三卷,一册,朱印,批校本,如“霍”字修改,“红块剔净应空白”等批校文字及签条,存卷一至三。

金钺捐赠图书及书版,加之崇化学会藏书最终入藏今日之天津图书馆,丰富了天津图书馆馆藏,有益于后之学子取而读之。

第六节　金钺与天津文史馆

金钺热心于天津地方文化整理与研究，1951年将其所藏文物、图书及木版捐赠天津图书馆后，更倾心于天津文史。1958年，为当时天津文史馆的联系人，或是文史馆人员登门拜访，或是请他到馆内，研究天津地方资料。

1964年5月，金钺提出加入文史馆的申请，当时因其正在病中，遂请友人王斗瞻到其家中，由其口述，王斗瞻代书申请函，再请卢慎之转托文史馆张、陈二位馆长。

1964年5月14日，卢慎之致张重威信云："浚宣在病重，不能写，已函约王斗瞻代书。斗瞻昨日已至浚宣处，曾符已将经过情形告知斗瞻矣。浚宣写件，届时不能送来，特奉达附函，烦转致为荷。重威仁世兄台鉴。舍弟问好。卢慎之手启。五月十四日。"

同日，卢慎之致曾符信云："曾符姻世兄左右：前以浚宣兄事奉托，转达张、陈二位馆长，已蒙俯允所请，极为心感。请于见张、陈二公时，先为代致谢忱，一俟晤面，当再面谢。日前，张、陈二公先后来舍，我未得确息，不便向二公说明，烦代道歉为荷。专颂时祉。八十九叟卢慎之手启。一九六四年五月十四日。"通过这件信函，我们可以得知，之前卢慎之虽然听说张、陈二位馆长已经同意金浚宣入馆，但张、陈二位馆长到卢家来时，并没有当面说明此事，卢慎之也不便细问。

河西区三义庄派出所调查资料一份，钢笔书写，钤盖"天津市公安局河西区分局/三义庄派出所/行政接待/专用章"朱文圆印。证明材料内容如下：

金浚宣，别名屏芦，金钺，男，1891年生人，家庭出身资本家。

个人成分：房产资本家。原籍天津人。现住苏州道玉川居胡同5号。

家庭成员（六人）：长子孝昂（之望），无职业；儿媳凌莱蕙，家庭妇女（都五十四岁）；次孙女金秦生，二十七岁，下瓦房房管站工人；三孙女金兰生（晓澜）二十一岁，陈塘庄卫生院药剂士，二孙金钟生十八岁，二十二中学高中生。女长孙可能在台空军。长孙女已结婚，系幼产士。据过去派出所积累资料，在口里有平房几时间，北门东福丰里有十余间，八区吕祖堂有一所平房20余间，北马路罗家恒胡同有一所四间灰房，共房产140间，经济情况很好。女子孝昂在泰康商场开过西药房，解放前两人吸鸦片。

文化程度私塾十年。

于日伪时期，因争产屡次败诉，即于1942年伪造抢案，企图陷害其本族金松年等人，以达霸产之目的，因陷害未成而嫁祸于人，使三人因强盗罪被伪法院判处徒刑，并有两人死在狱中。

为此，1953年十月，天津人民法院曾对金浚宣进行审查："金浚宣曾任伪满民政部员外郎，和伪帝溥仪过从甚密。日伪时期因争产败诉，即阴谋买动仆人伪证抢案，陷害族人金松年，后因仆人拒绝而未能得逞，亦属恶劣，应予剥夺政治权利二年，以示惩戒。”

张、陈二位馆长据此调查材料，拟了一个意见，写在红色抬头“中国共产党天津市委员会便签”之上，内容如下：

金浚宣要求入馆：

经查明：金有房产一百四十多间，解放前曾陷害人行为，解放后被我剥夺政治权利二年。

我俩意见条件欠缺，暂不考虑。

李体忠

陈国解

1964.6.12

陈志同志同意。6.13

最终，金钺未能成为文史馆馆员。

结 语

金钺一生用他经营房产等商业活动所得，用于校书、藏书、刻书，积极参加乡邦文献整理，参与《天津县志》的编校、刊刻活动，刻印天津先贤文献，参与天津地方文化、社会活动，晚年生活境遇不佳，但仍心系地方文化，是天津近代著名藏书家、刻书家、近代文化名流，在天津近代文化史上具有一定的地位。

金钺二十七岁（1918）时开始刻印图书，直到他五十一岁（1942）时刻印《屏庐文稿》，在二十多年的时间里，其从事刻书、校书、藏书活动孜孜不倦。此后，又著有《屏庐文续稿》，整理《静喜草堂杂录》等，推动了天津近代藏书文化的发展。

金钺六十岁（1951）时将其收藏文物、刻印图书及书版捐赠给博物馆、图书馆，变私为公，促进文化事业的发展。

金钺用心于公益事业，在天津遭遇水灾等情况多次捐赠，参与崇化学会的教学、护书活动等，与友人创办保婴会，参加俦社等文人雅集，在文化、教育、公益事业等各方面，发挥着作用。对金钺各种社会活动的细致深入研究，将有助于天津近代历史研究，推动天津近代史研究向更深更广的方向发展。

主要参考文献

[1]金钺.戊午吟草[M].铅印本.天津:金钺,1919(民国八年).

[2]金铨.善吾庐印谱[M].钤印本.天津:金钺,1919(民国八年).

[3]金钺.戊午吟草[M].刻本.天津:金钺,1920(民国九年).

[4]金钺.许学四种[M].刻本.天津:金钺,1920(民国九年).

[5]金钺.金氏家集[M].刻本.天津:金钺,1920(民国九年).

[6]王守恂.王仁安集[M].刻本.天津:金钺,1920(民国九年).

[7]华光鼐.天津文抄[M].刻本.天津:金钺,1921(民国十年).

[8]金钺.辛酉杂纂[M].刻本.天津:金钺,1921(民国十年).

[9]王增年.妙莲花室诗词抄[M].刻本.天津:金钺,1922(民国十一年).

[10]王樾.双清书屋吟草[M].刻本.天津:金钺,1922(民国十一年).

[11]戴天章.广瘟疫论[M].刻本.天津:金钺,1922(民国十一年).

[12]梅成栋.欲起竹间楼存稿[M].刻本.天津:天津修志局,1923(民国十二年).

[13]吴有性.补注瘟疫论[M].刻本.天津:金钺,1926(民国十五年).

[14]朱彝尊.曝书亭词拾遗[M].刻本.天津:金钺,1926(民国十五年).

[15]金钺.屏庐丛刻[M].刻本.天津:金钺,1924—1927(民国十三至十六年).

[16]王守恂.王仁安续集[M].刻本.天津:金钺,1926(民国十五年).

[17]金钺.屏庐题画[M].刻本.天津:金钺,1930(民国十九年).

[18]金钺.金氏家集[M].刻本.天津:金钺,1932(民国二十一年).

[19]王守恂.王仁安三集[M].刻本.天津:金钺,1933(民国二十二年)刻本.

[20]金钺.屏庐题画[M].刻本.天津:金钺,1934(民国二十三年).

[21]华光鼐.天津文抄[M].刻本.天津:金钺,1935(民国二十四年).

[22]高凌雯.天津诗人小集十二种[M].刻本.天津:金钺,1935(民国二十四年).

[23]高凌雯.志余随笔[M].刻本.天津:金钺,1936(民国二十五年).

[24]王守恂.王仁安四集[M].刻本.天津:金钺,1937(民国二十六年).

[25]王守恂,赵芾.天津政俗沿革记[M].刻本.天津:金钺,1937(民国二十六年).

[26]高凌雯.天津县新志人物艺文单行本[M].刻本.天津:金钺,1938(民国二十七年).

[27]沈铨.黄山纪游[M].刻本.天津:金钺,1938(民国二十七年).

[28]孟继埙.黔行水程记[M].刻本.天津:金钺,1938(民国二十七年).

[29]金钺.屏庐文稿[M].四卷.刻本.天津:金钺,1942(民国三十一年).

[30]金钺.屏庐文续稿[M].稿本.

[31]金钺.屏庐文续稿[M].蜡刻本.天津:金钺,1951年

[32]查善和.静喜草堂杂录[M].抄本.

[33]中国人民政治协商会议天津市委员会文史资料研究委员会编.天津近代人物录[M].1987.

[34]王德恒,肖朝宾.天津私家藏书刻书人物志稿[J].天津出版史料第七辑,1994.

[35]王德恒,肖朝宾.天津私家藏书刻书人物志稿[J].天津出版史料第八辑,1997.

[36]李世瑜.社会历史学文集[M].天津:古籍出版社,2007.

[37]万鲁建.九河寻真(2017)[C].天津:天津社会科学院出版社,2018.

[38]龚绶.薪尽火传心香上达——纪念龚望先生诞辰百年书画册[M].2013.

附录 金钺年谱

清光绪十八年(1892)壬辰　一岁

正月二十七日生。(李琴庵致金钺信札)

壬辰四月,先父患时疫,疾未一日,而遽见背,时钺生未满三月。(《姑母章太宜人八十寿序》)

予生未满百日,而先君子弃养,时先母午未二十。(《武进马节母屠太夫人征文启书后》)

清光绪二十一年(1895)乙未　四岁

照像一幅。(《自题四岁照像》)

自题四岁照像

像服僧袍,光头无帽。照时约在四五月间,席地盘膝端坐,神极规矩,其时四岁,今年二十有七,相去二十三年。津俗以小孩许寺为僧可长命,至十二岁还愿蓄发,谓之跳墙。

席地端坐俨似头陀,蒙蒙无知茫茫太和。屈指计之廿三年过,今我故我相较若何。

又

此我四龄肖像,时时置之案旁。每日读书识字,常如黄口小郎。

是年,立《川流不息》账册。记录存放款业务。是账记至民国十七年。

清宣统元年(1909)己酉　十八岁

宣统初年,与王守恂同官京朝。

按:《王仁安集序》云:"宣统初年予与王仁安同官京朝。"(见《屏庐文稿》卷二)

清宣统二年(1910)庚戌　十九岁

长子,金望出生。(《望儿八岁题者年二十七岁》)

清宣统三年(1911)辛亥　二十岁

正月,官服照。

与侯藜仙成忘年交。侯长金钺三十岁。

按:侯藜仙(1862—?),南皮,字青照,以优贡生出为宰,历任江西各县。国变后归隐津沽,子艺门,善画山水,师法张文达。勤于学。书钟鼎款识及秦汉以来历代碑版,搜罗积聚,日夕摩挲而临橅之。(见《屏庐文稿》之《侯藜仙山水画册跋》《又一册跋》)

民国元年(1912)壬子　二十一岁

是年,资料未见,待考。

民国二年(1913)癸丑　二十二岁

是年,资料未见,待考。

民国三年(1914)甲寅　二十三岁

七月十七日,金钺继承金润圃遗产,即光绪十年七月二十日所购买之房产。

民国四年(1915)乙卯　二十四岁

是年,资料未见,待考。

民国五年(1916)丙辰　二十五岁

母卒。

辛酉莫冬,先母殁已五载。(《武进马节母屠太夫人征文启书后》)

天津修志局成立,金钺出任编修。

是年开始,金钺因病吸食鸦片,每日一钱以下。

民国六年(1917)丁巳　二十六岁

九月一日,延请蓟门梁慕蘐为塾师,教其子金望读书。(《题家塾师生合撮小照三首》)

按:梁慕蘐(1850—1920),名念慈,蓟州人。于金钺家塾任教三年。

秋,津门遇水灾。

丁巳秋季,津门水灾为从来未有之浩劫。其决口也在八月初八日,而氾滥于租界者在初九至初十日,则繁华靡丽之区尽为鳞介出没之所矣,陆路行舟,凄凉满目,曾几何时岁月已周,缅怀前状,历历在目,因感概纪之。"诗前小序说明了丁巳秋天津水灾情形。(《戊午八月九日感怀水灾行》)

民国七年(1918)戊午　二十七岁

有诗作二十首。《戊午八月九日感怀水灾行》《中秋感怀》《寿武进臧振甫先生八十(并叙)》《题家塾师生合撮小照》《望儿八岁题者年二十七》《中秋步月》《书辛亥正月官服照像》《哀梁巨川先生》《公园访菊(时尚未开花)》《与罗叔蕴君会谈作》《再题家塾师生合撮小照》《题家塾壁》《屏庐读书歌二首》《自题四岁照相》《课子》《命子》《书戊午十月俯案小景》《自嘲》(一名《自序》)。

八月一日,乔秉忠(1908—?)入家塾学习。

八月九日,作《戊午八月九日感怀水灾行》。

秋,蓟门梁慕蘐先诗,以求唱和之作。

予向不工诗,粗知平仄。戊午秋日,蓟门梁慕蘐先生偶吟一诗,示属见和。(《戊午吟草小引》)

中秋,作《中秋感怀》一首。

九月,作《寿武进臧振甫先生八十(并叙)》。

十月,罗振玉路过天津,在四当斋聚会。获赠罗振玉著书及画作。作诗《与罗叔蕴君会谈作》。

按:罗振玉,上虞人,字叔蕴。

十月六日,师生合影,金钺作《题家塾师生合撮小照三首》。

作诗《书戊午十月俯案小景》。

作诗《哀梁巨川先生》。

按:梁济(1848—1918),字巨川,广西桂林府人。光绪乙酉科举人,官民政部员外郎,辛亥后征为内务部主事,不就,上书辞之。丁巳复辟前,上书张绍帅阻止复辟。工书法,精鉴赏,喜扇子。收藏书画不下数百,佩戴扇络等物件多半为乾嘉时物。戊午十月初七日,在北京积水潭投河死,年六十岁。

十二月,撰写《戊午吟草小引》,末题“戊午十二月初旬天津金钺浚宣自志”,《戊午吟草序》末题“十二月望前三日屏庐学人金钺又书”。

教授子望读《说文提要》《文字蒙求》及其所辑之《古字汇钞》《十三经字课》等书。

民国八年(1919)己未　二十八岁

是年,刻书两种:《戊午吟草》二卷(铅字排印本)、《许学四种》。

二月,开始撰写《说文约言跋》一文。

孟春,作《说文提要校订序》,收入《屏庐文稿》卷一。

夏四月,作《说文约言序》,收入《屏庐文稿》卷一。

末伏日,完成《说文约言跋》,收入《屏庐文稿》卷一。

八月二十二日,作《说文提要校增附跋》,收入《屏庐文稿》卷一。

秋初,从章钰手中借得抄本《许君疑年录》,与其所撰三种,共同刊刻,名为《许学四种》。作《许君疑年录序》,收入《屏庐文稿》卷一。

己未秋初,予于吴中章式之主政许见钱塘诸迟鞠达令所撰《许君疑年录》,乃主政手抄本,未经刊行者也,其说与陶氏不谋而合……爰假录付梓,取《雷氏说文四种》之例,与予书并行,用饷世之治许学而欲考求先师事迹者之一助,云尔。

暮秋,作《说文提要校订跋》,收入《屏庐文稿》卷一。

孟冬,作《善吾庐印存跋》,收入《屏庐文稿》卷一。

民国九年(1920)庚申　二十九岁

是年刻书三种:《戊午吟草》二卷(刻本)、《黄竹山房诗抄》《金氏家集》二种,包括《致远堂集》三卷,《善吾庐诗存》一卷,《金氏家训》一卷。

二月,与罗振玉书信往来。

作《戊午吟草》跋,题“庚申二月十四日屏庐生金钺自跋”。

仲春，作《金氏家训》跋文，见于书后，未收入文稿中。

右为吾宗由浙之会稽始迁天津先八世祖子昇公所著家训一篇，旧藏家乘，皆传抄本，今敬录授梓，俾便诵习，庚申仲春第八世孙金钺谨识。

暮春，作有《善吾庐诗存跋》，收入《屏庐文稿》卷一。

三月，又作《戊午吟草》书跋一则，末题"三月朔越三日屏生又识"。

四月，作《天津文抄跋》，收入《屏庐文稿》卷一。

又《天津文抄作者传略》校样，一卷。

按：卷首云"华氏津门文抄稿本无作者传略，今就此刻录入者补辑之，庚申四月金钺记"。

六月，《善吾庐诗存》一卷刊成。

按：是书牌记页题"庚申六月刊成"。

七月，跋题"庚申七月金钺记"

八月，作《致远堂集跋》，收入《屏庐文稿》卷一。

十月，作《杭州杂著跋》，收入《屏庐文稿》卷二。

民国十年(1921)辛酉　三十岁

是年刻书三种，《王仁安集》《天津文抄》《辛酉杂纂》。

《漫简》《屏庐臆说》《偶语百联》三书，合为《辛酉杂纂》。

《漫简》开篇"辛酉孟春，订一素册，置之案头，心有所感，随笔记之，然必发乎其所不得不发者，再记，过而存之，以见性耳。不必务多，不必务劳，心全无体例氏之，曰《漫简》，起之日正月十三也。"卷末有自跋云："右《漫简》二卷，或曰藉人言以见己意，或观物理以写我心；或因此而悟彼，或由小而推大。语短而情或长，笔拙而理或切。不成著作，聊以自娱。契好读之，求其音于弦外，则庶几知其趣矣。辛酉六月望，金钺自跋。”

近所为《漫简》一书，既已写定，复于其中选得十有五则次录为篇，别题曰《屏庐臆说》，藏之箧衍，用自展玩，辛酉初秋天津金钺。

春，于书肆购得《广瘟疫论》抄本，与刻本进行比对校勘。

《重刊广瘟疫论》一书，序云：“辛酉之春，予托厂搜求多日，乃得一旧抄本，原版殆久佚矣……爰以予所得抄本与文波旧藏刻本参互考校，厘定重刊，俾广流传。”

按：文波为静海傅文波。

二月，《王仁安集》四十卷刊成。

六月，作《漫简跋》《重刊广瘟疫论序》《重刊广瘟疫论跋》，收入《屏庐文稿》卷一。

九月，于《名物》《趣舍》末做题识。《屏庐臆说》附《名物》《趣舍》二篇，卷末题：“近作名物、趣舍二篇，名物与《臆说》内名实篇义可相辅，趣舍篇与《臆说》内《忧乐》篇，理可相贯，《臆说》既已开雕，用附于后，尊所闻，抒所见，故不嫌其琐也。辛酉九月晦金钺记。

初秋，作《屏庐臆说题词》，收入《屏庐文稿》卷一。

十月，作《明贤手毕跋》，收入《屏庐文稿》卷三。

十一月，作《偶语百联题词》，收入《屏庐文稿》卷一。

暮冬，应客乞文，作《武进马节母屠太夫人征文启书后》，收入《屏庐文稿》卷三。

是年，金钺与徐兆光开始有文字交往。徐兆光为其师王守恂《王仁安集》作跋。金钺与之言：“茫茫千古心契良难，世有知言足资幸已。”金钺视其为知己。

民国十一年(1922)壬戌　三十一岁

是年刻书三种，《妙莲花室词抄》《广瘟疫论》《双清书屋吟草》。

暮春，《广瘟疫论》刻成，作题跋两篇，题为《重刊广瘟疫论跋》《又一跋》收入《屏庐文稿》卷一。

作《妙莲花室诗词钞序》《姑母章太宜人八十寿序》《张母刘太夫人七十寿序》，收入《屏庐文稿》卷三。

七月，《妙莲花室词抄》刻成。

十一月，作《李亭午先生书扇遗墨跋》，收入《屏庐文稿》卷三。

是年，金梁等改组俦社，金钺以“遗少”身份参与其事。

民国十二年(1923)癸亥　三十二岁

是年刻书一种，《欲起竹间楼存稿》。

六月，作《画梅题记跋》《书法偶集跋》《天台雁荡纪游跋》《耄学斋晬语跋》，收入《屏庐文稿》卷二；《屏庐丛刻》第五种、第六种、第八种、第十三种。

七月，作《悫思录跋》《篷窗附录跋》《金刚愍公表忠录跋》，收入《屏庐文稿》卷二；《屏庐丛刻》第九种、第十一种、第十五种。

八月，作《吟斋笔存跋》，收入《屏庐文稿》卷二，《屏庐丛刻》第十二种。

十二月初七日，作《莲坡诗话跋》，收入《屏庐文稿》卷二，《屏庐丛刻》第三种。

读章式之校刻之《陶楼文抄》。(《赠黄道敏序》)

《天津县新志人物艺文》六卷，高君彤皆撰，写定上版。（《天津县新志人物艺文单行本跋》）

民国十三年（1924）甲子　三十三岁

金钺与王仁安反复商量，由高凌雯负责审读，张君寿校订，最终选择十五种书，共二十四卷，召抄胥在修志局写定，上版雕刻，名曰《屏庐丛刻》，并于是年刻成。

包括：①《诗礼堂杂纂》二卷；②《介山自定年谱》一卷；③《莲坡诗话》三卷；④《铜鼓书堂词话》一卷；⑤《画梅题记》一卷；⑥《书法偶集》一卷；⑦《南宗抉秘》一卷；⑧《天台雁荡纪游》一卷；⑨《惄思录》一卷；⑩《灶妪解》一卷；⑪《蓬窗附录》二卷；⑫《吟斋笔存》三卷；⑬《耄学斋晬语》一卷；⑭《古泉丛考》四卷；⑮《金刚愍公表忠录》一卷。

二月，捐赠《辛酉杂纂》三册，《广瘟疫论》二册。

按：见于《大公报》，1924年2月29日，《直隶省立第一图书馆鸣谢》一文。

仲春，作《屏庐丛刻序》，收入《屏庐文稿》卷二及《屏庐丛刻》卷端。

天津修志局征集乡先辈著作，积之数年，罗致甚多，或手稿、或传抄、或旧刻，或残编，计之不下数百种。夫吾邑在明季时人文犹无所表著，自康雍以后，迄今二百年间，硕彦之辈起，纂述之渊懿蔚然灿然，足称大观。考之海内通都名邑，人文偾兴之速实罕匹伦。呜呼，盛哉！庚申钺既有《天津文抄》之刻，复念乡先辈遗书甚伙，将来志书告成，修志局自必裁撤，征集之书必一一归还。异日，纵有好事者，再欲会稡成帙，则搜集大非易易，且年久之后，蟫蠹为穿，在所难免，瓿瓿用覆，亦岂必无版刻已亡者，印本将日益以少，手稿仅存者，传世将日益就湮，即收藏家倍加珍惜，而世局多故，人事无常，转徙流离，何能意及。久之又久恐，今兹艺文所著录名目徒存，简篇难获矣。然则，及今刊传之责，恶可缓邪。闲与王君仁安计议，复商之高君彤阶，发书审读。盖艺文一门高君主任征集之书，系所收掌，因互相参酌，择取杂著，凡十五种，都二十四卷。召抄胥即局写定，次第锲版，浼张君君寿襄校，名之曰《屏庐丛刻》。敢云裒一乡之典籍，启来学之径涂，不过从吾所好，尝一脔而已。愿有同志者，起而继之，广求桑梓遗书，共图传布，阐幽光，延坠绪，则斯刻庶几为嚆矢也。夫甲子仲春天津金钺。

夏五月，作《章君式之六十寿序》，收入《屏庐文稿》卷四。

六月，作《来淑亭未定草序》，收入《屏庐文稿》卷三。

按：《来淑亭未定草》，卞善洲著，字达昌。

民国十四年(1925)乙丑　三十四岁

初秋，金钺购《曝书亭词拾遗》木版，用原版印刷，以广流传。作《曝书亭词拾遗跋》，收入《屏庐文稿》卷一。

民国十五年(1926)丙寅　三十五岁

是年刻书五种，《补注瘟疫论》《曝书亭词拾遗》《王仁安续集》《仁安文续稿》《仁安续笔记》。《补注瘟疫论》，现存木版 145 块，不全。

夏，从宝森堂书肆购得洪吉人《批注瘟疫论》书版，补版刊印。

《补注瘟疫论跋》云:"洪吉人先生《批注瘟疫论》一书原版旧藏华氏,后流落于宝森堂书肆,堆置尘霾,今已有年,肆估每与予道及辄欲举以见售,予惠是书为乡先正之名著,且幸椠片未甚剥蚀,而予又前有戴氏《广瘟疫论》之刻,遂于今夏购得,召史匠剔补而摹印之。"

八月,《天津文抄》七卷附刻《孟继坤天津三烈妇征启诗》,金钺作题识一则。

丙寅八月友人偶出示旧藏此启一纸,乃当日原刻三烈女中二为金氏之女,一为金氏之妇,皆吾家先人而王恩黼妻金氏即钺姑母也。再阅岁时恐即湮没,爰亟假录。附刻《天津文抄》之末,阐潜德之幽光,传往贤之雅韵。文惟载道,何计散骈,稍远体例,读者谅之。金钺敬识。

秋月,复校《致远堂集》,并作《致远堂集跋》,收入《屏庐文稿》卷一。

是集刊成越六年丙寅秋月复校数过,又正讹若干字,并将前所缺遗者,反复推敲,一一酌补,敢谓即成完璧,姑就一时会心已耳。

秋,作《补注瘟疫论跋》,收入《屏庐文稿》卷一。

孟冬,作《曝书亭词拾遗》跋一则。

《曝书亭词拾遗》卷末跋云:"补板乃卷下四五两叶,旧刻字画与原书不一,今重镌易之,丙寅孟冬,钺校勘又志。"(天津图书馆藏,索书号P25043)

暮冬,作《王仁安续集序》《仁安文续稿跋》《仁安续笔记跋》,收入《屏庐文稿》卷二。

十二月,收到翁之熹来信。

浚宣仁丈大人阁下:违教日久,时切怀思,顷由津厲转到手书，藉审餐卫咸宜，颂慰无量。承惠令先集，拜领敬谢。《曝书亭词补遗》尊刻甚好，流传广远，艺林佳话。敝本蒙掷还，感感。熹自夏间奉调来岛，忽忽半载，明岁拟迎家兼及眷属来此，此间宛如乡居，亦一桃源也。耑此申谢。敬请道安，诸惟蔼照不次。世晚翁之熹顿首，谨拜。丙寅十二月四日。

按：翁之熹(1896—1972)，字克斋，文恭公曾孙，江苏常熟人，出身臣宦之家。

贷款给华世奎15000元，按月息1分行息。(见《川流不息》)

是年，金钺天锡堂从天聚公商号分红，分得两万元。

民国十六年(1927)丁卯　三十六岁

八月，随严修、林墨青等发起组织崇化学会，担任常川董事。

九月，作《吟斋笔存跋》二篇，收入《屏庐文稿》卷二。

是书写刻越数年，又辗转假得一传抄之四卷完足本，忻然用以校刊，乃两本颇有不同，完本卷数虽符，其后二卷内驳而不纯，恐多为后人所增订，非原稿也。予既据以纠讹补脱，命工修版，复于其中选录十则，续刊卷尾及弁言一篇，取以冠首，庶此刻虽非全书，亦已经具见其精要矣。丁卯九月。

是年，金钺天锡堂从天聚公商号分得红利五千元。

民国十七年(1928)戊辰　三十七岁

冬，将王守恂戊午至丙子夏致其书信装订成册。

由吴自堂处购得玉川胡同5号楼的住处，占地二亩五分一厘八毫四丝，共计24000元。

民国十八年(1929) 己巳　三十八岁

六月,《大公报》刊登了一篇关于《屏庐丛刻》的书评。书评评价不高,但对"有关津门掌故"一点加以肯定,认为"此十五种中,类皆小品居多。《徐氏之古泉丛考》或尚可于古泉学中备一格,余则自郐以下,了无足取。以其有关津门掌故。故详记之。"

按:民国二十八年六月十日,《大公报·文学副刊》刊登了关于《屏庐丛刻》的一篇书评。云:此书为本埠金钺君所刻。凡十五种二十四卷,均津哲遗著。其目如下:诗礼堂杂纂二卷(王又朴),介山自定年谱一卷(王又朴),莲坡诗话三卷(查为仁),铜鼓书室诗话一卷(查礼),画梅题记一卷(查礼),书法偶集一卷(陈玠),南宗抉秘一卷(华琳),天台雁荡纪游一卷(金玉冈),悫思录一卷(栾立本),灶妪解一卷(沈峻),蓬窗附录二卷(沈兆澐),吟斋笔存三卷(梅成栋),耄学斋晬语一卷(杨光仪),古泉丛考四卷(徐士銮),金刚愍公表忠录一卷(金颐增原辑,金钺重编订)。此十五种中,类皆小品居多。徐氏之《古泉丛考》或尚可于古泉学中备一格,余则自郐以下,了无足取。以其有关津门掌故。故详记之。全书商务印书馆有寄售。共十二册。精一函,价七元。

民国十九年(1930)庚午　三十九岁

是年刻书一种,《屏庐题画》。

夏日,作《屏庐题画题词》,收入《屏庐文稿》卷一。云:"予初未尝学画,庚午夏日戏作墨竹,摹其凉爽之姿。"

暮春,作《黄道敏印存题词》,收入《屏庐文稿》卷三。

三月，作《赠黄道敏序》，收入《屏庐文稿》卷三。

暮冬，作《天津县新志人物艺文单行本跋》，收入《屏庐文稿》卷二。作《付氏族谱序》，收入《屏庐文稿》卷三。

按：付氏，傅文波，静海人，事迹不详。

民国二十年(1931)辛未　四十岁

新正月立《十五爷十五太太生日账》，记录了夫妇二人过生日的账目，此账记至己卯年(1939)，共九年。

春，作《黄竹山房诗抄跋》，收入《屏庐文稿》卷一。

四月，作《复罗叔言书》，收入《屏庐文稿》卷四。

五月，作《复王仁安书》，收入《屏庐文稿》卷四。

收到罗振玉赠《朱筠河先生年谱》一书。

按：《朱筠河先生年谱》，罗继祖撰。护叶题“辛未五月贞松由旅顺寄贻屏庐”。钤盖“浚宣”朱文方印。见于孔夫子旧书网。

六月，作《沈君云甫五十寿序》，收入《屏庐文稿》卷三。

按：沈云甫(1880—？)，金钺外舅之子，长金钺十岁。宣统初年曾一起在京求官。

九月，为水灾捐款八元。

按：见于民国二十年九月四日，《大公报》载《本社收到水灾赈款报告》第2版。

仲秋，作《天津县新志半部本跋》，收入《屏庐文稿》卷二。

天津县新志往岁已刊之稿，钺既取人物艺文二类单印以行，其他亦次第印出，俾便披读，彤皆遂又反复勘校正讹补缺，命工修理，致力数月乃克毕役。

初冬，金钺夫人病，请陆宗仁诊治。(《赠陆宗仁》)

民国二十一年(1932)壬申 四十一岁

是年,刻书一种,即《黄竹山房诗抄》。

近来予忽喜画竹,朝夕挥洒,有时于明窗净几闲墨酣笔舞。(见《屏庐文稿》卷三,《(侯藜仙山水画)又一册跋》)

除夕前五日,作《候藜仙山水画册跋》(又一册跋),收入《屏庐文稿》卷三。

正月,作《林墨青先生七十寿序》,收入《屏庐文稿》卷三。

又作《赠陆宗仁》,见草稿及稿本,未刊行,故照录如下。

辛未冬初,津门突遭奇变,峰焰弥天,居人逃遁,而予内子即于是时因惊致疾,缠绵累月,困莫能兴,势几殆矣。予寻访名医,踟蹰难过,偶闲部街头,路经陆宗仁先生居宅,率尔叩门,告以病状,请为诊治。予骤聆言论,固已知精礴不凡,遂毅然服其方剂,数帖之后竟霍然而起,斯诚予之厚幸,而先生之医学洵不愧上工也。谨述颠末,用志不忘,并敢奉告,苦不得良医者,知董林苏井,即在目前,何事遣求哉。壬申正月。

五月,向"天津市市立图书馆"捐赠《双清书屋吟草》一种。

八月,作《黄竹山房诗抄》跋,未收入文稿。

黄右题画诗八首,就予所藏黄竹老人画移录,均不见《黄竹山房诗抄》中,爰附于其后。壬申八月钺记。

仲冬,作《芸书阁剩稿跋》,收入《屏庐文稿》卷一。

暮冬,《黄竹山房诗抄》刻成。

按:是书牌记云"壬申暮冬"。

十二月,作《候藜仙山水画册跋》,收入《屏庐文稿》卷三。

民国二十二年(1933) 癸酉　四十二岁

是年,刻书一种,《王仁安三集》。

二月,作《徐贞惠先生碑传辑录书后》,收入《屏庐文稿》卷三。

按:徐友梅(?—1933),谥贞惠,子一达。与金钺共事于崇华学会。

初春,作《王仁安三集序》,收入《屏庐文稿》卷二。

曩予为仁安一再刻集,今岁仁安七十,予思引杨至堂、于梅伯言七十时编其诗文刊以寿之例,遂向仁安索其近著,续刻三集。

清明后一日,作《王雨田先生家传书后》,收入《屏庐文稿》卷三。

孟夏,作《徐镜波手录所作制艺题词》,收入《屏庐文稿》卷三。

五月,作《华君壁臣七十寿序》《徐君镜波五十寿序》,收入《屏庐文稿》卷四。

按:华壁臣(1863—1941),长金钺二十八岁。徐镜波(1883—?),长金钺八岁。

是年,有金钺致张寿信札一通。

闰五月,作《孙母章太夫人六十贞寿序》,收入《屏庐文稿》卷四。

七月,作《张文达公山水扇面跋》,收入《屏庐文稿》卷三。被聘为水西庄遗址保管委员会委员。

按:见于民国二十二年七月十七日,《大公报》本市新闻,《水西庄遗址保管委员会成立》。

九月,作《徐石雪配沈宜人家传书后》,收入《屏庐文稿》

卷四。

十月，作《宫定九先生八十寿序》，收入《屏庐文稿》卷四。

初冬，作《镜波文存续编题词》《徐镜波中国历史撮要韵语题词》，收入《屏庐文稿》卷四。又作《黄竹山房诗抄补跋》，收入《屏庐文稿》卷一。

孟冬，作《徐镜波手录诸家制艺题词》，收入《屏庐文稿》卷三。

仲冬，作《抄本古文跋》，收入《屏庐文稿》卷四。

作《致远堂集跋》，收入《屏庐文稿》卷一。

癸酉又校仍有修正，并付入家训一篇于末，此后印本虽不敢即谓无舛，然较初印则改观矣。

按：《致远堂集》庚申初刻，丙寅、癸酉，二次修正。

十一月，作《与高彤皆书》，收入《屏庐文稿》卷四。

是年，王仁安避乱入住金钺家中，王仁安撰写《天津政俗沿革记》，金钺校勘，用三个月完成初稿，但未付印。《天津政俗沿革记序》云：

癸酉君年七十似已未可再缓，适因避乱小住于予之心远楼，晨夕倾谈，复商及兹事，旋遂乘兴亟召抄胥就君家写定……每卒一卷，予即取以勘校，自夏徂秋，三阅月而毕，君并原稿悉以付予。窃惟此著采掇既广，搜罗甄抉从事，綦难补阙证疑，或须有待藏之箧衍。

民国二十三年(1934)甲戌　四十三岁

春，《黄竹山房诗抄补》刊成。

按：是书牌记云“甲戌春”。

五月，作《(章君式之)又七十寿序》，收入《屏庐文稿》卷四。

七月，金钺致高凌雯信一通。

违教月余，正切怀思，忽奉手书并示及近作《林君兴学碑记》，欣诵三复。前半总叙事迹，简括精严，后幅描写形神，则声色俱出，墨翁得此可不朽矣。然非目睹向往一切情形者，秉笔而书之，亦虽酷肖如是，"僧寮道观"数语乃三十年前之幻景，今尚有几人能道之哉。末节自署姓名于文内，体格尤雅。铭词前四句赞已往，后四句勉方来，意澹旨远，而稿纸二页，法书清腴，绝不类稀龄已逾者之笔墨，固当装裱珍之矣。近日读赵湘帆《序异斋集》(新刻四册)、吴辟疆《北江集》(旧有刻本，新又续刻，共为八册)。于吴门弟子之学籍窥一二，而北江才气豪迈与学力之深厚尤可惊佩，客有谓独惜其胸度稍觉褊狭，彼之所以屡屡极口称道而张大之者，是犹不觉囿于一隅，而适取其小也。其然，岂其然乎？此间清静远尘，终日惟闻鸣蝉在树耳。每至夕阳西下，以散步河干为乐，恍若有林泉之趣也。拉杂率复，敬候起居康胜，不尽珍缕。侍钺拜上，彤公先生座下。甲戌七月初二日。

九月，作《徐仰裴先生乡试朱卷跋》，收入《屏庐文稿》卷四。

仲秋，续印《屏庐题画》，新增题识若干则，并作《屏庐题画跋》。

予写墨竹目以为课，努学忘倦，演阅四年，工拙殊不足计，亦以戒无恒耳。兹再录题识若干则，续于庚午印本之后。甲戌仲秋天津金钺浚宣记于心远楼。

十月，作《复刘锡孙书》，收入《屏庐文稿》卷四。

冬，作《徐镜波五十述怀唱和集题词》，收入《屏庐文稿》卷四。

仲冬，作《水西访旧图跋》，收入《屏庐文稿》卷四。

十二月，作《徐震生画梅册跋》，收入《屏庐文稿》卷四。

按：徐震生，生卒年不详，广陵人，善画梅。

十二月二十九日，徐兆光编成《中国历史撮要韵语》卷一至九，装订成一册。金钺存其稿本。

民国二十四年（1935）乙亥　四十四岁

仲春，作《天津文抄跋》，收入《屏庐文稿》卷一。

是书刊布后，屡承朋友为之纠讹订误，曾经随时修版，兹复审校一周，仍不免有所勘正，爰亟命工剜改，并再缀数语以志印本流传间有异同之故而几尘风叶，恐终难廓清无遗也。

仲春，又作《许琴伯玄达集题词》，收入《屏庐文稿》卷四。

按：许琴伯，生卒年不详，杭州人，喜画佛，其用笔悉从刻石造像得来。周叔弢刻《阿弥陀经》，有其所刻佛像印章。

七月朔，徐世章致金钺信札一通。

二十日，徐世章致金钺信札一通。

秋，章钰患病入北京医治，金钺前往探望。

仲冬，作《天津诗人小集十二种跋》，收入《屏庐文稿》卷二；《天津诗人小集十二种》卷末。

是年，金钺收得《朱白民墨竹卷》。（《屏庐文续稿》）

民国二十五年（1936）丙子　四十五岁

是年，刻书两种，《天津诗人小集十二种》，《志余随笔》六卷。

三月，关于《志余随笔》刻书修改事项，文楷斋致金钺信函一通。

《志余随笔》卷五

四页前六行十七字“笺”改“牋”，三十六页前四行八字“戕”改“戕”，六十三页后七行十字，首；二页前二行二字、三字乾、閑，跋，一页后一行二字，“徵”中间山头两竖削短点。又卷首二行题后第五字“雯”，除第四卷外，其第一、二、三、五、六卷，该字中竖，与下文字之上点削短，勿连成一笔。原作“雯”，应剔作雯，照卷四六行内同即可。

《志余随笔》卷六

十二页，后四行八字“员”；十三页后六行二十字“论”；二十五页前八行一字“者”。

以上补残，此书想已刷齐，甚望早日寄来。前者函嘱卷四，十七页后五行末字“千”改“百”，想早经照改好矣。文楷斋台鉴，金浚宣手启，三月二十四日。

王仁安到斋小坐。

按：《王仁安四集序》云“去岁夏午来予斋小坐”。

夏日印行《天津诗人小集十二种》，高凌雯辑，包括：①《欸乃书屋乙亥诗集》一卷，张霔；②《履阁诗集》一卷，张坦；③《奏游诗》一卷，张埙；④《读书舫诗抄》一卷，胡捷；⑤《卜砚山房诗抄》一卷《后集》一卷，周焯；⑥《炅斋诗集》一卷，胡睿烈；⑦《青蜺居士集》一卷，丁时显；⑧林于馆诗集》二卷，查昌业；⑨《蕉石山房诗草》一卷，康尧衢；⑩《欲起竹间楼存稿》六卷，梅成栋；⑪《韵湖偶吟》一卷《后集》一卷，刘锡；⑫《醉茶吟草》二卷，李庆辰。

八月，作《志余随笔跋》，收入《屏庐文稿》卷二。

十月，金钺与文楷斋往来通信函。

（一）

《志余随笔》修补残笔单：

卷一

十三页前九行四字，暇；又后四行十三字，所；十四页前四行二字，其；又八行十三字，载；又后九行十字，谓；十六页前六行十字，卷。

卷三

五页后一行十八字，谱；十六页前七行二字，雪。

卷四

二十六页后二行十五字，赏；二十七页后一行三字，平；三十页前五行二字，曲。

卷五

五页后五行一字，某；又十八字，祖；十三页前二行十一字，坛；二十页前九行十三字，闲。

卷六

二页前七行三字，学；九页后四行十九字，阑；又六行十四字，但；十五页后三行三字，文；又九行十字，三；二十二页前八行三字，世；二十三页前四行二十字，童；又后四行十五字，吏；二十六页后二行十一字，一；二十六页前六行十三字，是改正。

右改一字，余皆修残。

卷一，十五页后末行第八字，卮；卷二，十五页后四行十五字，闯字不对，再查；又卷一，十七页前五行四字，访补残；又卷一，十七页前六行三字，而补残。现在毛边纸价仍如上次所刷者否？拟将此小误改正后，再刷毛边的少许。十月二十八日，金浚宣启。

（二）

《志余随笔》前嘱改，改之卷一、十五页后末行八字，“卮”改“巵”，又“卮”字下之“转”字补残，又卷三、十五页后四行，十五字改闖，又卷一，十七页前五行四字“访”补残，又卷一，十七页前六行三字“而”补残，以上照改毕，可再刷毛边纸的二十部、一切照上次一样，系磁青皮子、签字贴在皮外，但不知现时纸价较上次刷时有涨落否？文楷斋台鉴，金浚宣手启，十月初七日。

初冬，作《杨无怪山水立轴跋》，收入《屏庐文稿》卷三。

是年，金钺为龚望画竹一帧，并题识。

竹虽无香然于幽静之中，亦觉时闻蓊葧，正如朴学君子不欲以才华炫露也。作家先生雅属，屏庐金钺。

民国二十六年(1937)丁丑　四十六岁

是年，刻书一种，即《王仁安四集》。

春，章钰病逝于北京，金钺赴京悼念。

暮春，作《王仁安四集序》，收入《屏庐文稿》卷二。

三月，作《金君息侯六十寿序》，收入《屏庐文稿》卷四。

五月三十日，赵元礼致金钺信札一通。

金十五爷浚宣：《仁安先生四集》收到，敬谢。久思谒公痛谈，病不去身，奈何？寄去拙作两本，又寿言一本，请阅存，博笑而已。弟礼叩头，五.月卅日。

又画竹否？过日拟求画一扇。

浚宣先生：昨夕酷热，未终席而逃。公不入坐，而徘徊往来，顾视清高，大有闲云野鹤之致，欣叹欣叹。新刊《七笔》两本呈教，无甚高论，幸教之。公前赐画竹多幅，回移居忘记度于何处，如失环宝，能再检赐多叶乎？此发棠之请也。阅壁臣病已见养，此上，敬问道安。弟元礼顿首，八月三日。

按：《七笔》指《藏斋随笔七笔》。钤“赵夫子”朱文长方。据信中“新刊《七笔》两本呈教”推之，此信书于1937年。

八月三日，赵元礼致金钺信札一通。得赵元礼赠《藏斋随笔七笔》二册。

九月，有陈沈氏三十九岁，到金钺家中教读。

孟冬，作《欧美漫游日记序》，收入《屏庐文稿》卷四。

冬，始与张次溪相与往还，得接高贤引为至快。（见《张次溪赠行诗卷跋》《屏庐文稿》卷四）

十二月，陈品三起诉金钺、金筱昂隐匿尊亲。

是年，姚彤章于书肆购得沈青来稿本。《青来吟稿》十卷，《题画诗》二卷，日记三册，与金钺一同鉴赏。

民国二十七年（1938）戊寅　四十七岁

是年，刻书三种，《天津县新志人物艺文单行本》《天津政俗沿革记》《黔行水程记》。

一月六日，金钺收到天津地方法院公函，关于“陈品三等自输诉金钺隐匿尊亲案”判决结果，不予受理。

二月，金钺致文楷斋信。

文楷斋台鉴，金浚宣手启，二月廿八日。

《天津政俗沿革记序》一页后七行十七字，勘，补残小横。

《天津县新志》卷二十一之第一页前六行二字，事，补残。

二月杪，姚彤章致金钺信札一通。

前日奉到惠赠新刊印《黄山纪游》《王仁安四集》二种，久晦得显，并留天壤，特此申谢。纪游中"英葵斋"应是"莫葵斋"，即校原稿，是误。因检《人名大词典》：莫春晖，清黟人，字广元，号葵斋，移寓吴门，年十五，省父。娄东王愫曾授以南宗正派山水。疎老苍秀兼工。殿版能修补，盼亟改正。屏庐主人鉴，彤章顿首，二月杪。

按：钤"彤章"朱文长方印。据信中所云"前日奉到惠赠新刊印《黄山纪游》《王仁安四集》二种"推之，此信写于1938年。

孟春，作《黄山纪游跋》，收入《屏庐文稿》卷二。

《黄山纪游》二卷，吾乡沈青来先生著……尝汇录生平所见名画为《养素轩读画记》一书，至足珍贵，惜原本已散佚，即传抄亦无从访求矣。去年，姚君品侯，偶于古肆得先生手书《青来馆吟稿》十二卷，《题画诗》二卷，日记三册均无卷次，亟以示钺，用共欣赏。钺假读一过，乃于日记中抄出嘉庆四年己未八月游览黄山往返之一节，而合以同时纪游诗，即吟稿第八卷也，辑出为此编，付诸剞劂，姑存全豹之一斑已耳……戊寅孟春后学金钺。

仲春，作《天津政俗沿革记序》，收入《屏庐文稿》卷二。

四月二日，陈品三聘请律师张允谦代写诉状，状告金钺隐匿尊亲。

四月十四日，陈品三起诉案，天津地方法院刑庭做出判决，"不予受理"。

五月，作《张次溪赠行诗卷跋》，收入《屏庐文稿》卷四。

七月二十九日，金钺呈天津特别市工务局局长《为墙忽大斜变出俄倾奉令即日拆修未及请领动工执照请予鉴核备案由》。

为墙忽大斜，变出，俄倾，奉令即日拆修，未及请领动工执照，请予鉴核备案事。窃民有坐落本市西头慈惠寺房产一处，其外园大墙计长约有两丈,因日来大雨连绵,突告倾斜,该管二区四所恐变出俄顷危及行人,当饬令即日拆修,民亦恐或出意外,责任过大,是以未及请领动工执照,即日着工拆修,手续或有未合事实,出于从权,惟既系拆修大墙,理合备文呈报,仰乞鉴核备案为德便,谨呈天津特别市立工务局。

具呈人:金钺

年龄:四十六

籍贯:河北省天津

职业:商

住址:北门里只家胡同一号

铺保:钤盖“王万丰西号”朱文椭圆章

地址:天津北门东阜丰里旁边

中华民国廿七年七月二十九日

《天津特别市公署批》,中华民国廿七年四月二拾八日。钤盖“天津/特别/市印”朱文方印。呈一件为“修理院墙请发执照”。特别一区十六号路二号修理院墙批复文。

《天津特别市公署批》,中华民国廿七年八月十七日。钤盖“天津/特别/市印”朱文方印。呈一件为“拆修门墙请发执照”。慈惠寺大街四十二号,附退让路线图。

八月二十一日,收到王赓纶来信,谈及未请动工执照而修改房屋事情的处理办法。

浚宣仁丈道鉴:日昨贵司事李君来舍面谈修房经过,并交到手示,敬悉。一是当即向工务局友人询问此事,应如何格外通融,免于重拆。据云此事在未经批示以前尚易于从中转环,现既陈明局长,正式由局发批,未易完全收回成命。按此事不合之处有二:一未经批示发给执照即行完工,二凡临街拆盖旧房,均应退让路线,早经公布等语。经与商酌通融办法可具呈,请求缓期。先叙明门墙倾斜危险已极,经区所催拆,呈请工务局后经区严催,是以未候批示即照旧址勉为修葺以防危险。早拟将房完全拆修,因雨水连绵及购料维艰等困难,俟稍缓时日,计画完全,即行按照应退路线完全修筑。现为拆修门墙退让路线必须牵动全部,请格外体恤准予缓时拆盖,云云。可按以上大意,具呈后再托局内人从中疏通,或能批准。如能批缓,即可敷衍下去。如此办法,不知以为如何。专肃,敬颂颐安。愚晚王赓纶谨上,八月廿一日。

《沿革记》一部已收到,谢谢。

仲冬,作《黔行水程记跋》,收入《屏庐文稿》卷二。

十月,金钺致文楷斋信札一通。

寄去写本内《黔行水程记跋》之中段"兰"字下(新添者系在栏上下小字),"仕"字上添"嗜金石碑版"五字,又"遗族"二字改作"家嘱"。又《绿庄严馆漫录跋》内第一行,"幸值"二字改作"世幸"。以上望照办,盼早寄回为幸。文楷斋台鉴,金浚宣手启。十月十三日。

十一月,整理王守恂信札,装裱成册,并题书签《王仁安先生手札》,题跋一则。

此王仁老手札,起戊午春,讫丙子夏。是冬病没,年七十三。翌年,风云凌作,桑海贸迁,其得恰先数月蜕虚仙去,未为不幸。抚今思昔,旧梦难寻,固有不胜其浩叹者耳。仁老书法孤芳澹逸,冰雪澄清。所谓楚调自歌,不谬风雅。乃别具一种幽秀之气正未可与书家之书同日语矣。短简披循,如承色笑。徘徊只影,伥伥何之。每思旧友，取书看此册，所以珍逾琼瑰也。

装就越十年岁次庚寅冬十一月望前。屏庐金钺识于心远楼。

十二月，王斗瞻致金钺书信一通。

石雪先生于暑期中尝有函见示，为写范老墓碑事与严府商过，至今无结果，光亦未奉复，想必怪光置之不理，其实无言得以报命。拟在最近再向严仁泽一谈，当奉陈石老左右。一为解释久未通候原因，倘为尊座附代问候尤所企盼，惟不必谈严碑事也。今日为学会地址登记与民一颇有纠纷。光年来血压甚高，对此困难事头痛万分。舍间人等皆劝光不必为公家事如此着急，但念会事如此飘摇，地址再有说项，如何了局，实难以对老辈。奈何，奈何。草此、布臆，敬请大安。后学文光再拜。十二月十八日。

是年，文楷斋致金钺信札一通。

浚翁先生钧鉴：敬启者，来谕敬悉。今交邮局奉上《王仁安四集》，二十六本。《天津志》红样，四本。今将《天津志沿革表》估价例后，分订四本，中等粉连，六寸，每部合洋一元六角，好毛边纸每部合洋一元三角五分，均不带套，倘若用套，每部加套洋三角八分。见草，请酌印若干部，并印何纸，示知。专此奉复。即颂大安。文楷斋顿首，廿七日。

按：《王仁安四集》《天津志沿革表》刻于1938年，推测此信当写于本年。

民国二十八年(1939)己卯　四十八岁

二月十四日，赵元礼致金钺信札一通。

浚宣仁兄大人道长：比未聆教，惟起居安吉为颂。昨在南皮张氏宅为陪，壁老题主病势十佥六七，颇为庆幸，知念附闻。年前，贵宗大本先生以所编《津人著书目》相示，公签注甚夥，弟以为似应按经史子集分目较为大雅。金君非立图书馆，何必习此洋习，未审公以为何如？此书须送还否，请示？送上乞书画者四件，求赐墨。又拙辑《八笔》求教，幸指其疵谬焉。此问道安，弟元礼顿首，二月十四。

梦龄系女教员（竖条）。范老昨日为八十冥庆，弟以一诗为奠，见之《庸报》文艺栏，其纪念品系一便面，奉赠一叶，望查存。

按據信中言"范老昨日八十冥庆"推之，此信写于 1939 年。

四月，诗社雅集作《己卯暮春，一山、味云、寿人、润琴、息候、伯龙诸公作展上巳之雅集，叨陪盛会，即席分韵得宝字》一首。

暮春三月春光好，迟迟春日催人老。兰亭觞咏足千秋，感今思昔心慅慅。今年己卯值家辰，三社联盟豁幽抱（谓俦社、城南诗社、同声社）。重三已过展十三，天朗风和日皓皓，群贤济济一堂开，酒酣分韵奋文藻。老人星曜辉四筵，春醪共醉玉山倒。海东几度嗟扬尘，避地难觅蓬莱岛。吁嗟乎，人生行乐须及时，形同胡为劳草草。萧然短鬓闲中过，努力春华滋可宝。

六月二十八日，致"尚兄"书信一通。

尚兄如晤：昨承枉过特一区故寓，铭感曷极。弟治家无法，律己罕严。内省循环，咎戾滋多，然而兢兢焉。今昔相较，虽乏创业之才，尚尽守成之责，瞻念前途，未容肩息。设或根本一摇，难免枝叶随枯。自问非败家之子，何致落此下场耶？因是极愿欽笔掬诚，惟冀罪我者曲加体恤，俾获保全。不然，则不肖空存改过之心，奈绝还善之路，将来名裂局残，死不足惜，独惧无颜归觐先人矣。耿耿孤怀，幸邀泪鉴。诸希荫翼不宣，弟钺拜言。己卯六月二十八日。

作《孟春陈君一甫七十寿序》,入《屏庐文稿》卷四。是文以“勤”为中心,写此序文,无溢美之词。

是月,金石氏等在登载《庸报》声明,与金钺共有家产,未得金石氏等同意,不得典押、租卖等。

七月,天津大水后,金钺与章梫、金梁、陈一甫等创办天津保婴会,专门收养弃婴。

九月, 澹庵居士为其批八字,“四十八岁正月二十七日卯时生”。

十二月,金石氏母子等状告金钺,要求与其平分家产。

民国二十九年(1940)庚辰　四十九岁

四月,《天津文抄作者传略》,金钺辑。

华氏津门文抄稿本无作者传略,今就此刻录入者补辑之,庚辰四月金钺记。

八月,刻《致远堂集》。

《致远堂集》卷末金钺跋云:“庚辰秋八月第一次刻。”

民国三十年(1941)辛巳　五十岁

正月初一日,金钺致高凌雯书信一通。

顷捡《称谓录》刑部门内,“白云”见《汉书百官表注》,黄帝以“秋官”为“白云”。急照录,奉闻,当一快也。敬上彤公先生,侍钺顿首,初一日灯时。

正月初六日,金钺致高凌雯书信一通。

手示奉悉。《续刻》册数虽不可少,种数不可太少,诚然,诚然。若能再集小品几种,实为至善。姑即以抄本为限。《静喜草堂杂录》既在手下，若竟不为整理，亦觉歉然。日来取出翻阅，忽思得一编录之法：凡所摘抄者悉删去，于摘抄之下有低格按语者，合摘抄为一条；凡所自述者，除将仅记一时起居删去外，其有关学问阅历与掌故者，概以大字顶格逐条排比，如此移写似可爽目矣。又《吟斋书牍》颇多名言，若选为二卷，亦甚可观。《沈谱》字数太多，且曾有刻本，暂可从缓。《严谱》想有可观，仅少一年尚易补足。总之，此事及今不图恐即竟成绝响，若曰留待后人，则今世何世未免太杳茫矣。先生以开九老人仍复孜孜不倦，藐躬年方及艾，后死之责分。所应尽者，正不知凡几，至境遇之通塞，殊莫能计。区区此心，岂客已耶！《绿庄严馆诗存》刻本，年前已讬斗瞻带呈，想当入览，谨上，即请彤翁先生道安，并贺年禧。侍钺顿首。辛巳正月初六日。

二月朔日，金钺致高凌雯书札一通。

《志余随笔》卷六，第二十六页，前六行十三字"是"字未知是否为"正"字之误。请示及。发还之四册及《严先生年谱》油印本早经收到。《严谱》已照抄，俟抄毕再奉缴。是谱系至五十九岁止，初以为仅短一年，今知短十一年之多，将来再为斟酌可耳。孟志翁嗣君仲恺，匪但还乡，且曾久居，咸作如是说，而其令子乃曰"迄未还乡"，殊莫解其用意。《静喜杂录》删去摘抄存已无几，将来或即存其自述数则而已。原本涂乙错综，移抄大费事矣。《吟斋尺牍》反复详读，若去其泛者，可存精品亦不多也。谨上彤老座下，即请道安。侍钺顿首。二月朔日。

二月十四日，金钺致高凌雯书札一通。

先后奉到两函，敬悉。兹接文楷来函，《随笔》印价仍旧无增，已嘱开刷，并嘱其开一账单，每部连邮费若干，五十部共为若干，俟开来呈阅转办。此五十部将来即成，即由文楷径寄尊处，何如？又正孙前者交来二百八十二元，计为七十七人应用书七十七部。昨复交来四百六十七元四角添印一百二十三部，合为二百部。是款据谓系周四先生所赠，至可感谢。已函知文楷照刷，此二百部寄到后即尽数交与正孙办理可矣。想正孙已有报告用再奉闻，敬上彤老座下，即请道安。侍钺顿首。二月十四日。

二月二十五日，金钺致高凌雯书札一通。

嘱刷之《志余随笔》五十部已经照办，俟刷成后曾嘱文楷径寄尊处，每部价单已寄到，兹附呈请阅，将来该款或即由尊处径寄北京宣外西砖胡同法源寺内文楷斋收，何如？银行汇京，系每百元汇费一角。敬上彤老座下，即请道安。侍钺顿首。二月二十五日。

三月初五日，金钺致高凌雯书札一通。

顷翻阅崇语铃《圣教帖》影印本，读其跋尾，忽忆及《随笔》内曾因牛次原节录一则出以校对，刻本误以"百里"为"千里"在卷四十七页后五行之末，应改正为是。按诸上文当非"千里"，请酌定。即颂，彤老刻安。侍钺顿首。三月初五日。

三月十二日，金钺致高凌雯书札一通。

来示奉悉：日昨斗兄相过，交到尊款二百元，一切遵照办理。闻斗兄云尊处之五十部已接到，兹待文楷函亦报告及此，据谓此番系刷成六十部，先为寄来五十部备用，其余续寄。新改之"百"字，竢下次寄到之本当可改好。敬上彤老座下，即请道安。侍钺顿首，三月十二日。

五月初七日，金钺致高凌雯书札一通。

手示奉悉：此次县署托为代印《县志》除自留五部，县方要十五部，书已寄到送去，款亦照付矣。所留现尚未动，容派人呈上一部，即以移赠缉老甚善，百字小条亦刷来，随函附上。《随笔》每卷之尾近又添刻卷几字样，与卷首同，俾与曩刻各种一律，彤老俯鉴。侍钺顿首。五月初七日。

六月十一日，金钺致高凌雯书札二通。

（一）

手示奉悉：《随笔》修板已齐，只封面及书签尚未刻来，前曾嘱其再刷一清本，至今亦未寄到。来函所云有误一处，未言系在何卷，兹将后修之四、五、六，三卷悉交邮寄，呈请批注发回，以便寄京照改。时值暑热，诸惟珍涮，谨复，即请彤公先生刻安。侍钺顿首，六月十一日。

（二）

前函甫缄发即接到文楷寄来清本一部。封面、签子均刻齐，兹先留览，稍迟即奉阅。应改之处请速示照修正，再上彤老坐下。侍钺顿首，六月十一日，再函。

六月十四日，金钺致高凌雯书札一通。

示悉：嘱改之条，当照修正。新印之清本，兹甫读毕一过，除别纸记出残笔字五十，又于卷三十九页后“鲁庵回籍葬母，起墓园曰思庄”云云一条内，梅小树之“梅”字误“树”，曾校数过，尚有此失，竢录清单发京后再将此新印本寄呈，将来拟印务连二三十部外再印。有一种洋纸，白如粉连，厚如毛边者，其价尚较毛边为廉，颇可用也。《青县志记》似曾由敝处持去一部。前函忘却答之，见还迟早，殊无关也。现在刻价每百字至少次一元二角，《随笔》仍按旧价，每百字六角，但该号屡以不敷开销乞为稍加，兹已将后三卷，每百字加二角，按八角计算，然以后再刻亦不能不照时价矣。敬复彤老赐鉴。即请暑安。侍钺顿首。六月十四日。

六月二十一日,金钺致高凌雯书札一通。

手示奉悉:朱蓝溪即朱玉邻,已有确据,快甚。从前亦颇疑若此,奈无左证,不能武断。盖敝存《竹床图》册子有朱玉邻题诗,自署"涧庵朱玉邻"。小印二方:一曰"涧庵",一曰"朱玉邻"。又《善吾庐诗存》内亦有其人一诗。其字亦为"涧庵",或者"蓝溪"其字"涧庵",其号欤?可否于拟增之"名玉邻"下,再将"又号涧庵"增入,何如?仍请酌定。清本一部可即留存案头备览,无须发还矣。竢此次修板毕事,便可开刷。违教经年,渴想一倾积愫,转瞬即入秋令,俟稍凉爽当走谒高斋,作竟日谈,兼候起居近状,幸甚,幸甚。敬上,即请彤老刻安。侍钺顿首。六月二十一日。

六月二十五日,金钺致高凌雯书札一通。

两函奉悉:已发工照改。昨得文楷函谓《随笔》如用粉连,六裁,墨印,每部工料价六元七角五分,如印朱色每部再加四元四角,则为十一元一角五分,未免令人咋舌。即花瑜板纸(即前函谓白如粉连,厚如毛边之一种日本纸),每部亦须三元八角,似此情景朱印已不可能。拟先印花瑜板纸少许,再寻稍廉纸料续印,盖因刻下无货,且皆下品,想不能永远如斯,待时缓图而已。彤老赐鉴,侍钺顿首。六月二十五日中刻。

闰六月初六日,金钺致高凌雯书札一通。

来示敬悉:当即函知文楷照改,前一制字尚未改回,正荪处尚见五十部未与送去。手下书已齐备,只是新改误字,拟贴补后再为送去。《黔行水程记》已寄来少许,兹捡一册交邮寄,呈请惠览。谨复,即颂彤翁先生暑安。侍钺顿首,闰六月初六日。

再者前接刘翰怡来函,据谓将编《清遗民传》一书,附寄排印之启事多张，兹呈一纸查阅。吾乡如幼樵提学，殊无媿遗民之流，其外堪列此品者尹澄甫、沈声甫二云何如？陈石遗骧不甚得详，只知亦甘居寂寞者，尚乞就（总以有可出之机遇，而坚抢隐遇者，方见高尚，若本蛰居野处之辈，则泛泛然，何足道哉？）意中所及，搜罗一二，以阐幽潜，幸甚，幸甚。附刘君启事一纸。

刘翰怡即刘承干，尹澄甫即尹溎，沈声甫即沈士镕。幼樵，陈骧，字石遗。

闰六月十一日，金钺致高凌雯书札一通。

示悉：《水程记》承校字，谢谢。查俭堂之芯题上方二游记曾载《铜鼓书堂遗稿》中《静喜杂记》每一展卷为之生畏，盖亦由一时心绪不宁，未能专一所致也。文楷改字今尚未到，念之颇欲将正荪处之五十部早为送去，即结束矣。即请彤老暑安。侍钺顿首。闰六月十一日。

闰六月十九日，金钺致高凌雯书札一通。

示悉：《随笔》新改之“制”“膺”“蹭”三字合前之“百字”均已刷到小条，兹奉上，如不敷用，手下尚有甚多，与正孙处之五十部均将此数字贴补竣事，拟即送去。翰怡昨来函嘱访李嗣香学士昆仲行谊，窃思嗣香辛亥后隐居未仕，尚在遗逸之列，若子香则自昔家居不关鼎革否也。暑热不多述，即请彤老暑安，侍钺顿首。闰月十九日。

七月二十一日，金钺致高凌雯书札一通。

《随笔》前后改字均已修正毕事，可即开刷，以观成矣。兹将两处添改，多字者二页，奉呈入览。余皆刷来小条，即不附上。谨上彤公先生座下，即请道安。侍钺顿首。七月二十一日。

八月初五，金钺致高凌雯书札一通。

昨谈拟将敝藏家黄竹老人画题诗移录附于《黄竹上房诗抄》之后，兹已编就，奉邀赐览，正谬为感。谨上。敬请彤公先生箸安。侍钺顿首，八月初五。附呈《黄竹山房诗抄附》一册。

八月二十四日，金钺致高凌雯书札一通。

《黄竹山房诗抄题词》仁翁成绝句二首，连同大箸录为一页，呈阅。题名处尊意如何写法，请酌示照刊。彤公先生尊鉴，侍钺顿首。八月二十四日。

九月初二，金钺致高凌雯书札一通。

顷晤拜苏尊欲乞其书联一事，已与之道及，承诺。请选定纸料，或交国华社，或钺转致，均可。敬上彤公先生大鉴。侍钺顿首，九月初二晚。

冬，画竹，并题诗一首。

瑞同尧代庭前草，烂似吴江霜后枫。若使杜康采叶去，更叫酿出状元红。

十月，张晋侯致金钺书信二通。

(一)

浚弟如见：会城别后即至日法交略物归入行列，由法捕指引，渐次前驱，僭越至首，正值检队吃饭之时，稍候刻，余即以入室检问，含糊已极。至家纔七时，谓半计由动身迄乘舆，至家仅一刻又四十分。可谓爽快之至。金钞真谓力哉，贿捕之钞草勿令妫气付，既费力又费钞，居心实谓未安。晤时希代谢，是要。以上情形请电三局二三七七舍姪处，或将专函掷看，以释綦念。琐事今日稍息，当明日申谈，谓何意见，再为函达咨兄。今日午后来索衣之意甚切，已嘱少泉，何时来后即以约晤。砌询兄致兄之函望再邮回，邮政局真好买卖哉。专此，即请刻安。兄晋顿首。十一月十九日八时。

昨晚所发之函与兄同时进门，亦巧矣哉。

（二）

浚弟如见：自居尊厲已两月有余，往返京津亦已两次，屡归混入危城，想尽方法竟不得其门，勉强进入又恐难得出路，天寒衣薄，急待还京，乃思函商较为简捷。不待入城面罄矣。令嫂意在分炊，进而起诉，兄劝导之，概以和平息讼为是。至舟至三已尽十余次之晤谈，仍属坚持长者将不知让至如何情景，近旦得一法（以下皆兄意，所谓第三者参言）。伊姑媳言谈承以（月费、杂费等）不敷开销为词，参以他事。不言其大者，只言琐屑，是鉴于此事之易调和也。伊每月由账房支八十余元，拟请加增若干，以多为妙，其他用度虽不能与弟平行，当优为之较前增益，或熄离爨之纷。弟近日之不付月费已四个月，不给其装煤炉与购煤炭之款，适激其怒，于兄之调解深为掣肘。上项各物已备齐款，皆未可付，向兄借洋四百元，清付各项，兄即却之。俟与弟谈或支兄不得随便主张允否字。知不可以小节牵动大事。试问吾弟对于分炊乐乎？否乎？乐则速面商谈，否则顺兄之梯下台，事半功倍，兄对此事始终不归，激成大错，而弟所施之策，皆逢彼之怒，息事激事实莫能明。将来账房各事亦可令孝印与松、栢加入办事，不能支用钱文，外事令其应答，内事令其整顿，踞而观之，以总其成，岂不乐甚。我等已五旬，悠游林下，弄孙养志，以息仔肩当寿享期颐也。毋蹈涸鱼之辙，则幸甚无矣。专此，即请刻安。小兄晋。希示覆。十月十九日夜。

十月二十二日，析产案。金石氏（四十七岁）、金松年（二十二岁）、金蕙贞（二十三岁）、金栢年（十九岁）、金蕙芬（二十岁），金

石氏为法定代理人，住北门内只家胡同一号。状告金浚宣、张晋侯。时金钺住特一区十六号二号，张晋侯住河东尚师故地福善里四十八号。

为声请假处分事窃。氏母子等与金浚宣系属一家，同财未析，于民国二十八年十二月间，氏等对共有之不动产暨存款、股票等与金浚宣提起按二股平均分析之诉，已经第一二两审，判决照准。现系属第三审，诉讼中对于存放于北门内只家胡同一号，暨特一区十六号二号各住宅院内共有之家具、器物、古玩、字画、书籍暨其他一切动产在另案析产。状内声明保留，嗣后再行补讼，并为使一般人明了真相起见，曾于二十八年六月间，暨本年六月间，先后登载《庸报》声明所有共有家产未得氏等同意，擅为典押、租卖一切处分不生效力等语。孰知金浚宣存心隐匿，竟对北门内只家胡同一号住宅以内共有家具、书籍等，初则派役搬运，因氏等阻止未果，今复勾串张晋侯捏写作质字据，假藉调解，于本年八月十二日，金浚宣承认自调解成立之日起两星期内照双方所立字据清单将所借用可六千元作质之物交付张晋侯占有，经张晋侯同意，调解成立，以为挪移隐匿之方法。日昨经钧院派叶书记官到北门内只家胡同一号院内执行时，金浚宣意欲将共有未分之动产交付运走。氏等闻悉当即阻止，曾由书记官将双方带案，氏等业已面陈在卷。查该项动产等既系双方共有待分之物，该金浚宣一方殊无处分之权，且氏等二次登报声明，该张晋侯岂能漫无所闻。况氏家每月收进房租暨利息等为数甚多，现仍在金浚宣一人把持之下，每月除日用开销外，所余仍巨，并无不敷，何有质借必要，其为串通隐匿昭然若揭。如任其交付挪藏，实有日后不能强制执行，或甚难执行之虞。除另案提起执行异议暨确认被声请人等调解笔录无效之诉外，为此具状。声请假处分，恳祈裁定氏等与金浚宣共有未分一切动产，该金浚宣与张晋侯不得为交接占有之行为，以资保全并令其负担声请费用谨呈。

十一月廿八日，金钺致高凌雯书札一通。

《县志》已装齐寄来，惟后背穿线式样，仍与初次寄来样本嫌稍宽者无异，工人之愚顽可恨，亦真可笑。兹捡四部奉上。又单行本一部，并请存，备分赠知交。谨上，敬请彤公先生箸安。侍钺顿首，十一月廿八日。

十二月初三日，金钺致高凌雯书札一通。

《丛余》内新改之"爵"字，碑刻内新改之"时"字，幸喜均经抽换，该页其余上次所错数处，此番已更正无误矣。四部内有套者二部。

文楷来信呈阅，有欲索书而付派工费者，每部可即惠十八元五角，或八元亦可。如有欲集资定印者，请出示文楷。原函每部作价八元五角即可。其小零之数，敝处担任无妨。敬上彤公先生尊鉴。侍钺顿首，十二月初三日。

本年，金钺致高凌雯书札，待确认日期者二通。

（一）

昨由严台孙君转来朱燮翁赠公之明远堂诗、文集各一册，请查纳。文台孙函谓《过江集》图书馆内尚无，拟乞一册，藏之馆中，请便中迳达可也。谨上，即颂彤公先生著安。侍钺顿首，十一日。

（二）

手示敬悉：诗抄承校过后之题词，题下增"一章"二字，当照录。翁笔记是赠留案头者，无须掷还。折扇乃前遗此者，附呈。谨复，即请彤公先生刻安。侍钺顿首。

民国三十一年(1942)壬午　五十一岁

是年,刻书一种,《屏庐文稿》。

二月,作诗一首。

五十之年,只欠一死。吾友静安(王忠慧公),昔曾语此。亡国之臣,败家之子,目击身临,惨痛奚似。才庸识闇,自惭录录,踈阔性成,致遭荼毒。他何足言,惟难忍辱。垂绝呻吟,莫罄衷曲。史志正绝,命家书。有云:如此浊世,生亦何?盖三复斯言,为之浩叹。壬午二月,屏庐五十一岁书。

按:钤印"屏庐"朱文长方,"金浚宣",朱文长方。

六月二十五日,捐赠天津特别一区公园整理委员会一百元。

秋七月,江安付增湘作《瑶华诗抄序》样稿两叶,上题"此样烦交金浚宣先生收"。

七月二十二日,此系本住宅楼房全份根契照抄之底册。金屏庐。

按:本住宅即金浚宣所住的玉川居胡同5号楼房。金氏于民国十七年购自吴自堂,立有契约,吴是民国六年购自徐弢斋,也立有契约, 把各契约及置产后登记证等汇抄留底即本件。经勘测,此住房楼占地二亩五分一厘八毫四丝,共计两万四千元。

八月,见陈一甫入泮时场作稿本,作绝句二首。

(一)

制艺抡才六百年,青衿一领似登仙。风檐寸晷标能夺,万里鹏程发轫先。

(二)

五十年前赋采芹,传家尚有试场文。行看泮水重游日,福泽知公信轶群。

十月，作《王君彦超五十寿序》，收入《屏庐文续稿》卷一。

按：王彦超收藏金钺至其书信，起于壬午，至1962年，成两册。此次整理未见，待访求。

此年有房产争诉案，金钺与金徐氏就分割共同财产，清算账目及支付生活费事件，进行民事诉讼。

十二九日，金钺向河北天津地方法院登记申请公证其谦益堂所有房产，即民国三年、八年所购房产。时金钺住在特一区通州路二号。

民国三十二年(1943)癸未　五十二岁

仲春，作《严范孙先生自定年谱序》，收入《屏庐续文稿》卷一。

六月，收到文楷斋结算清单一则。

计开：

由卅二年更来结存洋贰百叁拾八元壹毛叁分。

元月：墨印毛边八寸《屏庐文稿》，贰拾部，拾伍元贰角，合三百零四新元。

十一月廿七、八：补印八寸棉连《文稿序》，廿页，四元；补印八寸棉连《文稿》，卷四，十一页，廿二元；补印棉连八寸《文稿序》，十页，二元；邮寄《屏庐文稿》费，洋叁元陆角。

合洋三百壹拾伍元八毛，除存净欠洋柒拾柒元六毛八分。金浚宣先生台照，六月十九号。具。

按："文楷斋"专用信纸，上钤印"文楷斋"三枚不同款式印章，贴有1张，6分的中华民国印花税票。

八月二十日，申请修理十区通州路一号房屋。

九月十日,金钺收到天津特别公署发给修理执照通知。

十月朔,作《严华两先生手书题纸跋》,收入《屏庐续文稿》卷一。

十一月十九日,文楷斋来信,结算单。

计开:

前存洋伍拾壹元玖毛柒分。

八月廿四,墨印《屏庐文稿》(自来纸),叁拾部,每部二元二毛,陆拾陆元;代买南粉连纸(八部所用衬纸),六拾四张,每张二毛五分,拾陆元;寄此书邮费,参元贰角。

十一月十九日,墨印《严范孙年谱》,十本,每本贰元八角,贰拾捌元,寄该书邮费柒毛肆分。

共合洋壹百拾叁元八毛四分。

除前存净欠洋六十一元八角七分。

金先生台照,中华民国三十二年十一月十九日。具。

民国三十三年(1944)甲申　五十三岁

一月,收到文楷斋结算单一份。

计开:

前结存洋贰佰叁拾捌元壹毛叁分。补印八寸夹连文稿序,廿页,四元。又,又卷四,十一页二元二毛;补印棉连文稿序,十页,二元;墨印八寸南毛边《屏庐文稿》,廿部,每部十五元二毛,三百零四元;寄文稿书邮费,三元六毛。

除前存结欠洋柒拾柒元陆毛柒分。

金浚宣先生台鉴,中华民国三十三年元月廿日,具。

按"文楷斋"专用信纸,贴有1张6分的中华民国印花税票。

六月十九日，端午节前，接到文楷斋来信，含结算单一纸。

浚翁先生台鉴：迳启者，近维谭笺，清吉为祝。兹因端阳节在适，正是商界清账对账之期，兹将尊账开列清单一纸，并信呈上，至希台阅，特此，并请文祺。文楷斋谨启。六月十九日。

计开：

由卅二年更来结存洋贰百叁拾八元壹角叁分。

元月：墨印毛边八寸《屏庐文稿》，贰拾部，拾伍元贰角，合三百零四新元。

十一月廿七、八：补印八寸夹连《文稿序》，廿页，四元；补印八寸夹连《文稿》，卷四，十一页，廿二元；补印棉连八寸《文稿序》，十页，贰元；邮寄《屏庐文稿》费，洋三元陆角。

合洋三百壹拾伍元八毛，除存净欠洋七拾七元六毛八分。

金浚宣先生台照，六月十九号。具。

按：文楷斋钤印及税票同前。据信中“由卅二年更来结存”等语推之，此信写于1944年。

七月初六，作《与高彤皆书》，收入《屏庐续文稿》卷一。

七月十一日，文楷斋致金钺书札一通。

浚翁先生惠鉴：顷接来函，聆悉一切。兹由本月十号收到汇洋柒拾柒元已收入，尊册清。再者，若照前印高毛连《文稿》，每部须洋叁拾玖元，因此纸每张须价壹元七八。是否可，速来信示知为盼。所问《说文提要校订序》之板等，留意检得，再行奉知。特此，敬请文祺。文楷斋，七月十一号。

按：据信内容推之，此信书于1944年。

八月，作《徐东海草书卷跋》，见于《屏庐续文稿》稿本，但做删除标记，蜡刻本未收。

孟秋，作《赵君生甫传》，收入《屏庐续文稿》卷一。

秋，作《牛师竹行书卷跋》，收入《屏庐续文稿》卷一。

九月，作《陈青立山水卷跋》，收入《屏庐续文稿》卷一。

民国三十四年(1945)乙酉　五十四岁

二月，《仁安存函跋》，收入《屏庐续文稿》卷一。

此仁安存函，为其手自题耑而黏贴者共三十五册，外附原函未黏者计四十余通，自其通籍以前，迄于宦游二十载复归乡里后，凡一生之戚友及诸师长悉见于斯，即下走亦忝厕其间，首尾完具，历年无缺。若选其精者，将来饰以装潢，而宝藏之，洵巨观也。

四月朔，作《陈石汀行书册跋》，收入《屏庐续文稿》卷一。

四月既望，请邱学士为其过录《静喜草堂杂录二种》。

是月，又作《李文正公手简跋》，收入《屏庐续文稿》卷一。金钺收藏。

右高阳李文正公手简一通，共三叶，装成一册。姚君品侯家旧物也。品侯故后流落市间，兹由估人持来见视，予以其有关吾乡掌故，遂收得之。

五月九日，金钺申请调查南五区、新八区北门罗家横胡同所有权继承情况。

七月十八日，河北天津地方法院出具证明，证明该地已卖与王兴元。

仲秋，《云水萍踪跋》《王仁安行书卷跋》《陈青立山水册跋》，收入《屏庐续文稿》卷一。

暮秋，作《家黄竹老人山水立轴跋》，收入《屏庐续文稿》卷一。

孟冬，作《朱白民墨竹卷跋》，收入《屏庐续文稿》卷一。

民国三十五年(1946)丙戌　五十五岁

仲夏,作《龚晓山画册跋》,收入《屏庐续文稿》卷一。

七月,作《梅雅村墨竹立轴跋》,收入《屏庐续文稿》卷一。

是年天津开展戒烟运动,要求一周内完成戒烟。

七月四日,由朱士英大夫出具证明,证明金钺因患心脏病多年,加之胃肠炎,需要延长戒烟日期。

七月八日,由德臣氏为金孝昂出具戒烟证明。

七月九日,由德臣氏为金钺出具戒烟证明。

本月,由朱世英大夫出具证明,明寿堂药行担保,金钺获得戒烟证明。

八月,作《徐镜波六十晋二寿序》,见草稿,书于钤致金钺信纸背面。战时纸张紧张略见一斑,竟无可用之纸。

是年,金钺住在第六区台北路二号。

民国三十六年(1947)丁亥　五十六岁

二月,作《冯青方桢卿父子合作竹石立轴跋》,收入《屏庐续文稿》卷二。

三月,作《渔梁送客图跋》《金君息候七十寿序》,收入《屏庐续文稿》卷二。

孟夏,作《云水萍踪补图跋》,收入《屏庐续文稿》卷二。

伏日,作《希郑轩所藏书尽赠崇化学会记》,收入《屏庐续文稿》卷二。

暮秋,作《金君致淇所藏书尽赠崇化学会记》,收入《屏庐续文稿》卷二。

仲冬，作《杨见山先生传》，收入《屏庐续文稿》卷二。

制艺试士自明初以迄清季末，尝或易。主试者冀拔奇才，遂相沿有种种难题，不免截裂经文，致语意难通矣。而应试者于风檐寸晷中增挥毫角技，亦正匪易秀才一途为科名登第之始。名贤硕彦悉于此中出焉。其有关天下兴衰治乱之源，昔顾亭林论之详矣。

奉寄，用启笑颜，无事肇悦兼代简札。丁亥暮春之初，金钺拜撰。

九月，作《勉学会诸生宏毅二字说》，见于《屏庐续文稿》稿本，作删除标记，蜡刻本未收。

民国三十七年(1948)戊子　五十七岁

仲秋，作《梦选楼所藏书尽赠崇化学会记》，收入《屏庐续文稿》卷二。

九月，作《赠王君彦超序》，收入《屏庐续文稿》卷二。

孟冬，作《王君莘农传》，收入《屏庐续文稿》卷二。

1949 年己丑　五十八岁

一月，王斗瞻致金钺书信一通。

浚老先生赐鉴：危难临头，不知所云，未审尊第若何景状，至念，至念。会中已被占，幸书室未用，亦颇费周折，同仁与中学方面分组看守，一时无恙。惟应变乏款，各方奔走，杯水稍济燃眉，日期一久，恐难维持。会中有霭春、作家、子鹏及主恶文中诸人住会应付，骆恩荣、王富有两夫，计有八人，中学职员亦有八人，此十六人昼夜不离，亦云苦矣。前谈尊撰《梦选楼记》无负胡公之语，即悚然心惊，但盼有所呵护也。今午金致淇由南京来示，益触无穷之感。知关廑注，草此，肃闻，即请大安。文光再拜，卅八年元旦炮火声中。

会中窘壮早在泪，悉深盼我公赐予协助以应变局。如蒙俯允，请示知时日即往领也。叩省崇化中学电话五局二五七一。

彤老先生遗著暂存舍间(西门内会友轩胡同七号)，尊斋如有安当之处，敬希示及，即刻奉上保藏。为何之处，请酌定，再叩。又及。

四月朔日，作《翁文恭公画马小横幅跋》，收入《屏庐续文稿》卷二。

暮秋，作《石雪斋诗续稿序》《万竹庐墨竹诗存序》，收入《屏庐续文稿》卷二。

冬月，作《刚训斋集序》，收入《屏庐续文稿》卷二。

1950 年庚寅　五十九岁

孟春，作《王彦超家藏程君房墨记》，收入《屏庐续文稿》卷二。

二月，作《王汉甫手札跋》，收入《屏庐续文稿》卷二。

三月，作《章式之手札跋》《章一山手札跋》《高彤皆手札跋》，收入《屏庐续文稿》卷二。

五月，作《章一山手札跋》二则，收入《屏庐续文稿》卷二。

按：《章一山手札跋》共三则，分别记于三月、五月。

十一月，作《王仁安手札跋》，收入《屏庐续文稿》卷二。

岁暮，作《石雪斋文稿序》，收入《屏庐续文稿》卷二。

是年，金钺整理装订友朋来信，并装裱成册，共五种，并做题记，题记文字被收入《屏庐续文稿》。此次仅见章钰致金钺信札二册，戊午到丙子(1927—1937)十年间信札，共十通。书签题“长洲章茗理先生手札屏庐珍袭”，钤盖“屏庐”朱文方印。

此长洲章式之先生钰手札，起戊午讫丙子，汇装成册已越十年。先生卒于丁丑，春秋七十有三，典型婉在，翰墨犹新，旧学商量，辄失圭臬。吾津崇化学会延先生主皋比者十年，惟惜世际乱离不遑泣诵，且鼓箧之士亦多迫于生计，鲜克有终，以故虽桃李广栽而结实未茂，莘莘在望，衣钵罕傅耳。先生尺素词翰画妍晚年书法益加整饬，藉见其准绳自律，老而弥严，经师人师信无愧已。庚寅三月望前二日，屏庐金钺记于心远楼晴窗下。

1951 年辛卯　六十岁

春月，作《屏庐续文稿序》，收入《屏庐续文稿》卷二。

三月，作《罗贞松手札跋》，收入《屏庐续文稿》卷二。

十月十四日，金钺将其所刻部分书籍及木版捐赠天津市立第二图书馆。天津市立第二图书馆开具了一份收据。

兹承慨赠图书墨板等件，充实本馆，便利读者，良用感佩，除将木板妥为保存，图书分类编目，以供市民阅读，谨函申请谢。并候文安，此致。浚宣金先生。天津市立第二图书馆启，一九五一年十月十四日。

计收：天津文抄，一函四册，《金氏家训》一册，《善吾庐印谱》一册，《天津诗人小集》十二种十册，《曝书亭词拾遗》二册，《屏庐丛刻》二函十二册，又《续刻》三种共四册，《天津县新志人物艺文单行本》一函四册，《王仁安全集》三函又一册共十九册，《金氏家集》四种一函六册，《补注瘟疫论》四册，《许学四种》一函四册，《广瘟疫论》二册，《辛酉杂纂》一函四册，《屏庐文稿》二册，《妙莲花室诗词抄》一册，《屏庐题画》一册，《双清书屋吟草》一册，《欲起竹间楼存稿》三册，《感应篇引经笺注》一册，各书木板四十八箱(箱皮退回)具,一九五一年十月十四日。

十一月十五日,天津市第二图书馆在《进步日报》发文,对金钺捐赠书板表示感谢。天津市图书馆馆长杨思慎向天津市文化局提出申请,希望市人民政府对金浚宣捐赠行文加以表彰或题词。呈文内容如下:

本市市民金浚宣先生于本年十月份,将收藏之魏皇甫驎碑,齐乞伏君墓志原石,及有关天津市文献之书籍八十五册,连同各书木版四十八箱,捐赠本馆,以供群众阅览,业经派员装运来馆。除登《进步日报》致谢外,拟请钧局转呈天津市人民政府与以表扬,颁发奖状或题词,以引起图书收藏家之注意,激励对人民文教事业捐献之热情。是否可行,理合造具捐献清单二份,备文呈报,仰祈核示,谨呈天津市人民政府文化局局长方,副局长李、孟。天津市第二图书馆馆长杨思慎。

钤印:"天津市/第二图/书馆印",朱文方印。文末钤"杨思慎印"朱方。

收文机关:天津市人民政府文化局

事由:为市民金浚宣捐献碑板图书拟请转呈市府予以奖励由

发文:书字第式十三号

批示:碑石等是否放在博物馆更合适?由社文科处理。孟口。

按:公文上有墨笔题:金浚宣　二六区苏州路玉门川居胡同5号。

冬初,题《保积堂诗稿》一卷《杂著》一卷,(清)周人麒撰,清抄本,天津图书馆藏,索书号为S3115,卷末有金钺题识一则。

此本经高彤皆先生手校,欲为刊传而未果。凡朱笔标小尖圈处,皆系原抄作抬头者,付刻固不必如是。姑存梗概于此,以见旧式。辛巳(卯)冬初屏庐金钺识。

按:钤印有朱文方印“浚宣”,白文方印“金钺”。

《谷斋集》不分卷,(清)朱函夏撰,清抄本,天津图书馆藏,索书号为S3123,卷末有金钺题识二则。一则写与冬初,一则写于十月二十七日。

此为高彤皆先生所校,拟付之梓而未果。辛巳(卯)冬初屏庐识。

题《静喜草堂杂录》抄本,内有题识一则。

此自述一篇,曾移录清本,拟编入《屏庐续刻》而未果。辛巳冬初屏庐记。(辛卯误作辛巳)。

十月二十七日,再题《谷斋集》。

辛卯误作辛巳,乃相差十年,心绪不宁于斯可见。然此十年之间沧桑几历,故旧凋零,彤老下世已踰五年,展卷之余凄凉兴感,十月二十七日清窗漫志。

按:钤“浚宣”朱文方印。

《周易函书补义》八卷,(清)胡煦晓著,李源春补义,写样本,天津图书馆藏,索书号:P37482。卷端有金钺题识一则。

此书流传至少,拟为重刊,据原刻本移写后搁置已久,讫未上板。辛巳(卯)屏庐记。

按:钤“金钺”朱文长方印。

1952年壬辰　六十一岁

春日,题[康熙]天津卫志四卷首一卷,(清)薛柱斗修、高必大纂,清康熙十四年(1675)刻本,曾为郭启锐,希斋收藏。今为南开大学图书馆收藏,索书号为善671.15/201/566-1。内有多则题跋,其中金钺题跋一则,作绝句四首。

考旧征遥迹杳然，一编幸未蠹鱼穿。搜求遗隐传佳话，可想从前景运年。

自经海外利航通，花样翻新变古风。人事尽随流水逐，陆离休说轨书同。

废兴递嬗历时多，往迹何堪任泯磨。载笔数赓传信史，还须视此重先河。

汗牛文史浩汪汪，取法何从定界防。雅洁固为方志尚，铺陈尤属贵精详。

希斋郭君所藏《天津卫志》，可称孤本，旧有华梅庄先生题四绝句，步韵乞教，壬辰春日，金钺拜题。

六月八日，徐兆光六十九岁，作《六九述怀》二首，请金钺斧正。

1953 年癸巳　六十二岁

三月十四日，金钺致王赓纶信札一通。

浚老仁丈尊鉴：久未趋教为念。前者孙媪来，道及我丈，深相忆念，甚感。赓纶近以腰痛行路维艰，稍远之道即懒于行动。是以屡虽晋谒，迄未果行。时得小诗一首，录呈斧正。又近读近人冯至著《杜甫传》（新华书店版）颇好，以新思想表章旧诗人，尚请我丈一寓目，愿暖时尚望常赐教讷盼。天暖有暇，当面聆雅教也。专肃，即颂近祺，愚晚王赓纶谨上，三月十四日。

敬悼斯大林同志

薄海关怀日，遥天落大星。

和平开世界，革命仰仪型。

卅载力相助，千秋心勒铭。

中苏盟更固，前进学遗经。

按：1953 年 3 月 5 日斯大林去世。此信当写于 1953 年 3 月14 日。

天津人民法院对其进行审查。

1954 年甲午　六十三岁

孟春，作《卢木斋先生遗稿跋》，收入《屏庐文续稿》卷二。

九月十二日，金钺致王赓纶信中有和诗二首。

奉和甲午秋日述怀

桑海频经百炼身，书城困学未辞辛。

浮生若梦都成幻，先觉遗编足馈贫。

且放天怀百虑息，静观世事万般新。

但期腰脚年年健，扶杖逍遥作幸民。

奉和庚午天津烧河楼事感赋

逞愤何尝计其轻，衅端突起势难平。

四方甫定呈清景，熟虑应求邂用兵。

谋国已将全局审，扪心甘玷一身名。

不堪回首留陈迹，御侮今同惜日情。

捧奉手书，形如晤对，承示大作，依韵奉和，即乞教正为幸。弟状如常日，惟一海望对而已。复上叔扬先生惠鉴，并候起居安善。

弟钺顿首。甲午九月十二日。

1955 年乙未　六十四岁

五月二十八日，捐赠天津历史博物馆屏庐所刻书（详见捐赠收据）。

是年读书有《龙威祕书》十函，《先正事略》四函，《楚辞集注》一函，《金石丛书》中讲金石例者十余钟，《翁覃溪集》《龚定盦集》《李二曲集》等皆首尾读竟，又正续《碑传集》册数太多，择取读之。

按：详见六十五岁时致王叔扬书信。

1956年丙申　六十五岁

正月十九日午刻，金钺致王赓纶书信一通，并依原韵和诗一首。

久未通候，时故驰思，忽奉手笺，欣如把晤，藉悉采薪。近况以须静养，看书、写字均非所宜，至可幸者，继起有人，既无后顾之忧，晚景自多旨趣也。弟眠食无恙，仍晨夕与陈编为对，聊以自遣而已，实则前路茫茫，何堪设想。渊明诗有云："纵浪大化中，不喜亦不惧。应尽便须尽，无复独多虑。"亦姑作如是观耳。大诗三复雒诵，兹出偶奉一首，原韵奉和，录之纸后，以恃一叹，特此奉复，即颂叔扬先生痊安，诸惟珍涮不既。弟钺顿首。

乘除物理有难知，转徙都如不系丝。
堪羡盈阶兰桂盛，达观真可向禽师。
丙申正月十九日，午刻。

三月十八日，接到张次溪邮寄明信片及书信。

中国人民邮政民信片：

天津六区苏州道玉川居胡同五号

金浚宣先生

北京宣外烂漫胡同四十九号张次溪寄

邮戳:北京/1956.3.18

浚老赐鉴:久未通问,极念。近维起居佳胜,著述日富为颂。晚一病几殆,近始转危。长日无聊,因念津门为少岁喜游之地,拟辑此间掌故佚闻及历代有关纪述景物诗词为一编,颜曰《天津史迹汇辑》,素稔吾丈于津门文献搜集极富,未知有此项资料,能见惠否?又最近如有新著,尤以先睹为快也。专此,虔叩道安。晚学张次溪上,三月十七日。

正月二十三日,金钺致王赓纶书信一通。完成《屏庐续文稿》,即五十后所存文稿,誊印一册,请王赓纶教正。

来书称许逾量,媿不敢承第一编,尘封寄意而已,其实过目辄忘,未能储之腹笥也。去年浏览所及计《龙威祕书》十函,《先正事略》四函,《楚辞集注》一函,《金石丛书》中讲金石例者十余种,《翁覃溪集》《龚定盦集》《李二曲集》等,皆首尾读竟。又正续《碑传集》册数太多,择取读之。转年以来,读毕李元度《天岳山馆文集》十六册,日来仍不时翻阅。《碑传集》洵一代文献渊薮也。试思学海之书,浩无涯际,即终身俯案,亦不过鼷鼠饮河耳。第五十后所存文稿,近曾誊印一册,兹交邮寄,请惠存。即乞教正,特此奉覆,并颂叔扬先生刻安。诸惟珍至不既。弟钺顿首。丙申正月二十三日。

区区小册固不足观,而五十后之作风格渐实,亦以验擩染之趋向也。又及。

是年,所读之书有李元度《天岳山馆文集》十六册,《碑传集》。

1957 年丁酉　六十六岁

是年,资料待考。

1958 年戊戌　六十七岁

秋前夕，王赓纶致金钺书信一通。

浚老仁丈大鉴：昨承覆示，并大作及彤老诗。彤老诗论学论文能见其大和作阐发尤为精妙。竹石诗扫尽浮华。独标真谛。不让空林黄昏之句专美于前也。论诗一则兼通论文，语极扼要。王船山虽雅，不喜起承转收之法，究系偏激之论也。以上均当分别录入拙辑《诗话》中。赓纶近拟学易。因《易经》独未遭秦火，极为完整。且近人论书颇合于所谓辩证法者，是其理能贯彻古今。惟只读程传，亦难尽通。古来注家浩如烟海，欲求解释平易明白，当如何人手，应读何书，请我丈读书之法，可以略示一二，何如？溽暑恼人，致稽作答。因行路维艰，难于晋谒畅谈，望请常赐教言为幸。专此，奉复，敬请刻安。愚晚王赓纶谨上，戊戌立秋前夕。

1959 年己亥　六十八岁

除夕，王赓纶致金钺书信一通，并附《岁寒述怀》一首。

浚老仁丈赐鉴：昨日斗瞻来谈，云我丈清恙大佥，无任快慰。尚期对于静坐持之以恒，其利益不可思议矣。顷得小诗一首，录呈斧正，并希赐和为祷。专此，敬请春安。愚晚王赓纶谨肃，己亥除夕。

岁寒述怀

年来老病总难除，精力衰残学更疏。
诗畏长言多绝句，字艰作楷惯行书。
霜侵老树心将槁，冷逼寒梅蕊未舒。
惟学渊明纵大化，妄怀天命任盈虚。

1960年庚子　六十九岁

四月十一日，李琴盦致金钺书信一通，请金钺为孟筱藩诗册、孟志青诗手卷题词。

浚宣仁翁大人有道：久仰德望，未亲麈教，惆怅之至。尝从桂山兄及叔扬兄处见到鸿箸，拜服无已。弟收函有孟筱藩先生诗册，孟志青先生诗手卷，敢请先生慨然赐题，则拜赐无既。恭请颐安。教弟李琴盦顿首，庚子四月十一日。

外附诗册、诗卷两件。

中秋节，王赓纶致金钺书信一通，并附诗三首，《秋草原作》《慎老和作》《赓纶次答》。

浚老仁丈钧鉴：前蒙法书，尚未专函申谢，兹再补谢。前因张洪涛往谒卢慎老。晚顺便将拙诗抄录数首呈改，内有《秋草》诗，慎老以为甚佳，随后即赐和一首。晚尚未复和，间又赐和其四叠前韵，老将神勇，真不可及。昨谨奉答一首，兹将原作及和作录呈台阅。如有清兴，亦可和作。藉此题，亦可慨叹身世，不忍次韵也。专此，敬颂秋安。愚晚王赓纶谨上，庚子中秋节。

秋草(原作)

高原极目尚离离，摇落何须宋玉悲。
野火纵烧生意在，春晖待报寸心迟。
霜寒客里怜衰鬓，风疾天涯有劲姿。
眼底荣枯原一瞬，青青河畔又芳时。

慎老(和作)

故国三千怅别离，平原一望不胜悲。
青春蓬勃情何壮，末路荣枯悔已迟。

芳草犹思他日绿，苍松耐有岁寒姿。
明年此际知谁健，努力潜滋正及时。

赓纶次答

南浦萧疏赋怨离，訾凋秋士易伤悲。
愁根已种惊风疾，生意常留换岁迟。
梦冷悟来禁瘁理，岁寒葆得雪霜姿。
衰颜迟暮天怜惜，待吐芳馨又一时。

八月十二日，王赓纶致金钺信札一通。

浚老仁丈尊鉴：昨午高君孟阳来谈，知悉为彤老令姪，且云系我丈介绍。另有函。高君人极安雅通达，且善鉴书画，所谈甚洽。当嘱其常来。甫走后即接到我丈介绍函矣。兹更有邀者有张君洪涛（中学教员），人极好学，曾草百诗经言注等，且精于篆刻，并喜学诗，常来谈问，其集有印选成册，已请由王吟老、纶老题字。久仰我丈大名，意请为之介绍。当时因悉我丈清恙未佥，故迟，未敢请。顷闻孟阳兄，谈我丈清恙已痊。兹转介绍晋谒崇阶，请赐训诲并予题字，无任感荷之至。肃此，敬请颐安。愚晚王赓纶谨上，八月十二日。

按：高孟阳为高凌雯侄子。据前“十七”信札内容，此信书于1960年。

九月九日，王赓纶致金钺信札一通。

浚老仁丈尊鉴：顷者张洪涛来，云及我丈允诺为书先严家传之签，无任感荷。惟因大小不同及词句稍异，恐未说清，兹再细为说明。其稍小之签为第一册所用，第一册有家传。稍大而宽者，为第二册所用。因第二册裱本甚横大也（故裁亦大）。第二册只题词，无家传也。第一册则首为家传，附题词也。琐渎清神，心感不尽也。肃此,敬颂秋祺。愚晚王赓纶谨肃,九月九日。

日昨又作小诗一首,录呈斧正。

偶成

三年因病得长闲,性本拘迂老更顽。

午睡日斜无客到,门庭寂静似深山。

近作不喜琢炼,稍得闲静之趣。实老境颓唐,于古人亦颇喜放翁晚年之诗及瓯北老去之作也。统希教正为幸。

按:信末钤有"小耐/吟窝"朱文方印。据信中"顷者张洪涛来"等语,知此信书于1960年。

九月十二日,王赓纶致金钺信札一通。

浚老仁丈尊鉴:顷奉手示,称及拙诗,无任惭汗。尊拟题签,字式甚好,盖书墨迹字样,易别于印本也。恳即书就,数日后烦洪涛晋谒,如书就即持来,但亦不必太忙,请何时乘兴书之可也。费神,永感不尽。昨斗瞻嘱作《缪润生遗诗题词》,又作二小诗,并录呈,斧正。专复,敬颂颐安。愚晚王赓纶谨肃,九月十二日。

1961年辛丑　七十岁

二月,金钺七十寿,李琴盦贺诗一首。

寿金浚老七十

孟春佳日寿金翁,欣届七旬气倍充。

杖履依然崇古制,衣冠不改旧家风。

屏庐编纂征文献,幽室潜修味道功。

敬祝期颐身体健,子孙繁庶德声隆。

谨呈浚老仁兄大人斧削。弟琴盦未定草,辛丑春日。

二月初九，李琴盦致金钺书信一通，并附其《六十述怀》一首，乞金钺斧正。

浚翁仁兄大人惠鉴：昨午登龙寻瞻渠范荣幸之极。仰睇贵恙轻减爽然，欣忭无已。是征蔼蔼吉人，允占勿药，鄙怀顿释，可喜可贺。此后对清湿益气，健脾养胃剂，可以每服多帖。贵状胸满及食无味，纯属湿盛脾滞，消化不良之象，人工自疗法，可夕夕行之，久则日健少疾。附奉小照一帧，率尔题字。惟祈嘉纳处不邂弄斧于班门。奉上拙作《六十述怀》一首，敢乞斧削，赐和，但不急之，需俟贵体康复，再为劳神，以期装池，而光寒门亦胜。拜恳之至。匆复，恭敬痊安，并颂宝潭延厘，教弟琴盦拜，辛丑二月初九。

附小照一帧，小诗一页。

浚宣仁兄大人惠存：

久钦大君子，陋照表寸心。

昨遂瞻韩愿，尚冀锡南针。

李弟琴盦敬赠，时年六十，辛丑二月初一日。

三月二十四日，王赓纶致金钺信札一通。

浚老仁丈道鉴：顷奉覆书，并大诗四首。如"白云舒卷天机洒然"三绝句，尤有遁世无闷，高蹈出尘之致。当已录入《诗话》中，暇再奉和。近来家居多暇，颇难补读，或细读古籍，如《离骚》《左传》《庄子》等，以补从前疏陋于万一。又将拙作诗稿尽力删汰，少作均不存，存自见仁安师始，又复删汰，均存二百余首。自知井底蛙鸣，难登大雅，惟半生心血，仅此戋戋，只可敝帚自珍，留备子孙纪念。现已钞完，颜曰《珠光阁诗稿》，私心拟求我丈高文一叙，藉作箴观。惟屡欲请求，未敢启齿，而近来耆宿凋零，中心诚服者，惟有我丈(且丈知我最深，近三十年矣)，故仍冒昧请求，如承允诺，则感深没齿矣。又“珠光阁”之名，为彤皆师所命者。因彤老曾索阅拙诗全稿，阅毕见示，谓诗之里面功夫等颇钩，惟诗之表面尚少光彩，应再磨出光来，故代命名曰“珠光阁”。如承作叙，可否将此意叙入，惟请酌之。拙诗近作多已呈正，兹再捡旧作数首呈正，阅毕仍希赐还。因有幼梅先生改笔也（无赵五爷改者不必还）。又思我丈读破万卷，文笔渊雅，仍可稍事著作，为后学留作津梁，不可只作以其自悦也。关于《离骚》（戴东原有《屈原赋注》单行本）如何读法，以何本为善，亦请指示，藉作南针。专此，奉邀。敬请颐安。愚晚王赓纶谨上，三月廿四日。

纶学诗三十载，除常读杜集外，喜学放翁、简斋、遗山，于遗山尤好之稍笃。喜其凝练苍劲一路，虽用心颇苦，但以才力学力甚差，终难学步万一也。旧作有时请赵五爷评，有神似遗山者，又及。

录旧作数首，呈正。

彤皆仁丈见示岁著志慨诗步韵敬和并以为寿

久甘薇蕨俗难牵，文字精深著史篇。
五字论诗严格律，一虚历劫总安全。
贤愚类以计沈定，松柏宁同桃李妍。
华鬓霜髯皿樽酒，灵光焜耀羡高年。

挽仁安先生

弥留相对泪千行，千载难窥夫子墙。
师弟情怀同骨肉，文章授受析毫芒。
折衷儒术融今古，余事诗篇混宋唐。
嗣起风骚望吾党，谁将坠绪拾茫茫。

秋　草

高原极目尚离离，摇落何须宋玉悲。

野火纵烧生意在，春晖待报寸心迟。
霜寒客里怜衰鬓，风疾天涯有动姿。
眼底荣枯原一瞬，青青河畔又芳时。

寿彤皆师八十

事受沧桑袖手看，风霜历尽一庐安。
过江意为看山去，修史功同考据难。
体气常随诗笔健，心怀世泣酒杯宽。
修龄老鹤精神健，长然松柏斗岁寒。

次和章一山先生留别诗

（一）

白发丹心誓补天，节论独秉自年年。
名高日下难逃世，春到江南好种田。
海外美人歌妙句，亭中野史著新篇。
八方烽火犹惊眼，未定风波莫取船。

（二）

何须蒿自海生桑，梦入天台道路长。
世乱漫云寻乐土，心安到处即吾乡。
裁成后学资先哲，留得南车指朔方。
宁海海宁俱客籍，水西韵事许同量。

按：钤“叔扬/所作”朱文长方印。据金钺致王赓纶信“八”提及诗作“秋草”推之，此信书于1961年。

四月，李琴盦致金钺书信二通。初十日，一通。

屏庐仁兄大人道席：松年姪赍到手示。承赐佳和，琳琅盈篇，增光寒门，拜赐良多。孟春下澣，欣逢仁兄杖国大庆，勉撰俚句，藉伸祝忱，班门弄斧，使公齿冷，尚乞郢政，藉资趋步，无任感祷。

至友马子桢君久仰我公画竹巨擘，拟不日晋谒拜教，仅此先容。松年姪谈及尊躬尚有不适处，颇以为念。附呈渗湿利水消肿小方，请试二帖。否则赐示，当即诣府一诊。请勿客气。谨此拜草，恭请颐安。辱教弟琴盦顿着，辛丑四月初十。

健脾渗湿利水消肿方：

合欢皮、商陆、生芪、车前子、五加皮、猪苓、山药、川牛夕、川草薢、泽泄、防己、生杜仲、木通、六一散

四月二十七，一通。

覆示拜悉。刻想贵体定必复原，至以长念。前敝友马子桢君专诚晋谒，请即慨教等身受也。此上浚公仁兄大人道席，并颂夏安。教弟琴盦拜，辛丑四月廿七。

五月十一日，王赓纶致金钺书信一通。

浚老仁丈尊鉴：昨奉覆示，敬悉。近读《经海一滴》无任欣慰。阅其书系精华录性质，舍间当无其书。是以余虽读过，惟佛经仍须读某一经之全部，方能得其意义所在，此类选本亦资参考也。大致佛学不作禅净两大宗。禅宗必须自悟，所谓竖出三界；净宗则端赖持名之力，仰凭佛力超生净土(所谓横出三界)。近来客扬净宗者日多，以其为往中之捷径也。经则弥陀经为主以净宗侍祖师之著述参之，而各大乘经亦宜广为读诵，于学净土者亦有帮助。禅宗则近来问津者少，以其参悟之难，更不易得入也。天津李嗣香生先生早年曾刻有净土诸书，晚年著有《楞严经》《金刚经》《维摩诸经》(楞严不兴，后所解此)等，解义于僧家戒律，虽稍隔膜，惟以儒家聪利之笔解释佛经，博引大藏，亦足为初学阶梯。以上三种合阅，均有，我丈如欲读何经，可来函示知。以备便高孟扬兄(孟扬每星期四来会，烦请孟子)即为奉上。其余净土诸书舍间亦有多种，

若欲浏览，亦可奉上。又《经海一滴》一书若读毕，亦拟借给一读，可交孟扬带下，即可。（阅毕即奉还）肃此，即颂夏祺。愚晚王赓纶谨肃，辛丑五月十一日。

大雪，金钺致王赓纶书信一通。

久未通问，此想清燕多佳，定符肊颂，近何翻阅贡子寿先生《陶楼文抄》于书牍中，有一段语言与前意往日所蓄疑者，正如问答。兹特别纸节录，寄请入览，谅可开颜一快也。钞忻眠食均佳，只老态日增耳，余不一一。即颂。叔扬先生近祺，弟钺顿首。辛丑大雪。

十二月二十六日，金钺致王赓纶书信一通。

前由孟扬交到《求是斋诗草》，并手示形悉，新著行将付印，甚属台举，兹已遵嘱审读毕，而授肊加签用备于重核，并拟就影识数语请教，统竣，仍交孟扬便中带往呈纳，余不一一。即颂。叔杨先生春祺，弟钺顿首。辛丑十二月廿六日。

1962年壬寅　七十一岁

一月，作《求是斋诗草》题识。

王君翰臣负经济才，从事实业茹十年，周历南北各省殆徧，性耽风雅，善画兰，工吟咏，著有《求是斋诗草》，卷中十之八九皆记游之作，君颀身岳立，卓尔不群，其恒不辞登涉之劳者，亦以兼有济胜之真也。晚年里居不再远行，但锐意设施仍弗少懈，《咏怀》一首有句曰："屡惊浩劫心尤壮"，《八十自述》又曰"已届耄年犹自励"，于此可见奋发有为之伟抱始终如一，其足以传示奕叶，而为后来观感者固自有在，然则读新集者，又岂仅资卧游之逸趣而已哉。壬寅孟春同里金钺拜识，时年七十有一。

正月初九，金钺致王赓纶书信一通。

日昨孟扬交到手示并大著《珠光室诗稿》新印一册，触目之下朴雅可喜，本既宽大，字体亦不局促，今日得此殊非易易，翻阅拙拟序言，“已本末兼赅”句，念来颇觉笔促，捡出应稿乃知“已”字上落“固”字，想当日缮呈时，或示函有遗字耶。又序尾缀名，凡书册悉应以接连不提行为妙，至若兼身注年龄者，亦以继续直下，较夹写双行大方。盖刊书之格式与挥毫之行款各有不同，不必一依原写之样稿录也。兹已印奉者，如何补救，留面告孟扬转陈，其他待印者，请参管见，聊备一说，可否采取，幸再裁夺。“阁”改“室”益名副其实。以平素本非楼居也。所印全卷，容细读后再为续陈，诸惟即鉴。即颂，叔扬先生吟安，弟钺顿首。壬寅正月初九。

正月初十日，王赓纶致金钺书信一通。

浚老仁丈钧右：顷奉手教，敬悉。大著序言原有“固”字。写诗时落去，校对疏忽。又序尾署名写法已遵照改正。或再另为交换一页。其余有不安处，尚祈详为指示，以免贻笑，无任感荷之至。屡渎清神，万分感激。专此奉覆，敬颂春祺。愚晚王赓纶谨上，壬寅正月初十日。

正月二十日，金钺至王赓纶书信一通。

大集连日绎诵，兹就蠡管所及别原录请鉴核。悼亡、哭姐诸篇情真性笃至是动人，夹竹桃、白莲、残荷、露琼、秋草四叠等作极尽诗人之能事。及时刊印流播，洵艺林之韵事，今能慰情胜无，已属不易。一切订误涂改，美观与否，皆不足计也。特此即颂，叔扬先生吟安，弟钺顿首。壬寅正月二十日。

正月二十五日，金钺致王赓纶书信一通。

重九社集根覃韵：“秋老”二字颇生，不阅春夏秋有冬老少之说，若易寂寞、萧瑟一类字，何如？记乾隆时有一诗案，其刻集自跋中有“天老”字样，硃谕“问天何以老，其人亦无以自解。”

《与湛山、定西两法师三绝》，其中“悔”疑是“诲”。

三十三日晚一首，三句中连疑速六句中有疑是为章机叶，不知所出，检《韵府》亦无，请示及，以开茅塞。

《赠黄桀甫》三四两句皆侧重一面渲染似欠灵活，拟易三句，心惟负陈蕃空设榻，或连四句，易心莫怪从来疏报谒缘，无健业赋登楼自注“懒”字似可易畏，是否有当，请再推敲。

废近七句“秋色老”虽指草木凋谢，不同于“秋老”亦何苦将字另换，或更为秋气肃手。

跋中“侵寻”之侵，习见，皆从人旁，此从“水”旁或别有所据，但与“仕路”二字恐不相属，拟易“风尘”。可应采用，或再另易他字，请与靖翁商酌，何如？

示悉。“老”字出处先未检寻《韵府》，故不了了，既有所本，自无过虑之可慎矣。赠黄君一首，就所揭示之本事，他绎何妨，即借用原句而为不好，诣人贪客过成句，缘难捷足怕登楼(君居楼上时，予因跣受伤)。怕上过承二字另易，渴望如此，白描以求真，故未起于意。云：何浸渍有似侵凌，义可相通，非是解前日与吴子通商订文字，不厌精详，彼此真牵毫无牵就。今愿声应笔求，亦犹是也。谨此奉覆，即颂，叔扬先生颐安，弟钺顿首。壬寅正月二十五日。

二月初三日，金钺致王赓纶书信一通。

初一日，孟扬交来手书并大著二册，昨复递到彩笺，具悉。一是《谈艺记闻》，兹已阅竟，卷首自识语中窃者，云云。谓词未婉，若曰窃于何氏未足相拟先生则上下千古独具只眼，方诸渔洋堪与后先媲美，如此着笔庶于权衡之间，不至抑扬逾量，俾觉招人訾议，据肊直陈，用备参讨。《诗话》尚未披读，余不一一，特此奉复，即颂。叔扬先生吟安，弟钺顿首。壬寅二月初三日。

二月二十日，金钺致王赓纶书信一通。

手书具悉。《记闻》与《诗话》二种，留各书题识一纸附之，竢孟扬来时再托其带去。《刚训斋日记》精妙绝伦，摘抄成帙，笔帙既著，勤劳旦征，卓识不胜欣佩之至。时方阅过半本，容暂置案头细读终卷，再缻还。所钞既工，编次亦无庸更动，归来即用以保存，倘遇良梓，能从事刊行，足为后学之津梁也。叔杨先生如晤，弟钺顿首。壬寅二月廿。

仲春，为王赓纶《珠光室诗话》作序。

油印本，卷前有"壬寅岁七十一岁老人金钺序"。吉林大学图书馆藏，钤"金钺"白文方印，"浚宣"朱文方印。

三月十二日，金钺致王赓纶书信一通。

杨子勤钟羲之《雪樵诗话》共为三集，每集均有十册，上下古今诗话无似其多者，其亦言存只有一集，今亦检寻不得。翰怡刘翁所刻书板，悉已入官，来函曾谓印存之本为不下三万册，一再商请，当时拟妥。（杨钟羲原名钟广，清光绪十五年己丑翰林典郡江宁，最后入值南书房，与盛伯羲为中表兄弟。昔与寒门选八旗文，汇为一编，以刊行之，约有十余册。其人淹雅而静穆。）种取十二部，讫未办到，闻至今犹封闭未动，临尘待霉烂而已。子勤本旗籍，故其中搜采八旗人士之作甚多，子勤故已有年，其诗集系曩年排印本，曾阅过。叔杨先生如面，弟钺顿首。壬寅三月十二日。

四月二十九日，金钺致王赓纶书信一通。

前奉手书，知已占勿药，亟为欣慰。《求是斋诗草》印本尚未收到，于百物艰难之际，竟克钦成，挚情毅力，承佩曷极。翰老与吟生先生久交深契，序文又翰老昔日所自乞得，用以列前未为不洽。鄙见前议系就一端着想，兹再细思，未见面面俱到也前介绍张翔生先生诗稿一事，曾由王君送来，兹已阅竟，并拟就题识数语，请代通知王君，得暇来取为盼。形状如常，吾辈衰朽，余年若无俱息，只要寸心太平，眠食无恙，是矣。即颂。叔扬先生痊安，弟钺顿首。壬寅四月二十九日。

七月初二日，王彦超致金钺书信一通。

浚宣吾兄大鉴：日前接奉惠示。欣谂天气渐爽，尊恙亦渐逢佳境，至为慰颂。昨访息老，精神矍铄，兴致犹豪，奈腿软不能步行，终日床坐，耳聋，必须笔谈。致不获外出参加聚餐，困居斗室，殊可悯耳。弟每往视，常携送饼干点心之类，则极为喜跃。奈何，奈何。吾兄惠札壬午迄今垂二十年，近装两册，以函请慎老署签。每诵大作新编，难再付刊传，辄为疚心耳(先曾祖日记竟不及刊行)。匆复。祇颂道安，弟彦超顿首，七月初二日。

八月初六日，王赓纶病逝。

九月二十日，李琴盦致金钺书信一通。

屏庐仁翁钧鉴：三月捧读尊示。书是，拜悉。已照录册中，假务纷纭，未克即复，祈宥。兹随契友马子桢兄之优藉伸积愫。叔扬兄于八月初六日丑刻归道山。谅公早悉。老成凋成无任怆怀。敝集《近代名流瓜葛录》由在蒐辑中，惟对近邻之振法、黄宅尚多茫然，如俗呼黄大瞎子及黄三大王皆不知名讳、字号，敢祈兄台有以示及，则拜赐无既矣。匆达，即请颐安。教弟琴盦顿首，壬寅九月廿。

是年，“节粮度荒”，龚望时常送米汤、或一两个鸡蛋给金钺

按：金钺感慨道：“作家弟送米汤，不饱肠，可饱心啊。”为此，有人

问过龚望,他答道:"我年青,有命活着。金十五爷岁数大了,怕他抗不住。"(见张金声《龚望与金钺师生情》)

1963年癸卯 七十二岁

正月初四,李琴盦致金钺书信一通。

岁逢癸年,修禊卯户,迎春令节从头数。韶华满眼,来刻,维屏庐仁翁大人开年以来鼎祺罔懋,潭祉增祥,为祝无量。顽躯托福如恒,堪以告慰。绮注贵体定必日健。敢请宜多运动,更可间用土茯苓、双花各示代茶,久有祛湿清头之益。年下子桢兄莅舍,附笔致疾,究日诣府拜教。草此,敬请颐安,顺贺年禧延厘,教弟琴盦顿首。癸卯正月初四。

李琴盦年六十三岁,光绪壬寅二月初一日亥时生。

1964年甲辰 七十三岁

元旦,李琴盦致金钺书信一通。

兹值三阳泰启,四序履端,欣逢风嘘,宜甲月令当寅。恭维屏庐仁兄大人,开年以来懋秘多聚,潭禧极鸿,德与日新,功随时罔,望风引领,向日倾心。弟马齿徒增,六三虚度,株守应诊,勉以餬口。衹以不良于行,谨具寸笺,藉贺年厘。顺颂春祺百益。小弟琴盦顿首,甲辰元旦日。

六月,申请人文史馆事,未能或批。

冬,作金平与查莲坡往来书信题识。

(一)

莲坡科场事,父子同系狱。天行翁得见还,恐合卺无期,遂拟退婚。许聘莲坡者为子升公之孙女,其时女父已亡故数年,札云尔。

（二）

此先八世祖子升公讳平，与查莲坡尊人之手札，义正而词婉，未几莲坡竟蒙矜释，夫谐嘉耦，是诚有关故实，亦佳话也。

甲辰冬，金钺时年七十三

收有卢弼《预作九十自述(已见七十一自述八十续述者不咏)》，包括其诗作十六首。

1965 年乙巳　七十四岁

收有卢慎之《樊山诗集跋》等稿。

1966 年丙午　七十五岁

龚望、王坚白与金钺往来密切，龚望为金钺刻有三十方印。

冬月，作自挽诗一首。

自挽

平生饮文字，衰老志犹坚。
薄植灾梨枣，何堪继昔贤。
死生如昼夜，是乃理之常。
形迹虽长息，光辉复孔扬。

今皆遵行火葬，丙午冬月预拟自挽，屏庐时年七十五。

1967 年丁未　七十六岁

春初，偶成自挽诗一首。

自挽

书丛恒坐对，衰耄尚依然。

薄植灾梨枣，何堪继往贤。

死生发昼夜，是乃理之常。

形迹虽长息，光辉复孔扬。

今皆遵行火葬，丁未春初偶成俚句，亦如渊明自挽，屏庐年七十六。

孟春，感叹六十后所作诗文稿数册，皆散佚，作抒怀诗一首。

往日刊印拙著《屏庐文稿》二册，《文续稿》一册，各若干部，六十后诗文稿数册，皆失，作此自遣。

推敲声色调谐字，摹拟风云动荡词。

违用自应沉逝水，何劳寤寐系想思。

古今到处有通人，孰不篇章可等身。

毕竟流传能有几，须知湮没正无垠。

丁未孟春，七十六叟屏庐未是草。

新春，作诗一首。

一梦醒黄粱，微躯日渐康。

草堂春意满，共颂寿而昌。

丙秋梦后，胸旷容腴，兹逢佳节，斗室生春，朴质萧疏，别饶逸趣，肥轻点缀，视若浮云。丁未新春七十六叟屏庐未是草。

二月十一日，作《题画墨竹》一首。

磊落多英气，低昂各应时。

每当风雨至，轩舞益生姿。

题画墨竹，丁未二月十一日，七十六叟屏庐。

是年，金钺诗作尚有《题画朱竹寿卢慎老九十》。

八米才华孰可侔，更歆名著有千秋。

清风峻节堪医俗，望若丹霞天半留。

题画朱竹寿卢慎老九十，七十六叟屏庐忆录。

1968年戊申　七十七岁

三月，偶成诗作二首。

（一）

物终无不朽，事过等轻烟。
悲丝都如梦，孰能计万全。

（二）

浮生犹逐浪，飘泊本无方。
心自风波静，休悉幻境长。

戊申三月偶成二首，七十六（七）叟屏庐书。

1969年己酉　七十八岁

秋月，作诗一首。

花开会有落，月好岂常圆。
每见翻新样，孰能计万全。
悲欢都似梦，瞬息散如烟。
室小休嫌陋，饥餐倦便眠。

已酉秋月，屏叟时年七十八。

1970年庚戌　七十九岁

二月初六日，题画墨竹，成绝句一首。

凌云直上挺长身，爽气萧疏性率真。
繁衍自成林一片，蔚然君子六千人。

庚戌二月初六日，偶拟《题画墨竹》一绝，七十九叟屏庐。

二月初七日，依题画墨竹，再成绝句一首。

俨如无束自由人，快舞临风天性真。
磊落堪资为藉鉴，谦虚更见每低身。

倒用昨拟《题画墨竹》原韵，七十九叟屏庐。

1971 年辛亥　八十岁

是年，金钺将其自 1966 至 1971 年所作诗稿、画作赠予龚望，并做一识语。云："生花笔在箧，曾历百春秋。屏庐题赠，时年八十。"

春，作诗一首，《八十初届》。

动地钟声震耳喧，晨昏百八继相连。
童时闻见如回忆，城市依稀在目前。
烽烟庚子记尤真，虚度悠悠忽八旬。
今日寰区皆乐土，及身幸作葛天民。

同时作有题记一则。

辛亥行年八十，撰一联曰："辛亥重逢尘世换，八旬迭见海桑迁。"古今名贤之得大年者，如：沈归愚德潜、梁山舟同书、程易畴瑶田、黄左田钺、戴可亭均元，吾乡沈云巢兆云诸先哲，及吾友宁河任孝庭嘉莪、沔阳卢慎之弼、广州商氏昆仲，云亭衍瀛，藻亭衍鎏，同里王吟笙新铭、王纶阁襄诸君子，或近百或届耄，儒林文苑，各有千秋，吾与相儗年尚幼稚，而腹笥之俭尤愧悬殊，依然昔日之学僮耳。屏庐学人。

井老九十寿，作诗一首，请龚望转交。

留命待桑田，自是智者事。
美意以延年，料应同此志。

井老望九高龄，抱疴经年。今年霍然而愈，曷胜额手称庆，赋此申意，上藉代晤言。弟钺呈稿，阅后付之丙丁。

按：金钺信中希望看后将文件烧毁。龚望担心井老看过后烧掉，转录一份，此稿内容得以保存。

是年，金钺为龚望画朱竹一副，并做题识。

竹枝春色似丹霞。作家仁弟正，八十叟屏庐。

1972 年壬子　八十一岁

是年，金钺卒。

后 记

2014年12月,我以“天津文化名流近代刻书家金钺研究”为题，成功的申报了“2014年天津市艺术科学规划项目”(编号:B14015)。经过两年的资料搜集整理,信札考释,著述、刻书、藏书文献整理,形成了以信札、刻书、文稿、社会活动为中心的研究框架。

2016年12月，问津书院举办第四届问津学术会议——金钺先生学术讨论会。在这次学术研讨会上,与会专家从金钺的社会活动、住址变迁、友朋交往、思想变化等多维度进行了交流,进一步扩大了我的研究视野,同时发现了一批新资料,比如金钺先生之孙金钟生、龚望先生之子龚绶,他们手头均藏有一定数量的金钺书信及手稿，天津档案馆还收藏有金钺申请文史馆员等珍贵档案。于是,我决定再用一年的时间,对能够看到的资料进一步整理,纳入到项目的研究成果中来。

2017年5月,我考取了中国科学院文献情报中心,管理学博士，图学馆学专业，研究方向仍为中国古典文献学。在繁忙的工作、课业之余，集中力量将金钺研究的各项资料进行整理、校对、考释，完成了金钺与友朋往来信札、金钺著述研究、金钺刻书藏书研究、金钺社会文化活动研究四个方面的撰写，同时完成了《金钺年谱》的编纂。

2018年5月，项目顺利通过评审，结项。在项目研究过程中，项目组成员刘桂芳老师对金钺文化活动进行了梳理，王进同志对金钺与友人交往的部分信札内容进行了初步的整理，付出了辛苦的劳动。同时，刘尚恒、李国庆两位老师在研究方法、研究思路、资料整理等方面的悉心指导，以及王振良老师提供的与金钺相关的珍贵图像资料，丰富了研究内容，在此一并表示感谢！

2019年，该项研究成果在“第六批天津市宣传文化‘五个一批’人才培养工程”经费资助下，在王振良老师的帮助下，列入“问津文库”的出版计划中。我在项目研究成果的基础上，对全书的内容进行了修改、校订，增添了一些新资料，但仍有部分史料未能获得，只能将其作为今后金钺研究的新起点，在研究中不断丰富和完善。书中不足之处，还请方家批评指正。

2019年8月31日

胡艳杰于天津

《问津文库》已出书目

（总计96+3种）

◎天津记忆

沽帆远影　刘景周著	59.00元
荏苒芳华：洋楼背后的故事　王振良著	49.00元
津门书肆记　雷梦辰原著/曹式哲整理	49.00元
故纸温暖：老天津的广告　由国庆著	28.00元
沽上文谭　章用秀著	38.00元
百年留踪：解放桥的前世今生　方博著	39.00元
南市沧桑　林学奇著	79.00元
津沽漫记：日本人笔下的天津　万鲁建编译	39.00元
忆弢盦：来新夏先生纪念文集　焦静宜编	92.00元
与山河同在：天津抗日杀奸团回忆录　阎伯群编	38.00元
楮墨留芳：天津文化名人档案　周利成著	30.00元
布衣大师：允文允武的艺术名家阎道生　阎伯群著	30.00元

口述津沽:民间语境下的堤头与铃铛阁　张建著　28.00 元
大地史书:地质史上的天津　侯福志著　29.00 元
丹青碎影:严智开与天津市立美术馆　齐珏著　28.00 元
立宪领袖:孙洪伊其人其事　葛培林著　30.00 元
津门开岁:徐天瑞日记解读　王勇则著　58.00 元
水产教育家张元第　张绍祖编著　36.00 元
八年梦魇:抗战时期天津人的生活　郭文杰著　28.00 元
沽文化诠真　尹树鹏著　48.00 元
圈外谈艺录　姜维群著　38.00 元
记忆的碎片:津沽文化研究的杂述与琐思　王振良著　38.00 元
水产教育家张元第集　张绍祖编　58.00 元
应得的荣誉:女医生里昂罗拉·霍华德·金的故事
　　[加]玛格丽特著/胡妍译　38.00 元
海河巡盐:国博藏所谓《潞河督运图》天津风物考
　　高伟编著　58.00 元
析津联话　章用秀著　58.00 元
顶上功夫:宝坻剃头匠的历史记忆　甄建波著　68.00 元
四当明霞:藏书目里的章钰及其交游　李炳德著　68.00 元
津沽旧事　郭凤岐著　198.00 元
守望家园:天津市非物质文化遗产散论　李治邦著　78.00 元

◎通俗文学研究集刊

望云谈屑　张元卿著　39.00 元
还珠楼主前传　倪斯霆著　38.00 元
品报学丛.第一辑　张元卿、顾臻编　38.00 元

云云编：刘云若研究论丛　张元卿编　38.00 元
品报学丛. 第二辑　张元卿、顾臻编　32.00 元
刘云若评传　张元卿著　32.00 元
郑证因小说经眼录　胡立生著　78.00 元
品报学丛. 第三辑　张元卿、顾臻编　48.00 元
刘云若传论　管淑珍著　48.00 元
品报学丛. 第四辑　张元卿、顾臻编　58.00 元
走近姚灵犀　张元卿、王振良编　58.00 元

◎三津谭往

三津谭往.2013　王振良主编　39.00 元
三津谭往.2014　万鲁建编　39.00 元
三津谭往.2015　孙爱霞编　48.00 元
三津谭往.2016　孙爱霞编　58.00 元
三津谭往.2017　孙爱霞编　68.00 元
三津谭往.2018　孙爱霞编　68.00 元

◎九河寻真

九河寻真.2013　王振良主编　59.00 元
九河寻真.2014　万鲁建编　59.00 元
九河寻真.2015　万鲁建编　88.00 元
九河寻真.2016　万鲁建编　98.00 元
九河寻真.2017　万鲁建编　98.00 元
九河寻真.2018　万鲁建编　98.00 元

◎**津沽文化研究集刊**

《雷雨》八十年　耿发起等编　55.00 元
陈诵洛年谱　张元卿著　48.00 元
碧血英魂:天津市忠烈祠抗日烈士研究　王勇则著　98.00 元
都市镜像:近代日本文学的天津书写　李炜著　38.00 元
天津楹联述略　李志刚著　36.00 元
口述津沽:民间语境下的西沽　张建著　56.00 元
口述津沽:民间语境下的西于庄　张建著　108.00 元
紫芥掇实:水西庄查氏家族文化研究　叶修成著　58.00 元
芦砂雅韵:长芦盐业与天津文化　高鹏著　58.00 元
王南村年谱　宋健著　78.00 元
国术之魂:天津中华武士会健者传　阎伯群、李瑞林编　78.00 元
来新夏著述经眼录　孙伟良编　198.00 元
举火烧天:天津抗日杀奸团纪事　杨仲达、陶丽著　68.00 元
口述津沽:民间语境下的丁字沽　张建著　168.00 元

◎**津沽名家诗文丛刊**

王南村集　王煐原著/宋健整理　68.00 元
严范孙先生古近体诗存稿　严修原著/杨传庆整理　48.00 元
星桥诗存　苏之銮原著/曲振明整理　58.00 元
退思斋诗文存　陈宝泉原著/郑伟整理　88.00 元
待起楼诗稿　刘云若原著/张元卿辑注　42.00 元
刘大同诗集　刘建封原著/刘自力、曲振明整理　88.00 元
碧琅玕馆诗钞　杨光仪原著/赵键整理　58.00 元
石雪斋诗稿(附遂园印稿)　徐宗浩原著/张金声整理　68.00 元

紫箫声馆诗存　丙寅天津竹枝词　冯文洵原著/杨鹏整理　88.00 元

思暗诗集　华世奎原著 / 阎伯群整理　38.00 元

止庵诗存　周学熙原著 / 宋文彬整理　128.00 元

沽上梅花诗社存稿　孙爱霞整理　88.00 元

◎津沽笔记史料丛刊

严修日记(1876—1894)　严修原著/陈鑫整理　138.00元

桑梓纪闻　马鸿翱原著/侯福志整理　42.00元

天津县乡土志辑略　郭登浩编　98.00元

严修日记(1894—1898)　严修原著/陈鑫整理　128.00元

周武壮公遗书　周盛传原著/刘景周整理　128.00元

天后宫行会图校注　高惠军、陈克整理　128.00元

津门诗话五种　杨传庆整理　78.00元

《北洋画报》诗词辑录　孙爱霞整理　198.00元

桑梓纪闻(增补本)　马鸿翱原著/侯福志整理　68.00元

袁克文集　吴曈曈整理　58.00元

◎名人与天津

李叔同与天津　金梅编　68.00元

我与曲艺七十年　倪钟之著　68.00元

辛笛与天津　王圣思编著　88.00元

◎梓里寻珠

传承与突破:近代天津小说发展综论　李云著　78.00 元

从租界到风情区:一个中国近代殖民空间在历史现实中

的转义　李东晔著　68.00元
赶大营研究　张博著　68.00元
屏庐铅椠：藏书家刻书家金钺研究　胡艳杰编著　68.00元

◎**随艺生活**

方寸芸香：藏书票里的书故事　李云飞编　98.00元
问津书韵：第十三届全国读书年会文集　杜鱼编　78.00元
开卷二〇〇期　董宁文、董国和、周建新编　168.00元